Die Online-Videokonferenz im Zivilprozess

Schriften zum Wirtschaftsrecht, Steuerrecht und Zivilprozeßrecht

Herausgegeben von Jürgen Costede

Band 13

PETER LANG
Frankfurt am Main · Berlin · Bern · Bruxelles · New York · Oxford · Wien

Ulf Andreas Nissen

Die Online-Videokonferenz im Zivilprozess

PETER LANG
Europäischer Verlag der Wissenschaften

Bibliografische Information Der Deutschen Bibliothek
Die Deutsche Bibliothek verzeichnet diese Publikation in der Deutschen Nationalbibliografie; detaillierte bibliografische Daten sind im Internet über <http://dnb.ddb.de> abrufbar.

Zugl.: Kiel, Univ., Diss., 2003

D 8
ISSN 1433-0296
ISBN 3-631-52247-9

www.peterlang.de

MEINEN ELTERN

INHALTSVERZEICHNIS:

EINLEITUNG:

> *„Widerstehen wir der Versuchung, uns an dieser Stelle gleich das Szenario einer Gerichtsverhandlung der Zukunft näher auszumalen, bei der die Verfahrensbeteiligten, Zeugen und Sachverständige zu Haus bleiben, die Anwälte in ihren Büros an den Schreibtischen oder in eigens bereitgehaltenen Videostudios sitzen und sich alle mit den Gerichtspersonen in einem virtuellen Gerichtssaal eben nur scheinbar versammeln. ... Gegen eine so weitgehende Nutzung der neuen Informationsaustauschverfahren sprechen wohl doch noch hoffentlich lange Zeit unsere kommunikations- und erkennungstheoretischen Einsichten über den guten Sinn und Zweck des Unmittelbarkeitsgrundsatzes und der anderen Verfahrensprinzipien, die sicherstellen sollen, dass Personen mit Personen von Angesicht zu Angesicht verhandeln, dass Menschen die über Menschen richten dürfen, dabei nicht eine Sekunde in die Fehlvorstellung verfallen, es handele sich um ein virtuelles Geschehen, um ein Spiel oder einen Film.“*

Dieses schrieb der Hessische Datenschutzbeauftragte Prof. Dr. Rainer Hamm noch im Herbst 1997[1]. Zukunftsvisionen, Utopien oder auch Ängste vor einer überhand nehmenden Technik wurden bis vor kurzem noch mit Blick auf eine entfernte Zukunft artikuliert. Vor Gefahren wurde nicht in eigener Sache, sondern als Anwalt unter dem Mandat zukünftiger Generationen gewarnt. Die exponential ansteigende technologische Entwicklung in Verbindung mit einem innovativen Gesetzgeber macht es unserer Tage möglich, dass fantastisch erscheinende Zukunftsszenarien dreieinhalb Jahre später zwar noch nicht Gerichtsalltag, jedoch immerhin geltendes Recht geworden sind. Die „Gerichtsverhandlung der Zukunft“ kann schon heute anberaumt werden.

§ 128a ZPO ermöglicht das von Hamm befürchtete virtuelle Gerichtsverfahren, auch wenn der Gerichtssaal selbst keineswegs virtuell, sondern real und für jedermann greifbar an Ort und Stelle geblieben ist[2]. Die Äußerungen geben dennoch in treffender, wenn auch aus heutiger Sicht naiver Weise eine Vielzahl derjenigen Bedenken wieder, die auch weite Teile der Rechtspflegeorgane dieser Tage zu einer skeptischen, teilweise verweigernden Haltung gegenüber gerichtlichen Videokonferenzen veranlasst haben[3].

Insbesondere die Angst eine vermeidbar störungsanfällige Technologie in den Entscheidungsfindungsprozess von Recht und Unrecht einzubinden vernebelt den Blick auf die offen zu Tage tretenden Vorteile der Zeitersparnis und Verbil-

---

1 *Hamm*, Datenschutz im Internet durch Verschlüsselung von E-Mails, DRiZ Bd. 75 (1997), S. 418f.

2 MüKo-ZPOReform-*Peters*, Aktualisierungsband, 2. Auflage (2002), §128a Rn. 2.

3 Dieses hat u.a. eine Umfrage des baden-württembergischen Justizministeriums bei den Landesjustizverwaltungen und Verbände 1996 ergeben: *Geiger*, Gerichtsverfahren mittels Videokonferenzen, ZRP 1998, 365 (366).

ligung. Im Zusammenhang mit der Aufhebung der Zulassungsbeschränkung vor den Land- und Familiengerichten[4] eröffnen sich insbesondere gerade auch für Rechtsanwälte – je nach Standpunkt und Flexibilität - interessante oder eben auch erschreckende Aussichten. Die Videokonferenz hat nicht nur verfahrensrechtliche Konsequenzen, sondern wird wohl über kurz oder lang auch zu einer Art „Globalisierung" auf dem Anwaltsmarkt führen.
Mit der Verabschiedung des Gesetzes zur Anpassung von Formvorschriften an den modernen Rechtsverkehr[5] hat der Gesetzgeber bereits einen wichtigen Schritt zur Ermöglichung einer Modernisierung der Justiz unternommen. Nach § 130a ZPO, der nunmehr seit dem 01.08.2001 gilt[6], genügt an Stelle der Schriftform die Aufzeichnung als elektronisches Dokument. Nachdem die technische Machbarkeit von Videokonferenzen in zahlreichen Wirtschaftsunternehmen und auch Anwaltskanzleien[7] vorgeführt wurde, schließt sich die Möglichkeit von Videokonferenzen im gerichtlichen Verfahren nach § 128a ZPO dieser Modernisierungsentwicklung des Zivilverfahrenrechts an.

In dieser Untersuchung soll der von Hamm angesprochenen „Versuchung" erlegen werden. Auch wenn die Videokonferenz weit von den unwillkürlichen Vorstellungen hologrammgestützter Gerichtsverhandlungen auf dem Raumschiff Enterprise zur Visualisierung von Zeugenaussagen entfernt ist, so stellt diese doch die Einführung einer völlig neuen Kommunikationsform im Zivilprozess dar, deren Ausmalung eine gewisse „Versuchung" anhaftet. Während der Anfertigung der vorliegenden Untersuchung wurde schnell klar, dass nahezu jeder Jurist zu diesem Thema eine Meinung, Bedenken, Hoffnungen und Erwartungen hat, und auch bereitwillig mitzuteilen sich anbietet. Eine echte Versuchung eben.

---

4 Gesetz zur Änderung des Gesetzes zur Neuordnung des Berufsrechts der Rechtsanwälte und der Patentanwälte vom 17.12.1999, BGBl. I, 2448.

5 Gesetz vom 13.07.2001, BGBl. I, 1542.

6 Art. 2 Nr. 1, 35 des Gesetzes zur Anpassung der Formvorschriften des Privatrechts und anderer Vorschriften an den modernen Rechtsverkehr vom 13.7.2001, BGBl. I 1542.

7 Z.B. Sozietät Clifford Chance Pünder, Sozietät Linklaters Oppenhoff & Rädler: Frankfurter Allgemeine Zeitung v. 11.08.2001, S. 63, „Bei Golfkurs und Videokonferenz für das Anwaltsleben lernen".

INHALT UND GANG DER UNTERSUCHUNG:

Der Untersuchungsgegenstand einer nach ihrem Regelungsgehalt völlig neuen Norm in der Zivilprozessordnung bringt es mit sich, dass Primärliteratur zum einen kaum vorhanden und zum anderen noch unreflektiert ist. Die neue Kommentarliteratur mutet dann auch in weiten Teilen als das Ergebnis einer Stoffsammlung, eines Brainstorming-Prozesses an. Dieses ist keinesfalls als Vorwurf zu verstehen, sondern soll lediglich die Genese juristischer Fachliteratur zu neuen Problemfeldern aufzeigen. Herrschende Meinungen, auf die sich der moderne Jurist gerne beruft, entstehen erst, wenn sich zumindest zwei Autoren einig sind[8]. Im Bereich der zivilgerichtlichen Videokonferenz wird dieses zumindest in Teilbereichen noch einige Zeit in Anspruch nehmen. Die vorliegende Untersuchung will ihren Beitrag zu diesem Meinungsbildungsprozess leisten, Reflektionen zu bestehenden Ansätzen und Denkanstöße zu Neuem geben. Den Anspruch auf Vollständigkeit kann und will diese Untersuchung nicht erheben. Trotz redlicher Bemühungen ist sich der Verfasser durchaus darüber im Klaren, nicht alle denkbaren Problemfelder, die sich in der Handhabung des § 128a ZPO ergeben werden, behandelt zu haben. Zielsetzung dieser Untersuchung ist somit auch nicht Ansichten zu zementieren, sondern die juristische Diskussion um die Videokonferenz im Zivilprozess zu fördern und zu kanalisieren. Die Etablierung zivilgerichtlicher Videokonferenzen wird noch etwas auf sich warten lassen. Wie lange dieser Zeitraum bemessen ist, wird nicht zuletzt von der Rechtssicherheit gebenden Klärung spezifischer Probleme in der Literatur abhängen.

In einem ersten Abschnitt soll zunächst ein kurzer Überblick über die geltende Gesetzeslage und deren Entwicklung sowie auf die Videokonferenz im Allgemeinen geworfen werden. Sodann hat sich die vorliegende Arbeit zunächst mit den einzelnen Tatbestandsvoraussetzungen des § 128a ZPO zu beschäftigen, um einen Überblick über die zivilgerichtliche Videokonferenz und ihrer Probleme zu geben. Dabei ist es aus Gründen der Übersichtlichkeit unabwendbar gewesen, aufkommende tatbestandsbezogene und allgemeine Fragestellungen zum Teil zunächst auszuklammern, um diese an späterer Stelle der Untersuchung dann ausführlich und im Zusammenhang zu behandeln. Entsprechende Verweise auf eine später stattfindende Erörterung sind zwar für die Gedankenführung störend, aber im Interesse einer übersichtlichen Darstellung unausweichlich.
Im weiteren Verlauf beschäftigt sich die Untersuchung mit den Folgeänderungen, die mit der Einführung des § 128a ZPO einhergingen oder einhergehen sollten. Schließlich wird ein Blick auf allgemeine Verfahrensfragen geworfen, die durch die Durchführung von Videokonferenzen augenscheinlich Probleme bereiten werden. Ob die technische Machbarkeit auch die Realisierung gebietet,

[8] *Möllers*, Richtiges Zitieren, JuS 2002, 823 (829).

ist in der modernen Gen-Forschung ein Problem der Ethik, in dem Prozessrecht dagegen eine Frage der Prozessmaximen. Die Kompatibilität der Videokonferenz mit dem herkömmlichen prozessualen Gesamtgefüge wird daher in einem eigenen Kapitel ausführlich behandelt werden, indem die Videokonferenz ins Spannungsfeld der maßgeblichen Prozessmaximen gesetzt wird. Insbesondere auf diesen Bereich muss bei der Untersuchung der einzelnen Tatbestandsmerkmale das eine oder andere Mal verwiesen werden, denn selbstverständlichen haben die Prozessmaximen Einfluss auf Auslegung und Verständnis des § 128a ZPO. Der Bereich des Datenschutzes bei Videokonferenzen wird aufgrund seiner Bedeutung, die jedoch nicht unmittelbare Auswirkungen auf die Auslegung und das Verständnis des § 128a ZPO hat, in einem gesonderten Kapitel behandelt.

Nachdem die rechtliche Untersuchung im Wesentlichen abgeschlossen ist, behandelt die vorliegende Arbeit mit der für einen Juristen in technischen Fragen gebotenen Zurückhaltung auch die Frage der technischen Durchführung von Videokonferenzen. Rechtliche Anforderungen werden aus der vorangegangenen Untersuchung extrahiert, definiert und diesbezügliche technische Möglichkeiten aufgezeigt. Dargestellt werden im Besonderen auch die Erfahrungen der bisherigen Pilotprojekte, die für die weitere Entwicklung der Videokonferenz in Zivilverfahren von erheblicher Bedeutung sein dürften.

Abschließend bezieht der Verfasser Position und versucht sich in der Einordnung der Bedeutung der Videokonferenzen für die Zukunft, nachdem sie - soviel sei vorweggenommen - bis heute noch in keinem Zivilverfahren durchgeführt worden ist.

1. Kapitel: Genese der Videokonferenzen in Gerichtsverfahren

I. Die Online-Videokonferenz

1. Begriff

Die „Videokonferenz“ ist eine Form der Telekommunikation, die zum Austausch von Nachrichten mit Hilfe von Mikrophon, Kamera, Lautsprecher und Bildschirm eine Hör- und Sehverbindung zwischen zwei oder mehreren Konferenzteilnehmern herstellt[9]. „Online“ kommt aus dem englischen (=verbunden) und bezeichnet lediglich das Bestehen einer Datenverbindung zwischen mindestens zwei Geräten[10], im weiteren Sinn auch, dass kein wesentlicher zeitlicher Abstand zwischen Entstehung und Verarbeitung angefallener Daten besteht. Unter einer „Online-Videokonferenz“ versteht man also eine Kommunikation zwischen Einzelpersonen oder Gruppen an zwei oder mehreren räumlich getrennten Orten, bei einer bidirektionalen Übertragung von Bewegtbildern und Audio in Echtzeit. Videokonferenzen ermöglichen entfernungsunabhängig eine auditive und visuelle Kommunikation, die fast einer face-to-face Kommunikation gleichkommt, da die Videokonferenz nicht nur die verbale, sondern auch die nonverbale Kommunikation über Entfernungen hinweg unterstützt. Bei einem normalen Gespräch wird zwar mit dem Mund geredet, gesprochen wird jedoch mit dem ganzen Körper. Besonders der Gesichtsausdruck und die Bewegung der Hände wirken oftmals beachtlich auf das Gesagte ein. Die Videokonferenz lässt sich daher als eine Kommunikationsform beschreiben, die Elemente eines herkömmlichen Telefongesprächs mit denen einer face-to-face Kommunikation verbindet. Eine Videokonferenz fordert im Gegensatz zum Telefongespräch mehrere Sinne gleichzeitig, weil das Gespräch mit Bild, Ton, Bewegung und Interaktion (Application-Sharing) ablaufen kann. Kurz gesagt kann durch die Online-Videokonferenz das umgesetzt werden, was das Gesetz fordert, die zeitgleiche und wechselseitige Übertragung von Bild und Ton[11].

2. Geschichte

Schon in den 20er Jahren wurde die Idee eines „sehenden Telefons“ formuliert. 1936 wurde zwischen Berlin und Leipzig ein „öffentlicher Bildfernsprechdienst“ eingeführt. In eigens dafür errichteten Videostudios (Bildtelefonzellen) konnte man mit dem Gesprächspartner mittels Bild und Ton kommunizieren. Dieser Dienst wurde noch bis München ausgebaut, wegen geringer Rentabilität und den zunehmenden Kriegswirren 1940 aber wieder eingestellt[12].

---

9 Vgl. Brockhaus, Naturwissenschaft und Technik, 5.Bd. 1989, S. 212; Fischer Wirtschaftslexikon, 3. Auflage (2000).

10 M+T Computerlexikon, 2001.

11 Wechselseitig: § 128a Abs. 1 Satz 2 ZPO, § 91a Abs. 1 Satz 2 FGO; Einseitig: § 128a Abs. 2 Satz 2 und Satz 3 ZPO, § 247a Satz 3 StPO, § 93a Abs. Abs. 1 Satz 2 und 3 FGO.

12 *Günther*, Videokonferenz in der Lehre, 2001, S. 99.

Bereits vor ca. 40 Jahren wurden dann die ersten Prototypen der Bildtelefone und Videokonferenzsysteme vorgestellt. Das „PicturePhone“ der Bell Telephone Laboratories wurde auf der New Yorker Weltausstellung 1964 von dem Telekommunikationsunternehmen AT&T einem breiten Publikum vorgestellt. Die Qualität war noch schlecht und die Kosten[13] hoch. Beides besserte sich mit der stetigen Entwicklung der Technologien. AT&T errichtete ein eigenes Videokonferenznetz in New York und London, das 13 Städte verband[14]. 1985 wurde das Netz trotz ursprünglich anderer Pläne mangels Akzeptanz wieder reduziert. Den hohen Kosten und der geringen Auslastung fielen auch der von der britischen Post Anfang der 70er Jahre eingeführte Dienst „CONFRAVISION“ und der 1983 von Comsat und den Intercontinental Hotels initiierte Videokonferenzdienst „Intelmet“ zum Opfer. Auch groß angelegte Videokonferenzprojekte in Deutschland[15], wie die Teleakademie der IBM Deutschland, wurden mit der Zeit eingestellt.
Noch Ende der 80er Jahre waren Videokonferenzen mit sehr hohem technischen Aufwand und mit immensen Kosten verbunden: Die Teilnehmer saßen zu einem fixen Termin in speziell eingerichteten Studios. Die Leitungen im so genannten VBN (Vermittelndes Breitbanddatennetz) der Post mussten langfristig reserviert werden, schnell anberaumte Konferenzen waren daher nicht möglich. Der technische Aufwand war gigantisch. Riesige Monitorwände mit großen Spezialkameras und ausgetüftelten Beleuchtungseinrichtungen waren notwendig. Die Systeme kosteten in der Anschaffung siebenstellige Beträge, der Betrieb war ebenfalls nicht kostengünstig. Eine einstündige Videokonferenz mit den USA kostete ca. 2000 DM, im Inland schlug eine Stunde mit rund 600 DM zu Buche. Hohe Kosten und geringe zeitliche Flexibilität waren die zwei Gründe dafür, dass sich die damalige Videokonferenztechnik nicht durchsetzen konnte. Die Vorurteile gegen Videokonferenzen stammen oftmals noch aus dieser Zeit.

Am 8. März 1989 begann mit der Einführung von ISDN (Integrated Services Digital Network) ein neues Telekommunikationszeitalter, dem digitalen Universalnetz zur Übermittlung von Sprache, Text, Daten und Bildern. Dieses war auch der Beginn des eigentlichen Durchbruchs der Videokonferenztechnik.
Durch ISDN sanken die Verbindungskosten. Je nach genutzten Kanälen kostete eine Videokonferenz nun nicht mehr als 2 bis 6 Telefongespräche mit gleicher Dauer. Gleichzeitig war nunmehr eine größere Verbreitung möglich, die die Anschaffung insbesondere unter dem Aspekt der zunehmenden Globalisierung wirtschaftlich machte.

---

13 1970 wurde das Picturephone von AT&T für 160 $ im Monat angeboten.
14 *Günther*, S. 99.
15 Die Post führte 1983 erstmals Videokonferenzen durch.

Durch eine gestiegene Übertragungsperformance war eine erhebliche Qualitätsverbesserung eingetreten[16]. Je nach Übertragungsrate, also genutzter ISDN-Kanäle, erreichte die Bild- und Tonqualität fast das gewohnte Fernsehbild. Bisher war auf dem analogen Telefonnetz eine maximale Übertragungsrate von 28.800 bit/s (heute sind es maximal 57,600 bit/s) möglich, im digitalen Netz war nun bei einer Leitung eine Übertragungsperformance von 64.000 bit/s garantiert. Durch die Bündelung mehrerer Nutzkanäle ließ sich die Übertragungsrate theoretisch noch bis ins Unzählige erweitern[17].
Das inzwischen flächendeckend verfügbare digitale Telefonnetz ISDN ist auch heute noch die wichtigste Basis für die Videokonferenz. Verbindungen können jederzeit ohne Voranmeldung auch international wie beim "normalen" Telefon aufgebaut werden. Die neuen Systeme von führenden Anbietern wie PictureTel, Siemens oder Alcatel benötigen keine speziell eingerichteten Räume oder Studios mehr. Mit den flexiblen Videokonferenzeinheiten ist man innerhalb weniger Sekunden aus den eigenen Büro- oder Meetingräumen mit Teilnehmern in der ganzen Welt verbunden.

Mit der Durchsetzung des Internets Mitte der 90er Jahre[18] gesellte sich flächendeckend und überregional eine zusätzliche Übertragungsmöglichkeit hinzu. Die Grundlage für die Kommunikation über das Internet bildet das Internet Protokoll (IP). Dieses ist ein digitales Standardformat unabhängig vom Rechnertyp, mit dem die Daten versandt werden.

Die Entwicklung von Videokonferenzsystemen wird heute in Richtung IP-Netze getrieben, da global agierende Firmen und Organisationen bereits jetzt die gestiegenen Bandbreiten in dem internen Firmennetz (Intranet) nutzen. Aber auch im externen Einsatz setzten sich die IP-Netze und insbesondere das Internet immer mehr durch. Immer größere Bandbreiten im Backbone-Bereich und der Ausbau von Videokonferenz unterstützenden Systemen sorgen dafür, dass die Qualität von Videokonferenzen über das Internet immer hochwertiger wird. Auch die Zugangsbandbreiten steigen durch neue Technologien wie DSL oder über die Breitbandkabelnetze der TV-Kabelnetzbetreiber. Dadurch wird auch die Verbreitung von Videokonferenzen im privaten oder mittelständigen Bereich immer weiter zunehmen.
Mit der Einführung von UMTS werden in kurzer Zeit auch im mobilen Bereich die Übertragungsgeschwindigkeiten für Videokonferenzen zur Verfügung stehen.

---

16 Vgl. *Gulich*, Videokonferenztechnik, 1998, S. 44.

17 *Gulich*, S. 11.

18 1990 bestand das Internet aus 3000 Netzen und 200.000 Rechnern. 1992 wurde der Millionste Rechner angeschlossen. 1995 gab es mehrere Backbones, Hunderte von regionalen Netzen, Tausende LANs, Millionen von Rechnern und zig Millionen Benutzern.

3. Videokonferenztechnik im Überblick

Die rechtliche Bewertung des Einsatzes der Videokonferenztechnik in Gerichtsverfahren erfordert kein Detailwissen über die Funktionsweisen von Videokonferenzen. Im Folgenden wird zunächst nur ein kurzer Überblick zur Einführung in die technische Seite der zur Untersuchung stehenden Online-Videokonferenz im Zivilprozess gegeben. Im Fortgang der Untersuchung wird dann noch ausführlicher auf technische Einzelheiten einzugehen sein[19].

Schematische Skizze der Peripherie einer Videokonferenz:

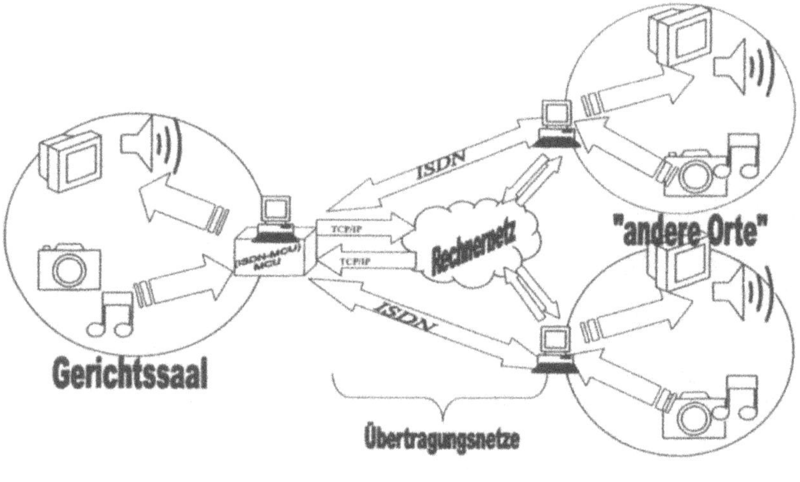

Kamera (Aufnahmegerät für Bild)

Mikrofon (Aufnahmegerät für Ton)

Übertragungssystem (Codec)

Monitor/ Beamer/ Videowand (Wiedergabegerät für Bild)

Lautsprecher (Wiedergabegerät für Ton)

---

19 Siehe 5. Kapitel III.

Verschiedene Übertragungsnetze (z.B. digitales Telefonnetz, Rechnernetze) verwenden unterschiedliche Übertragungsprotokolle (z.B. das Internet Protokoll (IP)[20]) um Informationen zwischen den verschiedenen Videokonferenzorten auszutauschen. Das Übertragungssystem dient dazu, die Informationen der Aufnahmesysteme in das jeweilige Übertragungsprotokoll des verwendeten Netzes umzuwandeln und umgekehrt auch wieder in entsprechende Informationen für die Wiedergabesysteme zurückzuübersetzen.
An jedem Konferenzort müssen eine Kamera und ein Mikrofon vorgehalten werden um Bild und Ton aufzunehmen. Zusätzlich bedarf es eines Übertragungssystems um die Bild- und Toninformation von der Kamera und Mikrofon zu digitalisieren, komprimieren und in ein bestimmtes Datenformat für die Übertragung über ein digitales Netz umzuwandeln, bzw. diese digitalen Daten für einen Monitor und Lautsprecher entsprechend wieder aufzubereiten. Zur Wiedergabe der empfangenen Daten sind Monitore oder ein Videoprojektor samt Leinwand sowie Lautsprecher erforderlich. Die Übertragung der Daten kann mittels ISDN von Punkt zu Punkt über das digitale Telefonnetz erfolgen, oder mittels paketvermittelnder Datenübertragung über Rechnernetze. Bei der Übertragung über Rechnernetze, d.h. mehrere miteinander verbundene autonome Computer (z.B. Intranet/Internet) werden die einzelne Datenpakete auf den jeweils schnellsten Verbindungen durch das Netz gesteuert. Die Wege der einzelnen Datenpakete können dabei durchaus unterschiedlich sein und sind abhängig von der jeweiligen Routerauslastung.

An einer Videokonferenz können mehrere Konferenzorte beteiligt sein. Dafür muss das Gericht über eine so genannte multipointfähige Videokonferenzanlage verfügen. Diese stellt über ein besonderes Steuergerät, der Multipoint Control Unit (MCU), die Konferenzleitung sicher und steuert den Datenverkehr zwischen allen Konferenzteilnehmern. Eine MCU ist eine Hard- oder Softwarelösung, die eine oder mehrere Mehrpunktkonferenzen verwaltet und steuert.
Der Begriff der MCU wird im Standard H.323 für Rechnernetze (IP) verwendet und ausgefüllt. Bei ISDN wird bei der Hard- oder Softwarelösung zur Steuerung einer Mehrteilnehmerkonferenz daher von Telekommunikationsserver oder auch ISDN-MCU gesprochen.

---

[20] Zum Vermittlungsprotokoll IP, vgl. *Germann*, Gefahrenabwehr und Strafverfolgung im Internet, 2000, S. 61ff.

II. Gesetzliche Grundlagen zur Durchführung von Videokonferenzen in Gerichtsverfahren

Gesetzliche Regelungen zur Durchführung von Videokonferenzen in Gerichtsverfahren finden sich bereits in mehreren Verfahrensordnungen, namentlich in der Strafprozessordnung, der Finanzgerichtsordnung und der Zivilprozessordnung. Sie sind jedoch keineswegs einheitlich gefasst oder nur unter Berücksichtigung der jeweiligen prozessualen Besonderheiten unterschiedlich formuliert. Maßgebliche Unterschiede bestehen insbesondere zwischen der Strafprozessordnung auf der einen und der Finanzgerichts- und Zivilprozessordnung auf der anderen Seite. Aber auch die Regelungen der Finanzgerichts- und der Zivilprozessordnung weichen insbesondere in Fragen der Aufzeichnungsmöglichkeiten von Zeugen- und Sachverständigenaussagen voneinander ab. Im Folgenden sollen die Vorschriften kurz vorgestellt werden.

1. Strafprozessordnung

Seit dem Inkrafttreten des Zeugenschutzgesetzes[21] am 01.12.1998 besteht im Strafprozess als erster Prozessordnung unter bestimmten Voraussetzungen die gesetzliche Grundlage zur Zeugenvernehmung mittels Videokonferenztechnik (§ 247 a StPO).

> *§ 247a [Vernehmung des Zeugen an einem anderen Ort]*
> *Besteht die dringende Gefahr eines schwerwiegenden Nachteils für das Wohl des Zeugen, wenn er in Gegenwart der in der Hauptverhandlung Anwesenden vernommen wird, und kann sie nicht in anderer Weise, namentlich durch eine Entfernung des Angeklagten sowie den Ausschluß der Öffentlichkeit, abgewendet werden, so kann das Gericht anordnen, daß der Zeuge sich während der Vernehmung an einem anderen Ort aufhält; eine solche Anordnung ist auch unter den Voraussetzungen des § 251 Abs.1 Nr.2, 3 oder 4 zulässig, soweit dies zur Erforschung der Wahrheit erforderlich ist. Die Entscheidung ist unanfechtbar. Die Aussage wird zeitgleich in Bild und Ton in das Sitzungszimmer übertragen. Sie soll aufgezeichnet werden, wenn zu besorgen ist, daß der Zeuge in einer weiteren Hauptverhandlung nicht vernommen werden kann und die Aufzeichnung zur Erforschung der Wahrheit erforderlich ist. § 58a Abs.2 findet entsprechende Anwendung.*

2. Finanzgerichtsordnung

In der FGO wurde die Rechtsgrundlage für mündliche Verhandlungen und Erörterungstermine mittels Videokonferenz durch das 2. Gesetz zur Änderung der Finanzgerichtsordnung vom 19.12.2000 (2. FGOÄndG, BGBl. I 2000, 1757)

---

[21] Gesetz zum Schutz von Zeugen bei Vernehmungen im Strafverfahren und zur Verbesserung des Opferschutzes – Zeugenschutzgesetz (ZSchG) vom 30.04.1998 (BGBl. I., S. 820).

geschaffen (§§ 91 a, 93 a FGO). Der Einsatz soll zu einer Verbesserung des Verfahrens vor den Finanzgerichten beitragen[22], womit nach der Zielsetzung des Gesetzesentwurfs[23] im Wesentlichen eine Reduzierung der Verfahrensdauer gemeint ist. Während sich § 91a FGO auf die Zuschaltung der Beteiligten, Bevollmächtigte und Beistände bezieht, ermöglicht § 93 a FGO die Videokonferenz mit den Personalbeweismitteln.

§ 91a FGO

(1) Den am Verfahren Beteiligten sowie ihren Bevollmächtigten und Beiständen kann auf Antrag gestattet werden, sich während einer mündlichen Verhandlung an einem anderen Ort aufzuhalten und dort Verfahrenshandlungen vorzunehmen. Die mündliche Verhandlung wird zeitgleich in Bild und Ton an den Ort, an dem sich die Beteiligten, Bevollmächtigten und Beistände aufhalten und das Sitzungszimmer übertragen. Eine Aufzeichnung findet nicht statt.

(2) Absatz 1 gilt entsprechend für Erörterungstermine (§ 79 Abs. 1 und Abs. 2 Nr. 1).

§ 93a FGO

(1) Im Einverständnis mit den am Verfahren Beteiligten kann das Gericht anordnen, dass sich ein Zeuge oder ein Sachverständiger während der Vernehmung an einem anderen Ort aufhält. Die Aussage wird zeitgleich in Bild und Ton in das Sitzungszimmer übertragen. Ist Beteiligten, Bevollmächtigten und Beiständen nach § 91a gestattet worden, sich an einem anderen Ort aufzuhalten, so wird die Aussage zeitgleich in Bild und Ton auch an diesen Ort übertragen. Die Aussage soll aufgezeichnet werden, wenn zu besorgen ist, dass der Zeuge oder Sachverständige in einer weiteren mündlichen Verhandlung nicht vernommen werden kann und die Aufzeichnung zur Erforschung des Sachverhalts erforderlich ist.

(2) Die Aufzeichnung darf nur innerhalb des Verfahrens verwendet werden, für das sie gefertigt worden ist. Das Recht zur Verweigerung des Zeugnisses nach § 84 ist hierbei zu wahren. § 78 Abs. 1 findet mit der Maßgabe entsprechende Anwendung, dass die Einsicht ausschließlich bei der Geschäftsstelle erfolgt; Kopien werden nicht erteilt. Sobald die Aufzeichnung nicht mehr benötigt wird, spätestens nach rechtskräftigem Abschluss des Verfahrens, ist sie zu löschen.

---

22 BT-Drucks. 14/4061 S. 1.

23 BT-Drucks. 14/4061, S. 1, wo von „unzumutbarer Verfahrensdauer" gesprochen wird.

3. Zivilprozessordnung

Am 01.01.2002 ist das Gesetz zur Reform des Zivilprozesses (Zivilprozessreformgesetz – ZPO-RG)[24] in Kraft getreten (Art. 53 Nr. 3 ZPO-RG). Nach zum Teil heftiger Diskussion hat der Deutsche Bundestag das Gesetz am 17.05.2001 auf der Grundlage des Regierungsentwurfs[25] vom 6.9.2000 in der Fassung der Beschlussempfehlung und Bericht des Rechtsausschusses[26] (6. Ausschuss) vom 15.5.2001 das ZPO-RG beschlossen[27]. Der Bundesrat stimmte in seiner Sitzung vom 22. Juni 2001 dem abgeänderten Gesetzesentwurf vollumfänglich zu. Das ZPO-RG soll zu einer Qualitätsverbesserung und Effizienzsteigerung der Ziviljustiz führen[28]. Neben anderen zahlreichen Änderungen ist die Einführung moderner Kommunikationsmittel durch Zulassung einer Verhandlung und Beweisaufnahme im Wege der Videokonferenz vorgesehen. Der dieses regelnde § 128a ZPO wurde erst durch die Beschlussempfehlung des Rechtsausschusses in das ZPO-RG eingefügt (Artikel 2 Nr. 18a) und stieß im Gegensatz zu zahlreichen anderen Normen nicht nur kaum auf Widerstand, sondern wurde darüber hinaus auch kaum beachtet[29].

> *§ 128a ZPO [Verhandlungen im Wege der Bild- und Tonübertragung]*
>
> *(1) Im Einverständnis mit den Parteien kann das Gericht den Parteien sowie ihren Bevollmächtigten und Beiständen auf Antrag gestatten, sich während einer Verhandlung einem anderen Ort aufzuhalten und dort Verfahrenshandlungen vor zu nehmen.*
> *Die Verhandlung wird zeitgleich in Bild und Ton an den Ort, an dem sich die Parteien, Bevollmächtigten und Beistände aufhalten, und in das Sitzungszimmer übertragen.*
>
> *(2) Im Einverständnis mit den Parteien kann das Gericht gestatten, dass sich ein Zeuge, ein Sachverständiger oder eine Partei während der Vernehmung an einem anderen Ort aufhält. Die Vernehmung wird zeitgleich in Bild und Ton in das Sitzungszimmer übertragen. Ist Parteien, Bevollmächtigten und Beiständen nach Absatz 1 gestattet worden, sich an einem anderen Ort aufzuhalten, so wird die Vernehmung zeitgleich in Bild und Ton auch an diesen Ort übertragen.*
>
> *(3) Die Übertragung wird nicht aufgezeichnet. Entscheidungen nach Absatz 1 und 2 sind nicht anfechtbar.*

---

24 BGBl. 2001, I S. 1887 ff.
25 BT-Drucks. 14/ 4722.
26 BT-Drucks. 14/ 6036.
27 BR-Drucks. 397/01.
28 Begründung des Rechtsausschusses, BT-Drucks. 14/6036 S. 2.
29 Vgl. Fölster, ZPO-Reform: Der Ball rollt wieder, ZRP 2001, 237.

Im Zuge der Einführung des § 128a ZPO kam es zu Folgeänderungen in den §§ 160, 375, 479 ZPO, auf die im Laufe der Untersuchung noch gesondert eingegangen werden wird[30].

III. Der Einzug der Videokonferenz in die Verfahrensordnungen

Der Gedanke die Videokonferenztechnik in gerichtlichen Verfahren einzusetzen ist keineswegs einheitlich motiviert gewesen. Bei der folgenden Darstellung der Entwicklung bis zur Kodifikation in den Verfahrensordnungen muss daher unterschieden werden.

1. Strafprozessordnung

Im Strafprozess haben die Bedürfnisse der Praxis den Einsatz der Videotechnologie beflügelt. Der technische Fortschritt in der Videokonferenztechnik sollte zu aller erst dem Zeugenschutz zugute kommen.
Das Landgericht Mainz führte am 22.05.1995 zum ersten Mal in der deutschen Rechtsgeschichte in einem Strafverfahren[31], die den sexuellen Missbrauch von Kindern zum Gegenstand hatten, eine Zeugenvernehmung per Video durch. Eine Strafkammer hatte im Einvernehmen mit den Verfahrensbeteiligten die Kinder durch den Vorsitzenden in einem separaten Raum vernommen und die Vernehmung per Videodirektleitung einseitig auf eine Leinwand in den Sitzungssaal live übertragen. Daneben stand eine Telefonverbindung, um über den Vertreter des Vorsitzenden Fragen an den Zeugen Richtung zu können[32]. Ein Mitschnitt der Vernehmung fand nicht statt. All dieses sollte einer möglichst schonenden Vernehmung des kindlichen Zeugen dienen[33]. Diese Art einer „getrennten" Hauptverhandlung ist unter dem so genannten „Mainzer Modell" bekannt.

Gegen das „Mainzer Modell" wurden schwerwiegende Bedenken geäußert. Vorrangig wurde ein Verstoß gegen die Unmittelbarkeit und Mündlichkeit im Strafprozess gerügt[34]. Das Fragerecht des Angeklagten sei durch die Zwischenschaltung des Vorsitzenden und dessen Vertreters im Sitzungssaal verletzt; die dialektische Seite des Mündlichkeitsprinzips- also Rede und Gegenrede, Frage und Antwort, Argument und Gegenargument - seien durch die bloß mittelbare

---

30 Siehe 2.Kapitel II. 1.

31 „Wormser Familien-Clan"; vgl. LG Mainz, NJW 1996, 208: Beschluss aufgrund der Gegendarstellung zum Beschluss zur Durchführung der Videovernehmung.

32 *Meurer*, Zeugenschutzgesetz und Unmittelbarkeitsgrundsatz, JuS 1999, 937 (937).

33 LG Mainz NJW 1996, 208 (208).

34 *Hussels*, Videoübertragung von jugendlichen Zeugen in Missbrauchsprozessen – eine Bestandsaufnahme und Überlegungen des lege ferenda, ZRP 1995, 242 (243); *Hasdenteufel*, Die Strafprozessordnung als Grenze des Einsatzes von Videotechnologie in Strafverfahren bei sexuell mißbrauchten Kindern, 1997, S. 80 f.; *Dahs*, Die gespaltene Hauptverhandlung, NJW 1996, 178 (178).

Telefonverbindung beeinträchtigt[35]. Des Weiteren sei der Grundsatz des „fair-trial" dadurch verletzt, dass dem Zeugen der „Bonus" der Videovernehmung eingeräumt würde, dem Angeklagten aber nicht[36]. Dieses führe letztlich zu einer Stigmatisierung des Angeklagten und somit zu einem Verstoß gegen die Unschuldsvermutung[37].

Nicht zuletzt die Praxis des Landgerichts Mainz zwang den Gesetzgeber zum Handeln und dazu eine gesetzliche Grundlage zum Einsatz der Videotechnologie mit § 247a StPO zu schaffen[38].

Durch die Formulierung in § 247a Satz 3 StPO „Die Aussage wird zeitgleich in Bild und Ton in das Sitzungszimmer übertragen" hat der Gesetzgeber dem so genannten „Mainzer Modell" eine Absage erteilt[39].
Er hat dem insbesondere in Großbritannien erprobten und bewährten Modell den Vorzug gegeben, bei dem der Vorsitzende den Sitzungssaal nicht verlässt und der Zeuge mittels einer wechselseitigen Bild-Ton-Übertragung vernommen wird[40]. Die Äußerungen des Zeugen sollen nunmehr nach § 247a Satz 3 StPO zeitgleich in Bild und Ton in das Sitzungszimmer übertragen werden. Umgekehrt, d.h. wie die Übertragung des Geschehens im Gerichtssaal zum Zeugen geschehen soll ist unklar, wenn es im Gesetzesentwurf heißt: *„...die Fragen des Vorsitzenden* (werden) *über Telefon, Kopfhörer oder Monitor in das Vernehmungszimmer übertragen* (wo sich der Zeuge aufhält)". Andererseits wird auf das Modell in Großbritannien, einer wechselseitigen Bild-Ton-Übertragung, Bezug genommen und im Übrigen davon ausgegangen, dass über den Bildschirm kommuniziert wird. Eine Übertragung des Bildes zum zugeschalteten Zeugen ist nicht zwingend erforderlich, dürfte aber im allgemeinen anzustreben sein, da nur so eine Gegenüberstellung möglich ist und die Atmosphäre der Gerichtsverhandlung dem Zeugen jedenfalls ansatzweise vermittelt werden kann[41].

Im Gesetzgebungsverfahren war es, ausgehend von dem Anwendungsbereich des „Mainzer Modells", zunächst das Ziel insbesondere kindliche Zeugen in Strafverfahren wegen Kindesmissbrauchs vor einer sie psychisch belastenden Vernehmung in der Hauptverhandlung zu bewahren[42].

---

35 *Meurer*, in: JuS 1999, 937 (940).
36 Vgl. *Hasdenteufel*, S. 120f.
37 Vgl. *Hasdenteufel*, S. 121.
38 So auch das Fazit von *Hussels*, in: ZRP 1995, S. 244.
39 BT-Drucks. 13/7165 (zu Nummer 4).
40 BT-Drucks. 13/7165.
41 Vgl. *Kleinknecht/Meyer-Goßner*, Strafprozeßordnung, 45. Auflage (2001), § 247a Rn. 10.
42 Entwurf der SPD-Fraktion vom 28.11.1995: BT-Drucks. 13/3128.

Der geltende § 247a Satz 1 1. HS StPO bezweckt nunmehr einen umfassenden Zeugenschutz für alle schutzbedürftigen Zeugen, denen aus der Aussage vor Gericht schwerwiegende Nachteile erwachsen können und diese Gefahr nicht anders, insbesondere nicht durch eine Entfernung des Angeklagten sowie den Ausschluss der Öffentlichkeit, abwendbar ist[43]. Inwieweit § 247a Satz 1 1. HS StPO aufgrund der Subsidiarität zu § 247 StPO anwendbar ist, soll hier nicht erörtert werden[44].

Vom Zeugenschutz im engeren Sinne losgelöst ist § 247a Satz 1 2. HS StPO, der die Möglichkeit einer audiovisuellen Zeugenvernehmung aus Gründen des § 251 Abs. 1 Nr. 2 bis 4 StPO[45] ermöglicht, wenn dieses zur Erforschung der Wahrheit erforderlich ist[46]. Dieses ist etwa der Fall, wenn der Zeuge wegen Krankheit oder anderer nicht zu beseitigender Hindernisse am Erscheinen in der Hauptverhandlung gehindert ist (§ 251 Abs. 1 Nr. 2 StPO), oder wegen der großer Entfernung unter Berücksichtigung der Bedeutung der Aussage eine Anreise unzumutbar ist (§ 251 Abs. 1 Nr. 3 StPO). Im ursprünglichen Koalitionsentwurf war dieses nicht vorgesehen. Der Rechtsausschuss des Bundestages hat diesen Halbsatz mit der Begründung eingefügt, dass ein solches Verfahren im Ausland aus Gründen des Zeugenschutzes und der Kostenersparnis praktiziert wird und so Schwierigkeiten bei der Vernehmung von Auslandszeugen überwunden werden können[47]. Erst hier treten Beschleunigungsgesichtspunkte auf, die bei der Einführung der Videokonferenztechnik in anderen Verfahrensordnungen ausschlaggebend waren.

Der Vollständigkeit halber sei noch einmal ausdrücklich darauf hingewiesen, dass Videozuschaltungen des Angeklagten an den Gerichtsort nicht vorgesehen und in keinem Fall zulässig sind.

Im Hinblick auf eine Vergleichbarkeit mit § 128a Abs. 2 ZPO ist besonders interessant, dass nach dem Wortlaut des § 247a Satz 1 2.Hs StPO i.V.m. § 251 Abs. 1 Nr. 4 StPO eine Videosimultanübertragung der Zeugenvernehmung im Strafprozess ohne vorliegen weiterer Voraussetzungen auch dann möglich erscheint, wenn alle Prozessbeteiligten damit einverstanden sind. Als einzige Einschränkung setzt § 247a Satz 1 2. HS StPO, wie schon erwähnt, voraus, dass die audiovisuelle Vernehmung zur Erforschung der Wahrheit erforderlich sein

43 BT-Drucks. 13/7165.

44 Siehe hierzu: *Seitz*, Das Zeugenschutzgesetz- ZSchG, JR 1998, 309 (311).

45 § 251 I Nr. 1 StPO kommt hier nicht in Betracht.

46 Dieses erscheint aufgrund der Aufklärungspflicht gem. § 244 Abs. 2 StPO selbstverständlich und daher überflüssig; anders bei Vorliegen eines richterlichen Vernehmungsprotokolls: *Diemer*, Der Einsatz der Videokonferenz in der Hauptverhandlung, NJW 1999, 1667 (1670).

47 BT-Drucks. 13/9063, S. 4.

muss, dass heißt eine weitergehende oder bessere Aufklärung, als durch klassische Methoden der Einführung einer Zeugenaussage in die Hauptverhandlung muss zu erwarten sein[48]. Dieses ist in den Fällen des § 251 Abs. 1 Nr. 1 bis 3 StPO unproblematisch, da ansonsten überhaupt keine, beziehungsweise erst später eine Aussage zu erreichen wäre[49]. Im Fall des allseitigen Einverständnisses nach § 251 Abs. 1 Nr. 4 StPO steht aber einer Zeugenaussage im Gerichtssaal grundsätzlich kein Hindernis entgegen.
Ob ein Fall denkbar ist, in dem nur unter Aufklärungsgesichtspunkten der audiovisuellen Vernehmung der Vorzug vor einer Aussage im Gerichtssaal zu geben ist, scheint fraglich[50]. Die Begründung des Rechtsausschusses des Bundestages erwähnt diesen Fall nicht[51]. Allenfalls wenn besondere, in § 251 StPO nicht genannte, „atypische" Umstände hinzutreten erscheint dieses möglich. Insbesondere kann unter Umständen eine freiere Aussage von eingeschüchterten Zeugen erreicht werden, auch wenn die Voraussetzungen des § 247a Satz 1 1. HS StPO noch nicht erreicht sind. Im Zweifel wird dieses jedoch geringen praktischen Wert haben, da der Angeklagte gerade in diesen Fällen der audiovisuellen Vernehmung nicht zustimmen wird. Soweit ersichtlich wurden derartige Verfahren jedenfalls noch nicht durchgeführt.

2. Finanzgerichtsordnung und Zivilprozessordnung

Anders als im Strafprozess ist die Motivation für die Diskussion des Videokonferenzeinsatzes im finanzgerichtlichen und zivilgerichtlichen Verfahren die Steigerung der Verfahrenseffizienz gewesen[52].

Dieses war aber nicht immer so. Im Zuge der technischen Entwicklung schlug Unger[53] schon 1984 den Einsatz eines Bildschirmtelefons – als Vorstufe der heutigen Videokonferenz – vor. Hintergrund war nicht der generelle Einsatz zur Effizienzsteigerung, sondern nur die Erhaltung der Unmittelbarkeit in Fällen, in denen ansonsten der beauftragte oder ersuchte Richter (§ 375 ZPO, § 223 StPO, §§ 80, 83 ArbGG, § 202 SGG, 98 VwGO, § 82 FGO) zum Einsatz gekommen wäre.

---

48 Etwa durch Verlesung eines richterlichen Vernehmungsprotokolls oder durch die Zeugenaussage des Anwesenden.
49 So ist der gesetzliche Hinweis nach *Seitz* gar überflüssig: JR 1998, 309 (312).
50 *Rieß*, Zeugenschutz bei Vernehmungen im Strafverfahren, NJW 1998, 3240 (3242).
51 Vgl. für die anderen Fälle: BT-Drucksache 13/9063 ,S. 4.
52 *Dieckmann*, DB 2002, Heft 21, I.
53 *Unger*, Videovernehmung per Bildschirm-Telefon, NJW 1984, 415ff.

Dementsprechend schlug Unger exemplarisch vor, den § 375 ZPO um folgenden Absatz zu erweitern:

> *„In den Fällen des Absatzes 1 ist das Prozessgericht befugt, den Zeugen unter Einsatz von Bildschirmtelefon oder Videogerät zu vernehmen und die dafür erforderlichen Anordnungen zu treffen“*[54].

Der Gedanke war visionär, wenn er auch für Bildschirmtelefone dieser Zeit nie ernsthaft in Erwägung gezogen wurde. Inzwischen gibt das Gesetz der Videokonferenz gem. § 128a ZPO durch die Änderungen in § 375 Abs. 1 Nr. 2 und Nr. 3 ZPO aufgrund der größeren Unmittelbarkeit den Vorzug vor der Beweisaufnahme durch den beauftragten und ersuchen Richter.

Die Justizministerkonferenz hat im November 1995 eine Arbeitsgruppe unter Vorsitz des Landes Baden-Württemberg zum Thema „Einsatzmöglichkeiten elektronischer Medien in Gerichtsverfahren“ eingesetzt, die die Durchführung von Gerichtsverhandlungen mittels Videokonferenzen untersuchen sollte. Auf Vorschlag der Arbeitsgruppe wurde mit Zustimmung der Justizministerkonferenz 1997 ein Pilotversuch zum Einsatz von Videokonferenzsystemen in gerichtlichen Verfahren beim Finanzgericht Baden-Württemberg durchgeführt. Der diesbezügliche Abschlussbericht datiert vom 29.07.1998[55]. Die erfolgreiche Durchführung dieses Pilotprojekts, wonach eine zügigere Abwicklung eines Rechtsstreits unter gleich bleibender Qualität bei Einsatz der Videokonferenztechnik möglich ist[56], war der Anstoß zur Einführung der Videokonferenz in die Finanzgerichtsordnung[57].
Ein weiteres Projekt war das vom Baden-Württembergischen Justizministerium initiierte „Virtuelle Verwaltungsgericht“ welches am Verwaltungsgericht Sigmaringen vom 1.10.1999 bis 31.08.2001 durchgeführt wurde. Auf den diesbezüglichen Abschlussbericht vom 14.09.2001[58] wird an späterer Stelle noch ausführlich eingegangen werden[59].

Die Vorschrift des § 128a ZPO wurde in die Zivilprozessordnung eingefügt, nachdem man in den Pilotprojekten aber auch im Strafprozess überwiegend gute Erfahrungen mit Videokonferenzen gesammelt hatte[60].

---

54 *Unger*, in: NJW 1984, 415 (416).

55 Abschlussbericht zum Pilotprojekt bei der Finanzgerichtsbarkeit.

56 Abschlussbericht zum Pilotprojekt bei der Finanzgerichtsbarkeit, S. 19; Zu den weiteren Inhalten dieses Berichts siehe: 5. Kapitel III. 2. a).

57 Vgl. BT-Drucks. 14/4549 S. 11.

58 Download unter: http://www.justiz.baden-wuerttemberg.de/vg/VGSIG/VKAbschlussbericht.doc (Stand: 15.08.2002).

59 Siehe 5. Kapitel III. 2. b).

60 Musielak/*Stadler*, § 128a Rn. 1.

2. Kapitel: Die Videokonferenz im Rahmen der Zivilprozessordnung

I. Gesetzliche Voraussetzungen des § 128a ZPO

1. Überblick

Der neu eingefügte § 128a ZPO soll neben dem schon verabschiedeten Gesetz zur Anpassung von Formvorschriften an den modernen Rechtsverkehr den Einsatz moderner Kommunikationstechnologie im Zivilprozess fördern[61]. War es in der mündlichen Verhandlung bisher für die Prozessbeteiligten notwendig persönlich im Gerichtssaal zu erscheinen, so wird dieses Anwesenheitsdogma durch § 128a Abs. 1 ZPO nunmehr dahingehend durchbrochen, dass es den Parteien, ihrer Bevollmächtigten und Beiständen – und über den Wortlaut hinaus auch den Streithelfern gem. §§ 66 ff. ZPO[62] - ermöglicht wird, sich während einer Verhandlung auch an einem anderen Ort aufzuhalten. Gleiches gilt für die Personalbeweismittel wie Zeugen, Sachverständige und Parteien nach § 128a Abs. 2 ZPO, die bisher grundsätzlich auch körperlich im Gerichtssaal erscheinen mussten (vgl. §§ 380, 409, 454 ZPO). Voraussetzung für die Durchbrechung der herkömmlichen körperlichen Anwesenheitspflicht ist jedoch in allen Fällen das Einverständnis der Parteien und die Gestattung durch das Gericht. Während die Absätze 1 und 2 die Anwesenheit durch eine mediale Übermittlung in weiteren Einzelheiten regeln, enthält Absatz 3 Satz 1 ein Aufzeichnungsverbot und Absatz 3 Satz 2 einen Ausschluss von Rechtsbehelfen gegen die auf § 128a ZPO beruhenden gerichtliche Entscheidungen.

§ 128a ZPO geht als Sonderregel den anderen Vorschriften zur Anwesenheitspflicht vor. Diese bleiben aber ergänzend anwendbar, soweit nicht direkte Besonderheiten durch die Videokonferenz bestehen[63].

2. Antrag

Nach § 128a Abs. 1 ZPO kann das Gericht den Parteien sowie ihren Bevollmächtigten und Beiständen auf Antrag gestatten, sich während der Verhandlung an einem anderen Ort aufzuhalten. Für die Personalbeweismittel ist in § 128a Abs. 2 ZPO ein Antragserfordernis nicht ausdrücklich vorgesehen.

a) Rechtsnatur

Wo immer in der Zivilprozessordnung von „Anträgen" die Rede ist, sind damit Prozesshandlungen der Parteien gemeint[64]. Der Prozessbevollmächtigte kann

---

[61] BT-Drucks. 14/6036, S. 116.

[62] Zöller/*Greger*, Zivilprozessordnung, 23. Auflage (2002), § 128a Rn. 2, siehe 2. Kapitel I. 4. b) cc) (1).

[63] Baumbach/Lauterbach/Albers/*Hartmann*, Zivilprozessordnung, 60. Auflage (2002), § 128a Rn. 1.

[64] Vgl. §§ 116, 308, 331, 331a, 335, 496, 506, 620, 620a, 620d ZPO.

gem. § 81 ZPO und der Beistand gem. § 90 ZPO Prozesshandlungen für die Partei vornehmen.
Nach der Formulierung des § 128a Abs. 1 ZPO könnte man zu der Ansicht neigen, der Antrag durch den Bevollmächtigten oder Beistand ergehe nicht „Namens und im Auftrage" der Partei als Prozesshandlung, sondern Gründe sich auf eine eigene Befugnis der Bevollmächtigten oder Beistände. Dieses Verständnis würde von der bisherigen Dogmatik der Zivilprozessordnung, wonach nur die Partei berechtigt ist einen Antrag auf gerichtliche Entscheidung zu stellen[65], abweichen und bedürfte daher einer weiteren nicht aufzufindenden Bestätigung. Die Postulationsfähigkeit vorausgesetzt sind keine rechtlichen Bedenken ersichtlich grundsätzlich auch der Partei selbst zu gestatten einen Antrag auf Zuschaltung seines Beistandes oder Bevollmächtigten zu stellen. Allenfalls das Recht am eigenen Bild und Wort könnte ein Einverständnis der Beistände und Bevollmächtigten erfordern. Dass dieses nicht der Fall ist, wird an anderer Stelle noch darzustellen sein[66]. Die missverständliche Formulierung des § 128a Abs. 1 ZPO soll nicht die Rechtsnatur des Antrages als Prozesshandlung in Frage stellen, sondern vielmehr einem praktischen Gesichtspunkt Rechnung tragen. Derjenige, der sich an einem anderen Ort aufhalten will, besitzt typischerweise die bessere Kenntnis darüber, ob und wie eine Videokonferenz mit ihm erfolgen könnte. Dennoch kann auch die Partei selbst - das Vorliegen der allgemeinen Prozesshandlungsvoraussetzungen[67] unterstellt- die Videokonferenz für ihre Bevollmächtigten und Beistände rechtswirksam beantragen.
Auch beim Antrag im Sinne des § 128a ZPO handelt es sich somit um eine Parteiprozesshandlung in der Form einer Erwirkungshandlung. Der Wortlaut bezieht lediglich die ohnehin nach den §§ 81, 90 ZPO bestehenden Vertretungsbefugnisse ein.

b) Erfordernis

Im Fall des Absatzes 1 wird ausdrücklich ein Antrag vorausgesetzt. Das Gericht darf nicht von Amts wegen die Videokonferenz – auch nicht mit dem Einverständnis der Parteien – beschließen. Antragsberechtigt sind Parteien, ihre Bevollmächtigten und Beistände, wobei der Bevollmächtigte und der Beistand den Antrag für die Partei und die Partei diesen umgekehrt auch für diese stellen kann. Er ist nicht höchstpersönlich. Über den Wortlaut des § 128a Abs. 1 ZPO hinaus sind auch Streithelfer gem. §§ 66 ff. ZPO antragsberechtigt[68]. Insoweit gelten die allgemeinen Regeln zur Zurechenbarkeit von Prozesshandlungen.

---

[65] Dieses wird allgemein als Erwirkungshandlung bezeichnet: *Jauernig*, Zivilprozessrecht, 27. Auflage (2002), § 30 III, S. 120.
[66] Siehe 2. Kapitel I. 3. bb).
[67] Thomas/Putzo/*Reichold*, Zivilprozessordnung, 24. Auflage (2002), Einl. III Rn. 10.
[68] Zöller/*Greger*, § 128a, Rn. 2, siehe 2. Kapitel I. 4. b) cc) (1).

Im Fall des Absatzes 2 ist bei streng grammatikalischer Betrachtung kein Antrag der Parteien erforderlich.
Dementgegen hält Hartmann[69] den Antrag für nur scheinbar entbehrlich, da der Fall des Absatzes 2 durchweg als Verhandlungsteil im Fall des Absatzes 1 auftauche. Dieses kann jedoch nicht nachvollzogen werden. Zwar umfasst der Begriff der Verhandlung in Absatz 1 auch die Beweisaufnahme[70], jedoch muss nicht zwingend zugleich eine Zuschaltung einer Partei etc. nach § 128a Abs. 1 ZPO erfolgen. Vielmehr ist der Fall des Absatzes 2, die Zuschaltung eines Personalbeweismittels, als selbständig anzusehen[71]. Selbst wenn eine Videokonferenz sowohl mit einer Partei etc. und einem Personalbeweismittel angestrebt ist, müssten doch sämtliche Voraussetzungen für jeden Zugeschalteten getrennt voneinander vorliegen.
Eine Antragspflicht für die Zuschaltung von Personalbeweismitteln nach § 128a Abs. 2 ZPO lässt sich darüber hinaus auch nicht durch Auslegung herleiten.
In Betracht käme zwar die Wertung aus dem Beibringungsgrundsatz, jedoch gebietet dieser lediglich, dass die Parteien den Personalbeweis anbieten müssen (vgl. §§ 373, 403, 445 Abs. 1, 447 ZPO), das Gericht also nicht von Amts wegen ermitteln darf. Der Ablauf der Vernehmung im Einzelnen, also auch die Entscheidung über eine Videokonferenz, obliegt dem Gericht. Das Gericht kann also von Amts wegen im Zuge der Prozessleitung die Videovernehmung von angebotenen Personalbeweisen erwägen. Eine Antragspflicht der Parteien lässt sich auch nicht aus der Dispositionsmaxime herleiten. Diese gewährt den Parteien nur Verfügungsfreiheit über den Streitgegenstand. Die Zulassung einer Videokonferenz betrifft jedoch nicht der Streitgegenstand, sondern nur den Ablauf des Verfahrens. Der Ablauf des Verfahrens im Einzelnen, der so genannte Prozessbetrieb, ist jedoch Sache des Gerichts[72].

Auch die Personalbeweismittel selbst müssen ihre Videovernehmung nicht beantragen. Ein Ansatzpunkt für ein derartiges Antragserfordernis bietet jedoch der Umstand, dass das Gericht die Videokonferenz nach dem Wortlaut des § 128a Abs. 2 ZPO lediglich „gestatten" kann[73]. Eine Anordnungsbefugnis, wie z.B. in § 377 Abs. 3 Satz 1 ZPO für die schriftliche Beweisaufnahme beim Zeugenbeweis oder auch in § 247 a StPO für die Videovernehmung eines Zeugen im Strafverfahren, fehlt dem Gericht daher[74]. Dieses impliziert, dass dem Per-

---

[69] Baumbach/Lauterbach/Albers/*Hartmann*, § 128a Rn. 4.
[70] Zum Begriff der „Verhandlung" siehe: 2. Kapitel I. 4. b) cc) (2).
[71] Der Fall mehrseitiger Abwesenheit ist in § 128a Abs. 2 Satz 3 ZPO gesondert angesprochen.
[72] *Rosenberg/Schwab/Gottwald*, Zivilprozessrecht, 15. Auflage (1993), § 77 III 3, S. 423.
[73] Zur Frage, ob eine entgegen dem Wortlaut auch eine Anordnung möglich ist: Siehe S. (Inhalt der Ermessensentscheidung)
[74] A.A. ohne Begründung und entgegen dem eindeutigen Wortlaut: Zöller/*Greger*, § 128a, Rn. 2 und 3.

sonalbeweismittel die Möglichkeit bleiben muss, auch persönlich am Gerichtsort zu erscheinen[75]. Die Durchführung der Videovernehmung hängt somit de facto von der untechnischen Zustimmung des Personalbeweismittels ab. Eine Gestattung ist jedoch auch ohne die die vorherige Einholung der Zustimmung oder eines Antrages denkbar, da das Personalbeweismittel trotz vorgesehener Videokonferenz im Gerichtssaal erscheinen kann[76]. Die Verwendung des Wortes „gestatten" zeigt nur, dass der Gesetzgeber von der Bereitschaft des zu Vernehmenden zur Videovernehmung ausgeht, weil diese für ihn aufwands- und kostensparend ist. Für den Fall, dass der zu Vernehmende nicht einverstanden ist, wollte der Gesetzgeber damit aber keine anderweitige Regelung treffen[77]. Ein „Gestattungsbeschluss" kann also in den Fällen des § 128a Abs. 2 ZPO von Amts wegen ergehen.

Ein Antragserfordernis für die Personalbeweismittel kann unabhängig davon aus dem faktischen Zustimmungserfordernis jedoch schon deshalb nicht hergeleitet werden, weil Prozesshandlungen von Beweismitteln grundsätzlich nicht vorgenommen werden können[78]. Das Begehren, sich während der Vernehmung an einem anderen Ort aufhalten zu dürfen, soll als Anregung an das Gericht daher im Folgenden als „Gesuch" bezeichnet werden. Ein Anspruch auf Entscheidung begründet ein solches „Gesuch" im Gegensatz zur Erwirkungshandlung des Parteiantrages jedoch nicht.

Da im Fall des § 128a Abs. 2 ZPO weder ein Parteiantrag, noch ein Antrag des Personalbeweismittels erforderlich ist, obliegt die Initiative für eine Gestattung im Zuge der Prozessleitung von Amts wegen dem Gericht[79]. So kann in der Ladung die Gestattung einer Videokonferenz enthalten sein und sogar einen entsprechenden Videokonferenzort - etwa ein anderes Gericht oder ein zu mietender Videokonferenzraum - vorgeschlagen werden.

c) Inhalt

Die Parteien, Prozessbevollmächtigten und Beistände müssen beantragen, sich an einem anderen Ort als dem der Verhandlung aufhalten und dort Verfahrenshandlungen vornehmen zu können. Eine Begründung ist ebenso wenig erforderlich, wie die Glaubhaftmachung von Tatsachen. Um Rückfragen des Gerichts vorzubeugen sollte jedoch der Ort, von dem aus an der Verhandlung

[75] Im Ergebnis auch Zöller/*Greger*, §128a Rn. 3; a.A. *Stadler*, in Musielak/*Stadler*, § 128a Rn. 9, wonach man Zeugen und Sachverständige im Rahmen ihrer prozessualen Mitwirkungspflicht für verpflichtet halten muss, an einer Vernehmung im Wege der Videokonferenz mitzuwirken; Siehe zu dieser Problematik auch: 2. Kapitel III. 2. a).

[76] Siehe 2. Kapitel I. 4. b) aa).

[77] Schultzky, in NJW 2003, 313 (316).

[78] Im Ergebnis auch: Musielak/*Stadler*, § 128a Rn. 9.

[79] Musielak/*Stadler*, § 128a Rn. 5.

teilgenommen werden soll, angegeben werden, da dieser gem. § 160 Abs. 1 Nr. 4 ZPO n.F. in das Protokoll aufzunehmen ist. Weiter sollte die Verbindungsnummer[80] angegeben werden, da das Gericht die Verbindung aufzubauen hat[81]. Es sollte weiterhin versichert werden, dass die technischen Voraussetzungen für eine gerichtliche Videokonferenz vorliegen[82], die Öffentlichkeit am anderen Ort nicht zugelassen werden wird[83] und keine Schnittstellen bzw. angeschlossene Aufnahmegeräte am „anderen Ort" vorgehalten werden[84].

d) Form

Da die Gestattung einer Videokonferenz das zu beachtende Verfahren betrifft, handelt es sich um einen Prozessantrag[85], so dass die §§ 297, 308 I, 335 I Nr. 3, 528 n.F., 557 n.F. ZPO keine Anwendung finden.
Da keine besondere Form vorgeschrieben ist, ist der Antrag grundsätzlich formfrei möglich[86]. Er ist daher schriftlich, mündlich zu gerichtlichem Protokoll oder außerhalb des Anwaltszwangs (§ 78 ZPO) auch mündlich zu Protokoll der Geschäftsstelle abzugeben, wobei dann jedes Amtsgericht örtlich zuständig ist (§ 129a Abs. 1 ZPO)[87].

e) Folge

Als Erwirkungshandlung verpflichtet der Antrag das Gericht zu einer diesbezüglichen Entscheidung bei einer pflichtgemäßen Ermessensausübung. Der Antrag kann zurückgenommen werden, solange die Entscheidung über ihn aussteht[88]. Dieses dürfte jedoch in Praxis unbeachtlich sein, da dem Antragsteller auch bei Gestattung der Videokonferenz das Recht zusteht, unter Wahrung seiner prozessualen Rechte am Gerichtsort zu erscheinen[89]. Der Antrag enthält für den Antragsteller das schlüssige Einverständnis im Hinblick auf die Videokonferenz.

---

80 Hierunter ist bei ISDN eine Telefonnummer oder bei IP-Netzen die IP-Adresse zu verstehen.
81 Siehe 2. Kapitel III. 1.
82 Siehe zum diesbezüglichen Justiz-Standard: 5. Kapitel IV.,S.
83 Siehe 3. Kapitel IV. 2. bb).
84 Als präventive Maßnahme zur Einhaltung des Aufzeichnungsverbotes, siehe 2. Kapitel I. 6.
85 Vgl. *Rosenberg/Schwab/Gottwald*, §64 I 1, S. 349.
86 Thomas/*Putzo*, Einl. III, Rn. 11.
87 Vgl. Baumbach/Lauterbach/Albers/*Hartmann*, § 129a Rn. 1.
88 Vgl. *Rosenberg/Schwab/Gottwald*, §64 I 1, S. 350; Zöller/*Greger*, Vor § 128 Rn. 18;a.A. für FGO: *Seibel*, Die Videokonferenz im FG- Verfahren, AO-StB 2001, 147 (149).
89 Siehe 2. Kapitel III. 2. a).

3. Einverständnis

Sowohl bei den Fällen des Absatzes 1 als auch in den Fällen des Absatzes 2 ist nach dem Wortlaut für die Gestattung einer Videokonferenz das Einverständnis der Parteien vorausgesetzt[90].

a) Begriff

Die Zivilprozessordnung kennt den Begriff des „Einverständnisses“ bei der Entscheidung durch den Einzelrichter bei Berufungssachen (§ 524 Abs. 3 a.F./ 527 Abs. 4 n.F.), der Entscheidung durch den Handelskammervorsitzenden (§ 349 Abs. 3) und bei der Vernehmung der beweispflichtigen Partei (§ 447). Im Übrigen wird der Begriff der „Zustimmung“ (§§ 251 Abs. 2 a.F., 265, 630, 128 Abs. 2) oder der „Einwilligung“ (§ 263) gebraucht. Ein inhaltlicher Unterschied zwischen den Begrifflichkeiten ist im Prozessrecht, anders als im materiellen Recht[91], nicht erkennbar. Dieses wird insbesondere anhand des § 128 Abs. 2 ZPO deutlich, der bis zur Vereinfachungsnovelle 1976[92] auch von einem „Einverständnis“ statt nunmehr von einer „Zustimmung“ gesprochen hat, ohne dass dieses inhaltliche Konsequenzen gehabt hätte[93].

Das Einverständnis der Parteien bezieht sich auf die Durchführung einer Videokonferenz als besondere Art der Durchführung einer Verhandlung oder Vernehmung unter vermeintlichem Verzicht auf den Grundsatz der Unmittelbarkeit[94]. Insofern stellt sich das „Einverständnis“ i.S.d. § 128a ZPO als artverwandt mit der „Zustimmung“ i.S.d. § 128 Abs. 2 ZPO dar. Nach § 128 Abs. 2 ZPO kann das Gericht bei Zustimmung der Parteien auf eine mündliche Verhandlung, wie sie § 128 Abs.1 ZPO vorsieht, verzichten. Auch dabei handelt es sich um ein Einverständnis zu einer besonderen Verfahrensführung, der mit dem Verlust eines Prozessrechts (Mündlichkeitsgrundsatz) einhergeht[95]. Ob das Einverständnis darüber hinaus eine etwaige Verletzung von Persönlichkeitsrechten rechtfertigt, wird noch zu klären sein.

---

[90] Zöller/*Greger*, § 128a Rn. 2 und 3; a.A.: Baumbach/Lauterbach/Albers/*Hartmann*, § 128a Rn. 3, der dem Wortlaut des Absatzes 1 unterstellt, das Einverständnis der Parteien, Prozessbevollmächtigten und Beiständen zu fordern.

[91] Die materiellrechtliche Legaldefinition der Einwilligung ist die einer vorherige Zustimmung (§ 183 BGB).

[92] BGBl. I S. 3281.

[93] Stein/Jonas/*Leipold*, Kommentar zur Zivilprozessordnung, Band 2, 21 Auflage (1994), § 128 IX, Fn. 75.

[94] Der Gesetzgeber ging von einer Durchbrechung dieses Grundsatzes aus: BT-Drucks. 14/ 6036, S 119.

[95] Auch die Gesetzesmaterialien zu § 128a ZPO gehen von der Durchbrechung des Unmittelbarkeitsgrundsatzes aus: BT-Drucks. 14/ 6036, S. 119.

b) Personelle Geltung des Einverständniserfordernisses: Parteien und übrige Beteiligte der Videokonferenz

Nach dem Wortlaut ist sowohl im Falle des Absatzes 1 als auch im Falle des Absatzes 2 ausdrücklich nur das Einverständnis der Parteien gefordert.

Nach Hartmann[96] ist über das Einverständnis der Parteien hinaus jedoch das Einverständnis aller Beteiligten erforderlich. Der Persönlichkeitsschutz gebiete, dass alle diejenigen, die über Bild- und/oder Tonleitung zu beobachten sind, ihr Einverständnis erklären müssten. Neben den Beteiligten gelte dieses auch für eine unter Umständen anwesende Urkundsperson und den Zuhörern.

Ob eine derartige Auslegung des § 128a ZPO zulässig und geboten ist, bedarf einer näheren Untersuchung. Dabei soll auch untersucht werden, ob ein gesondertes Einverständnis der Parteien hinsichtlich eines etwaigen Eingriffs in ihre Persönlichkeitsrechte erforderlich ist. Das von § 128a ZPO geforderte Einverständnis bezieht sich nicht zwingend auf einen diesbezüglichen Verzicht, sondern umfasst zumindest primär nur die besondere Verfahrensgestaltung bei einer Videokonferenz. Dieses ergibt sich schon daraus, dass ein Einverständnis der Partei auch erforderlich ist, wenn sie selbst – sei es bei Abwesenheit einer natürliche Person oder mangels Körperlichkeit bei einer juristische Person - gar nicht abgebildet wird. Es soll bei der Untersuchung im Interesse der Allgemeingültigkeit auch bei atypischen Fällen[97] außer Acht gelassen werden, dass ein Einverständnis zur Videokonferenz in der Regel bei all denjenigen vorliegen wird, die sich von einem anderen Ort aus zuschalten lassen. Diese Freiwilligkeit ergibt sich aus der schon erwähnten fehlenden Anordnungsbefugnis des Gerichts[98]. Es kann die Videokonferenz lediglich anstelle des persönlichen Erscheinens gestatten. Für die Partei, Bevollmächtigten und Beistände wird die Freiwilligkeit zudem durch das Antragserfordernis indiziert. Die folgende Untersuchung erfasst also nicht nur das Einverständniserfordernis der im Gerichtssaal Anwesenden, sondern auch das der vermeintlich freiwilligen Teilnehmer am anderen Ort.

Für die Auslegung von Prozessvorschriften gelten die allgemeinen Regeln[99], d.h. es soll ein Blick auf den Wortsinn, die Entstehungsgeschichte und insbesondere auf den Gesetzeszusammenhang geworfen werden. Schließlich muss sich das

---

96 Baumbach/Lauterbach/Albers/*Hartmann*, § 128a Rn. 3.

97 Zu denken ist z.B. an einen sistierten Zeugen am anderen Ort (obwohl hier auch noch eine Gestattung erforderlich ist) oder einem kurzfristigen (Aushilfs-)Prozessbevollmächtigten innerhalb einer Sozietät, der persönlich den Antrag nicht gestellt hat aber durch sein Mandat zur Terminswahrnehmung „verdonnert“ ist.

98 Siehe hierzu: 2. Kapitel I. 4. b) aa).

99 Baumbach/Lauterbach/Albers/*Hartmann*, Einl. III Rn. 36.

gefundene Auslegungsergebnis im Rahmen einer teleologischen Betrachtung behaupten können.

aa) Grammatische und historische Auslegung

Der Wortlaut lässt es durchaus zu, von allen Verfahrensbeteiligten und unbeteiligten Zuschauern, die durch die Videokonferenztechnik zu beobachten sein werden, ein Einverständnis zu fordern. Zwar wird nur das Einverständnis der Parteien ausdrücklich verlangt. Eine Formulierung, die das Einverständniserfordernis der übrigen Beteiligten ausdrücklich ausschließt, findet sich jedoch nicht. Diese wäre etwa der Fall, wenn § 128 Abs. 1 und/oder Abs. 2 ZPO wie folgt lauten würde: „ Im Einverständnis nur der Parteien…".

Unabhängig davon, dass der subjektive Wille des Gesetzgebers nicht bindend ist[100], sind die Gesetzesmaterialien bezüglich des Einverständniserfordernisses uneinheitlich und daher wenig ergiebig. So heißt es in der Begründung zur Beschlussempfehlung des Rechtsausschusses im Allgemeinen zu § 128a ZPO[101]:

> *„Diese neue Vorschrift schafft bei Einvernehmen aller Beteiligten die Möglichkeit, dass Verfahrensbeteiligte (Parteien, Rechtsanwälte, Zeugen, Sachverständige) an einer mündlichen Verhandlung im Wege einer Videokonferenz teilnehmen."*

Bei der Begründung zu den einzelnen Vorschriften heißt es zu Nummer 18a ZPO-RG (§ 128a ZPO)[102] dem Wortlaut entsprechend, dass sowohl für die Fälle des Absatzes 1 als auch für die Fälle des Absatzes 2 das Einverständnis der Parteien erforderlich sei. Ein Einverständnis der übrigen Beteiligten wird hier nicht mehr angesprochen.

Ein Zustimmungserfordernis für Personalbeweismittel nach § 128a Abs. 2 ZPO ergibt sich auch nicht aus der Verwendung des Wortes „gestatten". Es wurde bereits dargestellt, dass dieses nur die Vermutung des Einverständnisses impliziert und nicht im Umkehrschluss der gerichtliche „Gestattungsbeschluss" bei fehlendem Einverständnis des Personalbeweismittels unzulässig wäre[103]. Auch hierbei gilt zu beachten, dass es dem Personalbeweismittel bei fehlender Bereit-

---

100 *Müller Friedrich*, Juristische Methodik, 6. Auflage (1995), S. 32; Palandt/*Heinrichs*, Bürgerliches Gesetzbuch, 61. Auflage (2002), Einl. III Rn. 34 und 37.

101 BT-Drucks. 14/6036, S. 116.

102 BT-Drucks. 14/6036, S.119f.

103 Schultzky, in NJW 2003, 313 (316).

schaft zur Einvernahme mittels Videokonferenztechnik freisteht, persönlich am Gerichtsort zu erscheinen[104].

bb) Systematische und verfassungskonforme Auslegung

Die systematische Auslegung hat das Ziel, dasjenige Auslegungsergebnis zu ermitteln, welches die einen Wirklichkeitsausschnitt beherrschenden Rechtssätze zu einem möglichst widerspruchsfreien, kohärenten Sinnganzen zusammenfügt[105], mithin Normkonkurrenzen zu lösen.

§ 128a ZPO ist also im Verhältnis zu anderen einfachgesetzlichen und verfassungsrechtlichen[106] Bestimmungen auszulegen. Dieses gebietet die Einheit der Rechtsordnung[107]. Allgemein richtet sich die Notwendigkeit eine Einverständnisses bei Bildwiedergaben nach § 22 KUG[108] und dem richterrechtlich vom Bundesverfassungsgericht herausgebildeten allgemeinen Persönlichkeitsrecht (Art. 2 Abs. 1 i.V.m. Art 1 Abs. 1 GG)[109]. Diese können zu der in Frage stehenden Auslegung zwingen, wenn die Videokonferenz ohne das Einverständnis aller Beteiligten gegen eines dieser Rechte verstoßen würde.

(1) Bildnisschutz nach § 22 KUG

Nach § 22 KUG darf ein Bildnis grundsätzlich ohne Einwilligung des Abgebildeten nicht verbreitet oder öffentlich zur Schau gestellt werden.

(a) Darstellung der Bild- und Tondaten als Bildnis

Das KUG unterscheidet Bildnisse und Bilder. § 22 KUG schützt nur das Bildnis. Darunter ist ein Personenbildnis, d.h. die Darstellung einer oder mehrerer Personen, die die äußere Erscheinung der Abgebildeten in einer für Dritte erkennbaren Weise wiedergibt zu verstehen[110]. Aus § 23 Abs. 1 Nr. 2 und 3 KUG wird geschlossen, dass ein Bildnis noch nicht dann vorliegt, wenn der Abgebildete auf dem Bild nur erscheint[111]. Das Bildnis einer Person liegt bei der

---

[104] Schultzky, in NJW 2003, 313 (316), wonach die Ladung zwar zum „anderen Ort" zu erfolgen hat, bei erscheinen im Sitzungssaal jedoch keine Sanktionen nach § 380 Abs. 1, 409 Abs. 1 ZPO verhängt werden dürfen, wohl aber die Mehrkosten durch eigene Anreise usw.

[105] MüKo-BGB-*Säcker*, Münchner Kommentar zum Bürgerlichen Gesetzbuch, Band 1, 4. Auflage (2001), Einl. Rn. 125

[106] BVerfG NJW RR 00, 1309 (1310), wonach die Vorschriften der ZPO verfassungskonform auszulegen sind.

[107] *Raisch*, Juristische Methoden – vom antiken Rom bis zur Gegenwart, 1995, S. 148; MüKo-BGB-*Säcker*, Einl. Rn. 126.

[108] Gesetz betreffend das Urheberrecht an Werken der bildenden Künste und der Photographie vom 9. Januar 1907 (RGBl. S. 7).

[109] BVerfGE 99, 185 (193f); BVerfGE 54, 147 (153).

[110] Schricker/*Gerstenberg*/*Götting*, Urheberrecht, 2. Auflage (1999), § 60/§ 22 KUG Rn. 4.

[111] *Helle*, Besondere Persönlichkeitsrechte im Privatrecht, 1991, S. 91.

Wiedergabe der äußeren Erscheinungsweise einer Person vor, wenn diese erkennbar ist[112].
Gleichgültig ist das Material der Abbildung, so dass auch das flüchtige, bewegte Bild auf einem Monitor oder Leinwand unter § 22 KUG fällt[113]. Die Darstellung der Videokonferenzteilnehmer an der jeweiligen Gegenstelle ist danach ein Bildnis i.S.d. § 22 KUG. Ob insbesondere die Zuschauer noch erkennbar sind, hängt von der Kamerainstallation, Übertragungsbandbreite und dem Wiedergabemedium ab, soll hier jedoch im Sinne einer worst-case-Betrachtung angenommen werden.

(b) Eingriff in das Recht am eigenen Bild: öffentliche Schaustellung

Das Recht am eigenen Bild wird vom KUG nur gegen Eingriffe geschützt, die das Gesetz alternativ als „Verbreiten" und „öffentliche Schaustellung" bezeichnet.

Die „Verbreitung" ist die Weitergabe körperlicher Gegenstände, die das Bildnis wiedergeben[114]. Dieses ergibt sich aus § 17 Abs. 1 UrhG, der das Verbreitungsrecht, abgesehen für den Fall des für § 22 KUG nicht einschlägigen Originals, ebenfalls an Vervielfältigungsstücke knüpft. Da gem. § 128a Abs. 3 Satz 1 ZPO keine Aufzeichnung der Übertragung stattfindet[115], fehlt es schon an einem körperlichen Gegenstand, der verbreitet werden könnte. Das Bildnis wird lediglich durch ein optisches Wiedergabemedium vorgeführt.

Die Bildwiedergabe am anderen Ort und im Sitzungssaal, der gem. § 169 Satz 1 GVG der Öffentlichkeit grundsätzlich zugänglich ist, könnte jedoch eine öffentliche Schaustellung sein.

Unter Schaustellung ist in Abgrenzung zum „Verbreiten" die unkörperliche Darbietung zu verstehen. Als Schaustellung ist nicht nur die Ausstellung eines Bildes beispielsweise im Schaufenster, sondern auch die Vorführung im Film oder die Livesendung im Fernsehen zu betrachten[116]. Mithin fällt auch die optisch wahrzunehmende Wiedergabe auf einem Monitor oder einer Leinwand bei einer Videokonferenz unter den Schaustellungsbegriff. Zwar hatte der Gesetzgeber bei Erlass des KUG im Jahre 1907 noch keine derartige Schaustellung im

---

112 BGH NJW 65, 2148 (2149); *Dasch*, Die Einwilligung in das Recht am eigenen Bild, 1990, S. 10 m.w.N.; Schricker/*Gerstenberg/Götting*, § 60/§ 22 KUG Rn. 5.

113 Vgl. *Rehbinder*, Urheberrecht, 10. Auflage (1998), Rn. 430; *v. Gamm/Friedrich*, Urheberrechtsgesetz, 1968, Einführung Rn. 105.

114 *Helle*, S. 125.

115 Siehe 2. Kapitel I. 6.

116 Vgl. *Rehbinder*, Rn. 430; *Helle*, S. 125; Schricker/*Gerstenberg/Götting*, § 60/§ 22 KUG, Rn. 12.

Sinn, jedoch besteht zwischen einem an die Wand geworfenen Dia jener Tage kein sachlicher Unterschied zu bewegten Videokonferenzbildern unserer Tage.

Um zu beurteilen, ob die Schaustellung durch die Wiedergabe am anderen Ort und im Sitzungssaal eine öffentliche i.S.d. § 22 KUG ist, ist der umstrittene Begriff zunächst zu definieren.

Das RG[117] hat für das Vorliegen der Öffentlichkeit i.S.d. § 22 KUG noch *„einen ausgedehnten weder individuell noch der Zahl nach beschränkten Kreis von Personen"* verlangt[118]. Die Wiedergabe in einem Gerichtssaal und am anderen Ort, die durch die Kapazitäten nur eine zahlenmäßig beschränkte Personengruppe aufzunehmen vermögen, wäre danach nicht-öffentlich.

Heute wird für die Begriffsbestimmung überwiegend die Legaldefinition der Öffentlichkeit im UrhG, § 15 Abs. 3 UrhG, herangezogen[119]. Dieses hat seinen Grund in der Einbindung des Bildnisschutzes in das Urheberrecht. Zwar schützt § 22 KUG unstreitig ein Persönlichkeitsrecht, jedoch beschränkt es zugleich die Befugnisse des Bildnisurhebers aufgrund der zu berücksichtigenden Persönlichkeit des Abgebildeten[120].

Mestmäcker/Schulze[121] vertreten dagegen die Ansicht nur der Familien- und Freundeskreis sei nicht-öffentlich und verweisen auf die Materialien[122], wonach eine Schaustellung, soweit sie sich auf einen engen Kreis beschränke, frei bleiben solle. Diese enge Auslegung ist abzulehnen. Zum einen meint ein „enger Kreis" begrifflich nicht notwendig den Familien- und Freundeskreis und zum anderen sind Gesetzesmaterialien keinesfalls bindend[123], insbesondere nicht wenn sie nahezu 100 Jahre alt sind. Zudem wäre zumindest auch auf die Gesetzesmaterialien des UrhG abzustellen[124]. Der Gesetzgeber des UrhG hat gem. § 141 Nr. 5 UrhG die Bestimmungen des KUG zum Schutz von Bildnissen aufrechterhalten, sie somit in seinen Willen aufgenommen und dem

---

117 RGSt 45, 240- 243 (243).

118 So heute nur noch: *Helle*, S. 123: der die Definition gelten lassen will, obwohl er auf § 15 Abs. 3 UrhG zur Begriffsbestimmung verweist.

119 *Wenzel*, Das Recht der Wort- und Bildberichterstattung, 4. Auflage (1994), Rn. 7.28; Möhring/Nicolini/*Gass*, Urheberrechtsgesetz, 2. Auflage (2000), § 60 Anh. § 22 KUG Rn. 38; *Helle*, S. 123; LG Oldenburg GRUR 1988, 694 (695).

120 Zur Einbettung des Bildnisschutzes in dem KUG: Bericht der X. Kommission, RT-Drucks. Nr. 448, S. 16.

121 Mestmäcker/Schulze, Urheberrechtskommentar, § 22 KSchG Anmerkung 3, Band. 2, Stand 1986, 2001.

122 Reichstag 1905, Aktenstück Nr. 30 S. 1540.

123 Palandt/*Heinrichs*, Einl. Rn. 37 und Rn. 34.

124 Vgl. *Dasch*, Fn. 80; BT-Drucks. 1965 IV/ 270, S. 35.

nachkonstitutionellen Recht zugeführt. Schließlich ist die Definition des § 15 Abs. 3 UrhG erst 1965 in Anlehnung an die höchstrichterliche Auslegung[125] des Öffentlichkeitsbegriffs im früheren § 11 Abs. 2 LUG[126] geschaffen worden, womit ein etwaiger subjektive Wille des historischen Gesetzgebers durch einen verobjektivierten ersetzt wurde.

Maßgeblich für die Öffentlichkeit des § 22 KUG ist somit § 15 Abs. 3 UrhG:

> *„Die Wiedergabe eines Werkes ist öffentlich, wenn sie für eine Mehrzahl von Personen bestimmt ist, es sei denn, dass der Kreis dieser Personen bestimmt abgegrenzt ist und sie durch gegenseitige Beziehungen oder durch Beziehung zum Veranstalter persönlich untereinander verbunden sind.“*

Eine Mehrzahl i.S.d. § 15 Abs. 3 UrhG können bereits wenige Personen sein, wenn sie gleichzeitig erreicht werden sollen[127]. Ausreichend sind wohl schon zwei Personen[128].

Für die Bildwiedergabe der im Sitzungssaal befindlichen Personen am anderen Ort gilt, dass sie nicht-öffentlich ist, wenn sich dort nur eine Person aufhält. Dieses mag die Regel sein, eine Mehrzahl dort befindlicher Personen kann jedoch nicht ausgeschlossen werden. Zudem sieht § 128a ZPO auch Mehrfachvideokonferenzen vor, d.h. mehrere Personen können von jeweils unterschiedlichen Orten an der Videokonferenz teilnehmen.
Für die Bildwiedergabe im Sitzungssaal gilt, dass grundsätzlich eine Mehrzahl von Personen, nämlich Publikum, Gericht, etwaige Urkundspersonen, Aussagepersonen und die Parteien samt ihrer Vertreter und Beiständen die Wiedergabe verfolgen.

Auch eine für eine Mehrzahl von Personen bestimmte Wiedergabe ist jedoch gem. § 15 Abs. 3 UrhG nicht-öffentlich, wenn der Kreis dieser Personen (nach außen) bestimmt abgegrenzt ist und diese Personen (nach innen) durch gegenseitige Beziehungen oder durch Beziehung zum Veranstalter persönlich untereinander verbunden sind.

Der Kreis der Personen im Gerichtssaal ist schon durch die beschränkten Platzkapazitäten faktisch abgegrenzt. Gleiches gilt für den oder die anderen Orte der

---

[125] BGHZ 17, 376 (378) m.w.N.: auch auf Rechtsprechung des RG; BGHZ 58, 262 (264).
[126] Gesetz betreffend das Urheberrecht an Werken der Literatur und der Tonkunst vom 19. Juni 1901 (RGBl. S. 227).
[127] Schricker/*v. Ungern-Sternberg*, § 15 Rn. 58 und 59.m.w.N.
[128] AG Nürnberg NJW RR 1996, 683; offengelassen von: BGH GRUR 1996, 875 (876).

Videokonferenzschaltung. Aus verfahrensrechtlichen Gesichtspunkten, die noch zu erläutern sein werden, wird zudem an dem jeweils anderen Orten der Videokonferenzschaltung in der Regel nur der oder die zu übertragenden Personen anwesend sein[129].

Da eine Verbundenheit aller Personen im Gerichtssaal durch originäre gegenseitige Beziehungen ausscheidet, stellt sich die Frage, ob eine persönliche Verbundenheit aller Betrachter der Bildwiedergabe durch ihre Beziehung zum Gericht, als Veranstalter, besteht. Das Gericht ist bei gerichtlichen Videokonferenzen als Veranstalter in diesem Sinne zu verstehen, da es in organisatorischer und finanzieller Hinsicht für die Wiedergabe verantwortlich ist[130]. Die Beziehung zum Gericht ergibt sich für alle Betrachter daraus, dass sie auch ohne den Einsatz der Videotechnik vor dem Gericht hätten erscheinen müssen oder freiwillig erschienen wären um der Rechtsfindung in einem bestimmten Verfahren beizuwohnen. Lediglich in qualitativer Hinsicht sind Unterschiede erkennbar. Die sehr intensive Beziehung der Parteien zum Gericht drückt sich schon in dem Prozessrechtsverhältnis aus, welches gegenseitige Rechte und Pflichten begründet[131]. Die Beziehung von Zeugen und Sachverständigen zum Gericht wird in den entsprechenden Bestimmungen der Zivilprozessordnung (§§ 373 ff., 402 ff. ZPO) konkretisiert. Die Zuschauer stehen in einer schwächeren Bindung zum Gericht, dessen Bestehen jedoch zumindest durch die Sitzungsgewalt des Gerichts über die Zuschauer dokumentiert wird. Ob die dargestellten Beziehungen zum Gericht stark genug sind, um auch ein persönliches Band zwischen den Beteiligten selbst entstehen zu lassen, ist sehr zweifelhaft.

Nicht erforderlich für eine persönliche Verbundenheit sind besonderes enge Verbindungen im Sinne einer freundschaftlichen Beziehung[132], die die persönliche Verbundenheit der Verfahrensbeteiligten und Zuschauer von vornherein entfallen lassen würde. Bei der Bewertung gilt der Grundsatz: Je größer der Kreis der Personen ist, desto eher wird das persönliche Band zu verneinen sein[133]. Jedenfalls bei einer überschaubaren Gruppe, wie regelmäßig der Gerichtsöffentlichkeit, ist es für eine persönliche Verbindung ausreichend, wenn sich diese Menschen auch ansonsten beim Veranstalter zu einem bestimmten Zweck zusammen finden würden, die Schaustellung also nicht die Ursache oder

---

129 Siehe 3. Kapitel IV. 2. b) bb).

130 Vgl. BGH GRUR 1960, 253 (255); OLG München GRUR 1979, 152.

131 Siehe *Schwab/Rosenberg/Gottwald*, § 2 III., S. 10.

132 BGH GRUR 1996, 875 (876); Schricker/ *v.Ungern-Sternberg*, § 15 Rn. 64; Möhring/Nicolini/*Kroitzsch*, §15 Rn. 27; Einzelfälle bei Schricker/*v.Ungern-Sternberg*, § 15 Rn. 69ff.

133 OLG München ZUM 1986, 482, Möhring/Nicolini/*Kroitzsch*, § 15 Rn. 27.

der Anreiz für das Treffen ist[134]. In diesen Fällen verbindet bis zu einem gewissen Grad schon der gemeinsame Zweck, der vorliegend in der Mitwirkung bzw. Beiwohnung einer mündlichen Verhandlung oder Vernehmung liegt. Die Einmaligkeit des Zusammentreffens steht einer persönlichen Beziehung per se nicht entgegen[135]. Die Rezipienten der Wiedergabe, sowohl am Übertragungsort, als auch im Sitzungssaal sind Menschen, die aus Anlass einer bestimmten zivilgerichtlichen mündlichen Verhandlung oder Vernehmung in einem Sitzungssaal zusammengekommen wären, um sich in dieser Umgebung als sozial eingebundenes Wesen zu präsentieren und andere wahrzunehmen. Mit Blick auf den Inhalt der Schaustellung, nämlich einer Wiedergabe von Bild und Ton, die ohne Videokonferenz unmittelbar im Gerichtssaal entstanden wären, dürfen die Anforderungen an das persönliche Band nicht zu hoch angesetzt werden. Bei einer derartigen Gesamtbetrachtung, deren Vornahme bei der Bewertung der persönlichen Verbundenheit als Tatfrage[136]geboten erscheint, ist die persönliche Verbundenheit der Gerichtsöffentlichkeit und der Prozessbeteiligten zu bejahen. Die Schaustellung bei einer gerichtlichen Videokonferenz ist mithin als nichtöffentlich zu klassifizieren. Das KUG wäre demnach nicht auf die Wiedergabe der Bilddaten im Rahmen des § 128a ZPO anwendbar.

Anders sieht es wohl das OLG Schleswig[137] , welches ohne eine nähere Begründung die Vorführung einer Videoaufzeichnung eines Täters bei einem Diebstahl im Strafprozess als vom Tatbestand des § 22 KUG erfasst angesehen und somit die Öffentlichkeit der Schaustellung bejaht hat. Die Gerichtsöffentlichkeit wurde insoweit vom OLG Schleswig mit der Öffentlichkeit i.S.d. § 22 KUG gleichgestellt. Jedoch ist dieser Fall mit der gerichtlichen Videokonferenz insofern nur eingeschränkt vergleichbar, als dass der Inhalt der Schaustellung, der Diebstahl, ansonsten von den Rezipienten nicht wahrgenommen worden wäre.

(c) Rechtfertigung

Wollte man mit dem OLG Schleswig eine öffentliche Schaustellung entgegen der hier vertretenen Ansicht annehmen, wäre die Wiedergabe der übertragenen Bild- und Tonaufzeichnung jedenfalls durch § 24 KUG gerechtfertigt[138]. Nach dieser Vorschrift dürfen Behörden Bildnisse unter anderem zum Zwecke der Rechtspflege öffentlich zur Schau stellen. Dass eine Videokonferenz gem. § 128a ZPO zu Zwecken der Rechtspflege, nämlich zu einer prozessökonomischen Durchführung eines Zivilprozesses erfolgt, bedarf keiner näheren

[134] So auch beim Schulunterricht: Schricker/*v.Ungern-Sternberg*, § 15 Rn. 72; oder beim Seminar: Möhring/Nicolini/*Kroitzsch*, § 15 Rn. 32.

[135] Stricker/ *v.Ungern/Sternberg*, § 15 Rn. 67.

[136] BGHZ 17, 376 (380); BGH GRUR 1961, 97 (99); Schricker/*v.Ungern-Sternberg*, § 15 Rn. 64.

[137] OLG Schleswig NJW 1980, 352 (353).

[138] So auch OLG Schleswig NJW 1980, 352-353 (353).

Erläuterung[139]. Wohl aber, dass Gerichte unter den Begriff der Behörde i.S.d. § 24 KUG zu subsumieren sind. Es ist zunächst festzustellen, dass das KUG aus dem Jahre 1907 nicht den Behördenbegriff des § 1 Abs. 4 VwVfG im Auge gehabt haben kann. Sinn und Zweck der Vorschrift ist es, das öffentlich-rechtliche Interesse an einer funktionierenden Rechtsschutzgewährung in angemessener Zeit[140] nicht durch den Bildnisschutz zu beeinträchtigen[141]. Nun macht es aber keinen Sinn beispielsweise den Strafverfolgungsbehörden zu erlauben ein Beweisvideo anzufertigen, wenn es dem Gericht verwehrt ist, dieses durch Abspielen zum Gegenstand der Hauptverhandlung zu machen. Daher muss § 24 KUG erst recht für das Gericht gelten[142].

Für dieses Ergebnis spricht auch die urheberrechtliche Parallelvorschrift des § 45 UrhG, der die Rechte des Urhebers zugunsten der Rechtspflege beschränkt und in seinem Absatz 2 die Gerichte ausdrücklich mit einbezieht. So wird dann heute auch die insoweit weitergehende Privilegierung des § 45 Abs. 2 UrhG für § 24 KUG übernommen[143].

Auch wenn die Voraussetzungen des § 24 KUG bei der Videokonferenz im Zivilprozess vorliegen, ist grundsätzlich aufgrund des Rechtsfolgenermessens eine einzelfallbezogene Abwägung der widerstreitenden Interessen für eine Rechtfertigung nötig[144]. Das Interesse der Allgemeinheit an einer möglichst ökonomischen Durchführung eines Zivilprozesses ist gegen das Interesse der Abgebildeten abzuwägen.
Die möglichst ökonomische Durchführung von Gerichtsverfahren ist eine aus dem Rechtsstaatsprinzip abgeleitete Notwendigkeit. Inwieweit die Videokonferenztechnik ein Verfahren im Einzelfall zu beschleunigen vermag, ist jedoch allgemein nicht zu beantworten. Das Interesse der Abgebildeten am eigenen Bild ist jedoch derart gering zu bewerten, dass es grundsätzlich immer dem öffentlich rechtlichen Interesse nachsteht. Die Abgebildeten wären bei einer

---

139 Auch wenn die Bestimmung in erster Linie, aber eben keineswegs ausschließlich, Zwecke der Strafrechtspflege betrifft: Schricker/*Gerstenberg/Götting*, § 60/ § 24 KUG Rn. 3.

140 Dieses gebietet schon das Rechtsstaatsprinzip: Schmidt-Bleibtreu/Klein/*Brockmeyer*, Kommentar zum Grundgesetz, 9. Auflage (1999), Art. 20 Rn. 21,

141 Vgl. Schricker/*Gerstenberg/Götting*, § 60/ § 24 KUG Rn. 1.

142 So schon *Fuld*, Gesetz betreffend das Urheberrecht an Werken der bildenen Künste und der Photografie, 2. Auflage (1925), § 24 Anmerkung II: welcher Vervielfältigungen zum Zwecke der Strafverfolgung auch auf Anordnung des Gerichts von § 24 als gerechtfertigt ansieht; nach Anmerkung I sollte die Rechtfertigung von der Kommission zunächst sogar unter einen Richtervorbehalt gestellt werden.

143 Stricker/*Melichar*, § 45 Rn. 2; *Mestmäcker/Schulze*, §24 KSchG Anmerkung 1; so wohl auch: *v. Gamm*, § 45 Rn. 6: der von „entprechender Bestimmung" und „sachlicher Gleichartigkeit" spricht; Wenzel, Rn. 8.41; ohne dieses konkret auszuführen: OLG Schleswig NJW 1980, 352, (353);

144 Vgl. Möhring/Nicolini/*Gass*, § 60 Anh. § 24 KUG Rn.2.; Wenzel, Rn. 8.41.

herkömmlichen Gerichtsverhandlung ohnehin derselben Öffentlichkeit ausgesetzt, wenn auch im „Original“ und nicht als Bildnis. Ein Unterschied bei einer zeitgleichen Darstellung des Originals auf das Bildnis ist im Hinblick auf den Persönlichkeitsschutz kaum zu erkennen. Auf der anderen Seite wird bei der Durchführung regelmäßig ein öffentliches Beschleunigungsinteresse stehen, denn das Gericht hat einer Videokonferenz gem. § 128a ZPO aufgrund einer pflichtgemäßen Ermessensausübung nur zuzustimmen, wenn ein Beschleunigungs- oder Kostenersparniseffekt auch tatsächlich absehbar ist.

(2) Allgemeines Persönlichkeitsrecht

Eine einfachgesetzliche Norm ist so zu interpretieren, dass ein Verstoß gegen die übergeordnete Norm der Verfassung möglichst vermieden wird[145]. Dieses wird als Abart der systematisch-teleologischen Interpretation als verfassungskonforme Auslegung bezeichnet[146]. Die Frage ist, ob das allgemeine Persönlichkeitsrecht zu einer verfassungskonformen Auslegung des § 128a ZPO dahingehend zwingt, dass nicht nur die Parteien, sondern alle Abgebildeten der Videokonferenz zustimmen müssen.

(a) Anwendbarkeit neben dem KUG

Das Recht am eigenen Bild gem. §§ 22 ff. KUG ist eine einfachgesetzliche Ausgestaltung eines Teils des allgemeinen Persönlichkeitsrechts. Insofern ist der Rückgriff auf das Grundrecht des Art. 1 Abs. 1 i.V.m. Art 2 Abs. 1 GG nur zulässig, wenn der Fall der Videokonferenz nicht in den Regelungsbereich des KUG fällt[147]. Nach der hier vertretenen Auffassung zwingt der Bildnisschutz im KUG mangels Tatbestandmäßigkeit nicht zu einem Einverständnis der Abgebildeten, so dass auch das Grundgesetz zu einem allgemeinen Einverständniserfordernis zwingen kann.

(b) Eingriff in den Schutzbereich

Das Bundesverfassungsgericht hat mehrer Fallgruppen zum Schutzbereich des allgemeinen Persönlichkeitsrechts herausgearbeitet[148]. Für den Fall einer Bild- und Tondarstellung kommt ein Eingriff in das Recht auf Selbstdarstellung in der Öffentlichkeit und das Recht auf informationelle Selbstbestimmung in Betracht.

---

145 *Bydlinski*, Juristische Methodenlehre und Rechtsbegriff, S. 455, 1991; vgl. *Raisch*, S. 147f.

146 *Bydlinski*, S. 455; vgl. *Larenz*, S. 339: wonach Verfassungskonformität ein Auslegungskriterium ist, S. 344: wonach die einfachgesetzliche Norm verfassungskonform auszulegen ist.

147 Vgl. *Helle*, S. 65f.

148 Vgl. *Jarass*, Das allgemeine Persönlichkeitsrecht im Grundgesetz, NJW 1989, 857 (858f.) m.w.N.

(aa) Selbstdarstellungsrecht

Durch die Videokonferenz wird Bild- und Ton der Beteiligten und unter Umständen auch der Zuschauer im Gerichtssaal und an dem oder den anderen Orten elektronisch erfasst, übertragen und wiedergegeben.

Dieser Umstand lässt unwillkürlich vermuten, dass das Recht am eigenen Bild und eigenem Wort, welches als Selbstdarstellungsrecht vom Schutzbereich des allgemeinen Persönlichkeitsrechts erfasst ist[149], durch die Videokonferenz betroffen sein könnte. Das Recht auf Selbstdarstellung folgt daraus, dass der Grundrechtsinhaber selbst darüber befinden können soll, wie er sich gegenüber Dritten oder der Öffentlichkeit darstellen will, was seinen sozialen Geltungsanspruch ausmachen soll und ob oder inwieweit Dritte über seine Persönlichkeit verfügen können, indem sie diese zum Gegenstand öffentlicher Erörterung machen[150].

Die gesamte diesbezügliche Rechtsprechung des Bundesverfassungsgerichts[151] betrifft jedoch Fälle, in denen reproduzierbare Aufzeichnung von Wort und oder Bild gefertigt wurden.

So führte das Bundesverfassungsgericht jüngst aus[152]:

> *„Das Recht am eigenen Bild gewährleistet dem Einzelnen Einfluß- und Entscheidungsmöglichkeiten, soweit es um die Anfertigung und Verwendung von Fotografien oder Aufzeichnungen seiner Person durch andere geht. ... Das Schutzbedürfnis ergibt sich vielmehr - ... - vor allem aus der Möglichkeit, das Erscheinungsbild eines Menschen in einer bestimmten Situation von diesem abzulösen, datenmäßig zu fixieren und jederzeit vor einem unüberschaubaren Personenkreis zu reproduzieren."*

Bei einer Videokonferenz gem. § 128a ZPO findet eine Aufzeichnung der übertragenen Daten gemäß Absatz 3 Satz 1 nicht statt[153]. Das die Schutzwürdigkeit auslösende Element, welches das Recht auf Selbstdarstellung gefährdet, fehlt daher. Die Beteiligten eines Gerichtsverfahrens und deren Zuschauer werden bei einer bloßen Übertragung nicht aus der überschaubaren Öffentlichkeit, in der sie sich auch ohne Videokonferenz bewegen und darstellen würden, herausgerissen.

---

149 Recht am eigenen Bild: BVerfGE 35, 202(220); 101, 361 (380); Recht am eigenen Wort: BVerGE 54, 148 (155).

150 BVerfGE 63, 131 (142); 54, 148 (155); 35, 202 (220).

151 Beispielhaft: BVerfGE 34, 238; 35, 202; 63, 131;87, 334; 97, 228;101, 361.

152 BVerfGE 101, 361 (381).

153 A.A. Thomas/Putzo/*Reichold*, § 128a Rn. 8; zum Verbotscharakters des § 128a Abs. 3 Satz 1 ZPO, siehe: 2. Kapitel I. 6. a).

Nur bei der Reproduktionsmöglichkeit besteht die Gefahr, dass Bild und Ton aus dem Zusammenhang gerissen werden und einer vom Grundrechtsträger nicht vorhersehbaren Öffentlichkeit präsentiert werden. Das Selbstdarstellungsrecht, welches durch das Recht am eigenen Bild und Wort konkretisiert ist, kann nur bei einer Aufzeichnung oder einer Liveübertragung bei nicht überschaubaren Rezipienten betroffen werden.
Wenn lediglich durch technische Möglichkeiten die Außenwirkung einer Person an einen anderen, aber begrenzten Ort transferiert wird, kann sich der Betroffene darauf genauso einrichten, als wenn er persönlich im Gerichtssaal erscheinen würde. Eine Verfälschungsgefahr besteht nicht, da die im Gerichtssaal anwesenden und zugeschalteten Personen die wahrgenommenen Bilder und Töne in den Kontext der gesamten Verhandlung einfügen können.

Das Recht am eigenen Bild und eigenen Wort ist dank Aufzeichnungsverbot daher nicht beeinträchtigt.

(bb) Recht auf informationelle Selbstbestimmung

Ausfluss des Rechts auf informationelle Selbstbestimmung ist, dass personenbezogene Daten grundsätzlich nur erhoben, verarbeitet, gespeichert, verwendet und weitergegeben werden dürfen, wenn der Betroffene dem zustimmt[154]. Der einzelne soll also selbst bestimmen können wer was wann und bei welcher Gelegenheit von ihm weiß.
Die ordnungsgemäße gerichtliche Videokonferenz ohne eine Aufzeichnung der Bild- und Tondaten führt insoweit jedoch zu keinem selbständigen Eingriff. Sie ist lediglich Kommunikationsform der Verhandlung oder Vernehmung. Auch bei einer herkömmlichen Beweisaufnahme hat beispielsweise der ordnungsgemäß geladene Zeuge grundsätzlich vor Gericht zu erscheinen und Angaben zur Person und zum Beweisthema zu machen. Die Gerichtsöffentlichkeit ist gem. § 169 Satz 1 GVG grundsätzlich auch bei körperlicher Anwesenheit im Gerichtssaal zu dulden. Die Saalöffentlichkeit wird bei dem Einsatz der Videokonferenztechnik im Gerichtsverfahren quantitativ nicht verändert.

(c) Ergebnis

Die Videokonferenz im Zivilprozess gem. § 128a ZPO greift dank des strikten Aufzeichnungsverbotes nach § 128a Abs. 3 Satz 1 ZPO und dem überschaubaren Personenkreis einer Gerichtsöffentlichkeit nicht in den Schutzbereich des allgemeinen Persönlichkeitsrechts ein.

(3) Ergebnis der systematischen Auslegung

Eine systematische Auslegung dahingehend, dass das Einverständnis aller durch die Videokonferenz Abgebildeten erforderlich macht, wäre aufgrund des Wortlauts und der Gesetzesbegründung zwar zulässig, ist aber nicht geboten. Da

154 BVerfGE 65, 1 (38ff.).

Persönlichkeitsrechte der Abgebildeten, inklusive der Parteien, nicht beeinträchtigt sind, sind diesbezügliche Einverständniserklärungen nicht erforderlich.

cc) Teleologische Auslegung

Eine Auslegung unter Berücksichtigung des Regelungszweckes spricht ebenfalls gegen das Einverständniserfordernis aller bei der Videokonferenz Abgebildeten. Dieses Erfordernis würde die Anwendungsmöglichkeit der Videokonferenztechnik empfindlich beeinträchtigen und damit die geplante Steigerung der Effizienz gefährden. Besonders deutlich wird dieses im Hinblick auf die erst am Sitzungstag erscheinenden Zuschauer, denen quasi ein Vetorecht eingeräumt werden würde. Der ganze Termin müsste bei Ablehnung verlegt werden, womit eine Videokonferenz nicht mehr planbar wäre. Dieses würde das Ansetzen einer Videokonferenz aus prozessökonomischen Gesichtspunkten untragbar machen und Videokonferenzen im Ergebnis gänzlich verhindern.

c) Umfang des Einverständnisses

Das Einverständnis bezieht sich nach dem Dargestellten auf die besondere Verfahrenssituation einer Videokonferenz. Entsprechendes findet sich beim Verzicht auf eine mündliche Verhandlung gem. § 128 Abs. 2 ZPO. Eine Ausweitung des Einverständnisses auf den Verzicht von Persönlichkeitsrechten durch die Wiedergabe des eigenen Bildnisses ist nicht erforderlich und vom Gesetzgeber auch nicht vorgesehen. Das Einverständnis ist nämlich auch in Fällen erforderlich, in denen die Partei an einer Videokonferenz nicht teilnimmt, ja sich nicht einmal im Gerichtssaal befindet.

Das Einverständnis bezieht sich nur auf eine Verhandlung (Abs. 1) oder die Vernehmung während eines Termins (Abs. 2). Es ist weder dem Gericht, noch den Parteien zuzumuten verbindlich über mehr als einen Termin hinsichtlich der Zulassung einer wie auch immer gearteten Bild- und Tonübertragung zu entscheiden[155].

d) Einverständniserklärung

Das Einverständnis, eine Verhandlung oder Vernehmung im Wege der Bild- und Tonübertragung durchzuführen, ist durch beide Parteien in der mündlichen Verhandlung oder schriftlich, außerhalb des Anwaltzwanges (§ 78 ZPO) auch zu Protokoll der Geschäftsstelle zu erklären[156]. Es handelt sich, wie auch bei § 128 Abs. 2 ZPO, um eine Parteiprozesshandlung[157], womit die diesbezüglichen all-

---

155 Vgl. zum Verhandlungsbegriff i.S.d. § 128a Abs. 1: 2. Kapitel I. 4. b) cc) (2); zum Vernehmungsbegriff i.S.d. § 128a Abs. 2 : 2. Kapitel I. 4. b) dd) (2).

156 Thomas/Putzo/*Reichold*, § 128 Rn. 24; Stein/Jonas/*Leipold*, § 128 IX Rn. 63); Zöller/*Greger*, § 128 Rn. 4.

157 Thomas/Putzo/*Reichold*, § 128 Rn. 26; Baumbach/Lauterbach/Albers/*Hartmann*, §128 Rn. 19, § 447 Rn. 4.

gemeinen Wirksamkeitsvoraussetzungen vorliegen müssen[158]. Es kann auch vom Vertreter der Partei erklärt werden[159]. Das Einverständnis ist bedingungsfeindlich.

Der Begriff der Parteien erfasst sowohl die natürlichen als auch die juristischen Personen. Für die Partei darf auch deren Streithelfer das Einverständnis erklären (§ 67 ZPO), doch darf die Hauptpartei dem widersprechen, solange sie dem Beitritt als solchem noch widersprechen (§ 71 ZPO) darf[160]. Das Einverständnis des Streithelfers selbst ist nicht erforderlich[161], was sich schon daraus ergibt, dass er selbst nicht Partei ist (vgl. § 66 Abs. 1 ZPO). Bei einer Streitgenossenschaft oder streitgenössischer Nebenintervention (§ 69 ZPO) müssen grundsätzlich alle Streitgenossen ihr Einverständnis zur Videokonferenz erklären. Bei einer notwendigen Streitgenossenschaft (§ 62 ZPO) ersetzt jedoch das in einer mündlichen Verhandlung von einem Genossen erklärte Einverständnis die Erklärung des Nichterschienenen[162]. Erklären nicht alle einfachen Streitgenossen (§§ 59 ff ZPO) ihr Einverständnis, kann abgetrennt (§ 145 ZPO) verhandelt werden[163]. Zweckmäßiger dürfte es in diesem Fall aber regelmäßig sein, von der Durchführung einer Videokonferenz ganz abzusehen.
Zu den Besonderheiten der Einverständniserklärung kann aufgrund der Vergleichbarkeit zur Zustimmung i.S.d. § 128 Abs. 2 ZPO auf die diesbezügliche Kommentarliteratur[164] verwiesen werden.
Eine schlüssige Einverständniserklärung liegt in dem Antrag auf Gestattung, sich also während einer Verhandlung an einem anderen Ort aufzuhalten zu dürfen. Einen diesbezüglichen Antrag zu stellen und anschließend das Einverständnis zu verweigern verstieße als widersprüchliches Verhalten gegen den Grundsatz von Treu und Glauben.

e) Widerrufsmöglichkeit

Die Frage der Widerrufsmöglichkeit des Einverständnisses stellt sich in dem Fall des § 128a Abs. 1 ZPO weniger für die beantragende als vielmehr für die Gegenpartei. Diejenige Partei, die der Verhandlung von einem anderen Ort aus beiwohnen wollte, kann dieses durch bloßes Erscheinen zum Termin an der Gerichtstelle abwenden[165]. In den Fällen des § 128a Abs. 2 ZPO ist auf die allgemeinen Regelungen abzustellen. Allgemein richtet sich die Zulässigkeit eines Widerrufs neben ausdrücklichen Regelungen nach dem Zweck einer gesetzli-

---

158 Dargestellt in Thomas/*Putzo*, Einl. III Rn. 10ff.
159 MüKo-ZPOReform-*Peters*, §128a Rn. 3.
160 Vgl. für den Fall des § 128 Abs. 2 ZPO: BayObLG NJW 1964, 302.
161 Thomas/*Putzo*, § 67 Rn. 8: für die Zustimmung nach §128 Abs. 2 ZPO.
162 Für den Fall des § 128 Abs. 2 ZPO; Zöller/*Greger*, § 128 Rn. 4.
163 Für den Fall des § 128 Abs. 2 ZPO; Zöller/*Greger*, § 128 Rn. 4.
164 Z.B. Baumbach/Lauterbach/Albers/*Hartmann*, § 128 Rn. 19ff.
165 Siehe S. (Ladung).

chen Vorschrift. Danach ist in der Regel der Widerruf einer Prozesshandlung insoweit zulässig, als noch keine geschützten Positionen des Gegners entstanden sind. Dieses ist z.B. dann der Fall, wenn die Prozesshandlung noch nicht wirksam geworden ist[166]. Der Vollständigkeit halber sei erwähnt, dass bei Vorliegen der Voraussetzungen für eine Restitutionsklage (§ 580 ZPO) ein Widerruf ebenfalls zulässig ist, da es keinen Sinn macht, erst die Rechtskraft des Urteils eintreten zu lassen und dann ein Wiederaufnahmeverfahren durchzuführen.
§ 128a ZPO regelt die Widerrufsmöglichkeit anders als § 128 Abs. 2 ZPO für den Fall der Entscheidung ohne mündliche Verhandlung nicht, so dass für diese Frage ausschließlich auf den Zweck der Vorschrift abzustellen ist.
Ein voraussetzungsloser Widerruf des Einverständnisses zur Videokonferenz ist den Parteien weder einzeln noch gemeinschaftlich gestattet. Dies widerspräche dem Bestreben des Gesetzes nach einer prozessökonomischen Durchführung der Verhandlung und wäre auch dem Gericht gegenüber, das sich auf eine Videoverhandlung eingestellt hat, nicht vertretbar[167].

Da es sich andererseits um eine Erklärung mit einer gewissen Dauerwirkung, nämlich bis zur Durchführung der Videokonferenz, handelt, ist es gerechtfertigt den Parteien den Widerruf jedenfalls bei Änderung der wesentlichen kausalen Grundlagen zu gestatten[168]. Der Widerruf kann in diesem Fall von jeder Partei einzeln erklärt werden, wobei der Grund anzugeben ist[169].

Unproblematisch kann ein erteiltes Einverständnis widerrufen werden, wenn die andere Partei das Einverständnis noch nicht erklärt hat[170], oder die Entscheidung über den Gestattungsbeschluss noch nicht ergangen ist[171].

4. Entscheidung über die Gestattung einer Videokonferenz

Ob das Gericht die Videokonferenz bei Vorliegen der Voraussetzungen gestattet, liegt in seinem Ermessen[172]. Es ist eine prozessleitende Entscheidung, die durch Beschluss ergeht[173]. Es kann trotz des übereinstimmenden Einverständnisses der Parteien die Videokonferenz versagen.

---

166 Vgl. Zöller/*Greger*, vor § 128 Rn. 23 ff.

167 Vgl. Stein/Jonas/*Leipold*, § 128 IX Rn. 72.

168 So nunmehr in § 128 Abs. 2 ZPO nach langem Streit in Rechtsprechung und Literatur (vgl. nur BGH NJW 1970, S. 1458f.) gesetzlich geregelt; MüKO-ZPOReform-*Peters*, § 128a Rn.3.

169 Vgl. Stein/Jonas/*Leipold*, § 128 IX Rn. 72.

170 Vgl. Stein/Jonas/*Leipold*, § 128 IX Rn. 72.

171 Vgl. Zöller/*Greger*, Vor § 128 Rn. 18.

172 Vgl. zum Rechtsfolgermessen bei „Kann-Vorschriften": *Schmitz-Lorenz*, Richterliches Ermessen im Zivilprozeß, Diss. 1983, S. 52f..

173 Zöller/*Greger*, § 128a Rn. 2; Musielak/*Stadler*, § 128a Rn. 9.

a) Ermessensausübung

Das Gericht hat das ihm eingeräumte Ermessen auf der Rechtsfolgenseite pflichtgemäß auszuüben[174].

Ermessenskriterien sind nicht ausdrücklich normiert, so dass diese aus dem Regelungszweck des § 128a ZPO hergeleitet werden müssen[175]. Das Gericht hat bei der pflichtgemäßen Ermessensausübung dem der Ermessensermächtigung zugrunde liegenden Rechtsgedanken nachzugehen und in der durch das Gesetz angezeigten Richtung unter Beachtung der Umstände des Einzelfalls weiterzudenken[176].

Regelungszweck des § 128a ZPO ist laut des Gesetzesentwurfs die Effektivitätssteigerung[177]. Gemeint ist die Beschleunigung des Verfahrens sowie die Kostensenkung bei gleicher Qualität der Entscheidung[178]. Der Steigerung der Effektivität darf selbstverständlich nicht zu Lasten der Sachaufklärung verwirklicht werden, zumal dann unter Umständen weitere Sachverhaltsaufklärung notwendig wird, die wiederum die mit der Videokonferenz erreichte Effizienzsteigerung zunichte machen würde. Die Sachaufklärung kann insbesondere dadurch leiden, dass der persönliche Eindruck, den das Prozessgericht von Beweispersonen oder Parteien bei einer Videovernehmung gewinnt, nicht von gleicher Intensität und Qualität ist wie bei persönlicher Anwesenheit im Gerichtssaal[179].

Eine Versagung der Durchführung einer Videokonferenz kommt nach dem Regelungszweck somit immer dann ermessensfehlerfrei in Betracht, wenn die Videokonferenz das Verfahren nicht zu beschleunigen oder zu vergünstigen vermag oder zu einer Verschlechterung der Sachaufklärung führt. So führt auch der Gesetzesentwurf[180] aus:

> *„Es (gemeint ist das Gericht) kann in begründeten Fällen entgegen dem übereinstimmenden Willen beider Parteien ein Erscheinen vor dem erkennenden Gericht anordnen, wenn dies zur Aufklärung des Sachverhalts oder zur Herbeiführung einer gütlichen Beilegung des Rechtsstreits geboten erscheint".*

---

174 MüKo-ZPOReform-*Peters*, § 128a Rn. 5; Vgl. *Schmidt-Lorenz*, S. 125.

175 Allgemein: *Schmidt-Lorenz*, S. 133.

176 *Warda*, Dogmatische Grundlagen des richterlichen Ermessens im Strafrecht, 1962, S. 118.

177 BT-Drucksache 14/6036, S. 116, S. 119.

178 Musielak/*Stadler*, § 128a Rn. 7.

179 Musielak/*Stadler*, § 128a Rn. 6; vgl. zu diesem gewichtigen Kritikpunkt: 3. Kapitel III. 2. b).

180 BT-Drucksache 14/6036, S. 120.

Die maßgeblichen Ermessenskriterien liegen danach in den Merkmalen der Beschleunigung, Vergünstigung und Sachverhaltsaufklärung. Darüber hinaus gibt es noch besondere Ermessensgesichtspunkte, die sich aus der Durchführung der Videokonferenz selbst ergeben. Eine isolierte Betrachtung von Ermessensgesichtspunkten verbietet sich aufgrund der gegenseitigen Beeinflussung der Kriterien. Eine ermessensfehlerfreie Entscheidung muss mithin jeden der folgenden Punkte berücksichtigen.

aa) Ermessenskriterium der Verfahrensbeschleunigung

Eine Beschleunigung des Verfahrens durch eine Videokonferenz ist beispielsweise zu bejahen, wenn statt eines beauftragten oder ersuchten Richters in den Fällen des § 375 Abs.1 Nr.2 und Nr.3 ZPO eine Videokonferenz gem. § 128a Abs.2 ZPO zugelassen wird. Zum anderen ist bei der Zuschaltung von im Ausland befindlichen Beweispersonen, die ansonsten mittels internationaler Rechtshilfe zu vernehmen wären, eine erhebliche Beschleunigung zu erwarten[181].

Eine Vernehmung wird durch den Einsatz der Videokonferenztechnik beschleunigt oder überhaupt erst durchführbar, wenn ein Zeuge, auf dessen persönlichen Eindruck das Gericht wert legt[182], gem. § 381 ZPO dauerhaft entschuldigt nicht erscheinen kann[183].

Weiterhin eröffnet die Videokonferenz de facto die Chance das Verfahren durch erleichterte Terminierung zu beschleunigen[184]. Da die einzelnen Termine für einen Prozessbevollmächtigten aufgrund der entbehrlichen Anreise mit weniger Zeitaufwand abzuwickeln sind, können Terminsüberschneidungen und Überlastungen vermieden werden. Die Zuschaltung kann jeweils Punktgenau zum Verhandlungsbeginn erfolgen[185]. Eine Terminsüberschneidung ist zwar kein Grund zur Terminsänderung gem. § 227 Abs.1 Nr.1 ZPO, wird in der Rechtswirklichkeit aber oft so gehandhabt[186].

Neben den vorstehenden exemplarisch dargestellten Beschleunigungsmöglichkeiten ist eine Vielzahl weiterer konkreter Fallgestaltungen denkbar, in denen eine Videokonferenz zur Verfahrensbeschleunigung beitragen kann. Hier ist an die Möglichkeit zu denken, eine am anderen Ort ohnehin befindliche Person zu

---

181 Zum Auslandsbezug siehe: 2. Kapitel III. 7.

182 Dann scheidet eine Vernehmung durch den ersuchten oder beauftragten Richter gem. § 375 Abs. 1 Nr. 2 ZPO aus.

183 Z.B. Erkrankung, die das Erscheinen vor Gericht unzumutbar oder unmöglich macht, eine Vernehmung vor Ort aber zulässt.

184 Zu diesem Gedanken: „Videokonferenz in Gerichtsverfahren", DRiZ 1996, 289 (290); *Geiger*, in: ZRP 1998, 365 (366).

185 Musielak/*Stadler*, § 128a Rn. 2.

186 Baumbach/Lauterbach/Albers/*Hartmann*, § 227 Rn. 23 und Rn. 26.

nicht vorhersehbaren Fragen zu hören, z.B. bei der Zuschaltung eines Unternehmens[187].

Schließlich sei in diesem Zusammenhang darauf hingewiesen, dass die Gestattung der Videovernehmung selbst keine Gefahr der Prozessverschleppung begründet, welche das Gericht im Interesse einer schnellen Verfahrensabwicklung von der Durchführung einer Videokonferenz abhalten könnte. Die Einlegung von Rechtsbehelfen gegen die Gestattung einer Videovernehmung ist nämlich durch § 128a Abs. 3 Satz 2 ZPO untersagt[188].

Die schnelle und kostengünstige Möglichkeit zur Abhaltung von Terminen könnte die ökonomische Prozessführung dann gefährden, wenn es zur unnötigen Anberaumung einer Vielzahl von Videokonferenz gestützten Terminen führt. Sich dieser zu erwehren wird Aufgabe der Gerichte sein, die allgemein durch den auf dem Rechtsstaatsprinzip fußenden Konzentrationsgrundsatz verpflichtet sind unnötige Termine zu vermeiden und das Verfahren möglichst in einem Verhandlungstermin abzuschließen (§ 272 Abs.1 ZPO).

bb) Ermessenskriterium der Verfahrensvergünstigung

Die Videokonferenz führt insbesondere zu einer Vergünstigung des Verfahrens, wenn die zugeschalteten Personen ansonsten bei körperlicher Anwesenheit höhere Reisekosten verursachen würden.
Fahrtkosten für Rechtsanwälte (§ 28 Abs. 1 und 2 BRAGO), Zeugen und Sachverständige (§ 9 ZSEG) sowie die der Parteien (§ 91 Abs. 2 Satz 1ZPO i.V.m. § 9 ZSEG) fallen bei einer Zuschaltung via Videokonferenz nicht oder in geringerer Höhe an. Die Zeitersparnis führt zur Verbilligung von Zeugen- und Sachverständigenaussagen (vgl. § 10 ZSEG), zum Wegfall des Tage- und Abwesenheitsgeldes des Anwalts (§ 28 Abs. 3 BRAGO) und zur Reduzierung der Zeitversäumung der Gegenpartei (§ 91 Abs. 1 Satz 2 ZPO i.V.m. § 10 ZSEG).
Dieser Ersparnis stehen die Verbindungskosten für die Videokonferenz sowie unter Umständen ein Mietzins für extra anzumietende Videokonferenzanlagen gegenüber.
Die Gegenüberstellung der Kosten muss das Gericht im Einzelfall vornehmen, wobei wohl eine überschlägige Betrachtung ausreichend ist. Dabei ist unerheblich, wer die Kosten letztlich zu tragen hat, da nach dem Regelungszweck des § 128a ZPO die allgemeine Verbilligung zivilgerichtlicher Verfahren angestrebt ist.

---

[187] Dieses hat sich insbesondere im finanzgerichtlichen Verfahren bei der Zuschaltung von Finanzämtern als verfahrensbeschleunigend herausgestellt: *Geiger*, in ZRP 1998, 365 (366); Abschlussbericht zum Pilotprojekt in der Finanzgerichtsbarkeit, S. 8f.

[188] 2. Kapitel I. 4. d).

Eine Verbilligung wird jedenfalls dann abzulehnen sein, wenn die zuzuschaltende Person ihren Wohnsitz oder Kanzlei[189] innerhalb der Gerichtsgemeinde hat. Umgekehrt wird eine Verbilligung anzunehmen sein, wenn sich der Wohnsitz oder die Kanzlei an einem weiter entfernten Ort befindet.

cc) Ermessenskriterium der unverminderten Sachaufklärung

Die Sachaufklärung, die durch eine Videokonferenz voraussichtlich erreicht werden kann, darf nicht hinter derjenigen bei körperlicher Anwesenheit aller Beteiligten zurückbleiben[190]. Insbesondere dürfen grundsätzlich keine Einbußen bei der voraussichtlichen Beweiswürdigung hingenommen werden. Die Auswirkungen der Videokonferenz auf die Beweiswürdigung wird aus Gründen der Übersichtlichkeit erst an späterer Stelle ausführlich untersucht werden. Auf die dortigen Ausführungen wird ausdrücklich verwiesen[191].

In den Fällen des § 128a Abs.1 ZPO wird eine Videokonferenz regelmäßig nicht zu einer Verschlechterung der Sachaufklärung führen. Soweit es um Anträge, Tatsachenbehauptungen und Rechtsausführungen geht, bestehen keine Bedenken gegen eine Videoverhandlung[192]. Lediglich die Parteien können die Sachverhaltsaufklärung unter Umständen durch ihre körperliche Anwesenheit und dem damit verbundenen persönlichen Eindruck des Gerichts fördern. Aus diesem Grunde kann das Gericht auch nach § 141 Abs. 1 ZPO das persönliche Erscheinen vor Gericht anordnen[193]. In diesem Fall erscheint die Partei jedoch lediglich in der Funktion einer Vernehmungsperson zur formlosen Anhörung. Die Gestattung einer Videokonferenz zur formlosen Anhörung mit der Partei wird sich auf § 128a Abs. 2 ZPO analog stützen[194]. Insofern gelten die folgenden Ausführungen hinsichtlich der Personalbeweismittel entsprechend. Reicht das medial vermittelte Erscheinen via Videokonferenz zur Sachaufklärung nach Ansicht des Gerichts nicht aus, sondern hält es das persönliche Erscheinen für erforderlich, kann die Gestattung der Zuschaltung einer Partei versagt werden. Die physische Anwesenheit muss in diesem Fall jedoch zur Sachverhaltsaufklärung beitragen können.

In den Fällen des § 128a Abs. 2 ZPO führt die Videokonferenz jedenfalls dann zu einer potentiell höheren Sachaufklärung, wenn dadurch eine nur mittelbare Vernehmungen des Prozessgerichts durch einen beauftragten oder ersuchten Richter nach § 375 Abs. 1 Nr. 2 und 3 ZPO vermieden werden kann. Das Auswahlermessen des Richters zwischen Videovernehmu7ng und der Vernehmung

189 Vgl. § 28 BRAGO.
190 MüKo-ZPOReform-*Peters*, §128a Rn. 5.
191 3. Kapitel III. 2. b).
192 MüKo-ZPOReform-*Peters*, §128a Rn. 5.
193 Zur Möglichkeit der Anhörung nach § 128a Abs. 2 ZPO analog: 2. Kapitel III. 5. a).
194 A.A. MüKo-ZPOReform-*Peters*, §128a Rn. 4.

durch den beauftragten oder ersuchten Richter ist in diesem Fall, soweit die Voraussetzungen für eine Videovernehmung vorliegen, auf Null reduziert[195]. Im Übrigen können aufgrund vergleichbarer Interessenlage Ermessenskriterien bezüglich der Sachaufklärung aus den Grundsätzen zur schriftlichen Befragung gem. der §§ 377 Abs. 3, 411 ZPO hergeleitet werden. Nach § 377 Abs. 3 ZPO kommt eine schriftliche Zeugenbefragung nur in Betracht, wenn dieses im Hinblick auf den Inhalt der Beweisfrage und die Person des Zeugen für ausreichend erachtet wird.

Im Hinblick auf die Eignung der Beweisfrage zur schriftlichen Zeugenvernehmung[196] ergeben sich keine ermessensreduzierenden Gesichtspunkte für eine Videovernehmung. Gegenüberstellungen (§ 394 ZPO), unmittelbare Fragen der Parteien (§ 397 ZPO) oder die Vereidigung von Zeugen (§ 391 ZPO), bei deren Erfordernis eine schriftliche Zeugenvernehmung ausscheidet, sind auch bei einer Videovernehmung möglich. Umgekehrt eignen sich diejenigen Beweisfragen, die schon für eine schriftliche Vernehmung geeignet sind[197], erst recht für eine Videovernehmung.

Im Hinblick auf die bei einer schriftlichen Zeugenvernehmung zu fordernden Eignung des Zeugen bezüglich seiner Vertrauenswürdigkeit können dagegen Ermessensgesichtspunkt auch für eine Videokonferenz gewonnen werden. Vertrauenswürdigkeit wird nämlich insofern gefordert, als dass der Beweiswert einer schriftlichen Aussage aufgrund des fehlenden persönlichen Eindruckes des Gerichts von dem Zeugen als vermindert anzusehen ist. Bei einer Videokonferenz geht der persönliche Eindruck dementgegen nicht völlig verloren, sondern ist durch die Bild- und Tonübertragung allenfalls abgeschwächt[198]. Insofern werden an die Vertrauenswürdigkeit des Zeugen weniger Anforderungen zu stellen sein, als bei einer schriftlichen Zeugenaussage. Das bloße Vorliegen einer persönlichen Verbundenheit des Zeugen zu einer Partei wird daher in der Regel noch nicht ermessensreduzierend wirken[199]. Dennoch kann ein zu erwartender verminderter Beweiswert einer durch Bild und Ton übermittelten Aussage die Ermessensausübung beeinflussen. Dieses gilt insbesondere dann, wenn der unmittelbare persönliche Eindruck vom Verhalten des Zeugen bei der Vernehmung entscheidend ist[200].

Bei Sachverständigen wird die Videokonferenz in der Regel nicht zu einem verminderten Beweiswert des erstatteten Gutachtens führen[201]. Dieses findet

---

195 Schultzky, in: NJW 2003, 313 (316); vgl. 2. Kapitel II. 1. b).

196 Dargestellt für die schriftliche Zeugenvernehmung bei: Zöller/*Greger*, § 377 Rn. 7.

197 So z.B. wenn die Beweisfrage auf den Gegenstand von in Büchern oder Aufzeichnungen festgehaltenen Tatsachen beschränkt ist (Abs. 3 der früheren Fassung des § 377 ZPO).

198 Vgl. insoweit: 3. Kapitel III. 2. b).

199 So für die schriftliche Aussage: Zöller/*Greger*, § 377 Rn. 8.

200 Thomas/Putzo/*Reichold*, § 128a, Rn. 4; Musielak/*Stadler*, § 128a Rn. 7.

201 Siehe: 3. Kapitel III 2. b).

seine Bestätigung in § 411 ZPO, wonach die schriftliche Gutachtenerstattung ohne besondere Voraussetzungen vom Gericht angeordnet werden kann.

dd) Ermessenskriterien hinsichtlich der Durchführung einer Videokonferenz

Ein weiterer Gesichtspunkt bei der Ermessensausübung ist die technische Möglichkeit der Durchführung einer Videokonferenz.

Zum einen muss die technische Ausstattung des Gerichts bei Berücksichtigung eines Mindeststandards dieses erlauben. Ein Anspruch auf eine entsprechende Ausstattung des Gerichts kann aus § 128a ZPO nicht hergeleitet werden[202]. Zum anderen muss das Videoterminal am Ort der beabsichtigten Zuschaltung den Voraussetzungen entsprechen. Welche dieses sind, wird an späterer Stelle noch aufzuzeigen sein[203].

Auch die Einhaltung des Aufzeichnungsverbotes stellt einen bei der Ermessensausübung zu berücksichtigten Faktor dar[204]. Dieses sollte sich das Gericht im Vorfeld zusichern lassen. Wird die Zusicherung verweigert oder die Aufzeichnung gar angekündigt wird die Gestattung im Zuge einer Ermessensreduzierung zu versagen sein.

Schließlich sollte im Interesse eines ungestörten Termins aufgrund des sitzungspolizeilichen Defizits am Übertragungsort zugesichert worden sein, dass keinen weiteren Personen während der Verhandlung oder Vernehmung Zutritt zum Videokonferenzraum gewährt wird[205].

b) Inhalt des Gestattungsbeschlusses

Die Entscheidung über die Gestattung nach § 128a Abs. 1 und Abs. 2 ZPO ergeht durch Beschluss. Allgemein ist zu sagen, dass im Beschluss aufgrund der ortsabhängigen Ermessenskriterien der genaue Übertragungsort samt Anwahlnummer anzugeben sein wird. Der verbindlichen Festlegung der Anwahlnummer bedarf es, weil das Gericht nur so die Verbindung herstellen kann[206].

aa) Anordnungsbefugnis

In der neuen Kommentarliteratur zu § 128a ZPO wird teilweise entgegen dem eindeutigen Wortlaut die Befugnis des Gerichts zur Anordnung der Videokonfe-

---

202 Begründung des Rechtsausschusses: BT-Drucksache 14/6036, S. 120.

203 Siehe 5. Kapitel, I. und II..

204 Siehe zum Aufzeichnungsverbot: 2. Kapitel I. 6.

205 Siehe 3. Kapitel IV. 2. b) bb) (2).

206 Zu dem Erfordernis und den Folgen siehe: 2. Kapitel III. 1.

renz unterstellt[207]. Bezüglich der Parteien, ihrer Prozessvertreter und Beiständen wird dieses als unproblematisch angesehen, da aufgrund des Einverständniserfordernisses ohnehin von einer Mitwirkungsbereitsschaft auszugehen sei[208]. Für Zeugen und Sachverständige wird dieses - soweit erkennbar - nur von Stadler[209] vertreten, die zur Begründung auf die vermeintliche gesetzliche Regelungssystematik der Gleichstellung der Verfahrensweise nach § 128 ZPO und § 128a ZPO verweist. Die prozessualen Mitwirkungspflichten der Beweispersonen würden auch zur Duldung ihrer Vernehmung via Videokonferenztechnik verpflichten[210].

Ein derartiges Verständnis verstößt gegen anerkannte Regeln der Gesetzesauslegung, wonach ein eindeutiger Wortsinn grundsätzlich bindend ist[211], und kann deshalb nicht geteilt werden. Eine Abweichung ist ausnahmsweise nur dann zulässig, wenn der Gesetzeszweck eine abweichende Auslegung nicht nur nahe legt, sondern gebietet[212]. Dieses ist hier nicht der Fall.

Nach dem Wortlaut des § 128a Abs. 1 und Abs. 2 ZPO kann das Gericht nur „gestatten" nicht aber „anordnen". Die Zivilprozessordnung unterscheidet streng zwischen den Begrifflichkeiten der „Anordnung" und „Gestattung". Sollen Pflichten oder prozessuale Obliegenheiten begründet werden, wird zumeist der Begriff der „Anordnung"[213], niemals aber der der „Gestattung" gebraucht. Von „Gestattung" wird nur bei der Schaffung prozessualer Rechte gesprochen[214]. Aus der Systematik der Zivilprozessordnung lässt sich der Wortsinn der „Gestattung" somit herleiten.

Es ist nicht ersichtlich, warum diese Unterscheidung für § 128a ZPO nunmehr aufgehoben werden soll. Schließlich besteht zwischen der Schaffung prozessualer Rechte und der Auferlegung von Pflichten oder prozessualer Obliegenheiten nicht nur ein gradueller Unterschied. Es handelt sich vielmehr um Gegensätze, wie sie unterschiedlicher nicht sein könnten. Das Argument der gesetzessystematischen Gleichstellung der Verfahrensformen nach § 128 ZPO und § 128a ZPO geht für Personalbeweismittel schon deshalb fehl, weil die in § 128 Abs. 1 ZPO enthaltene Manifestation des Grundsatzes der Mündlichkeit und Unmittel-

---

207 Musielak/*Stadler*, § 128a Rn. 9; Zöller/*Greger*, § 128a Rn. 2 und Rn. 3, nur für die Fälle des Absatzes 1.
208 Musielak/*Stadler*, § 128a Rn. 9.
209 Musielak/*Stadler*, § 128a Rn. 9.
210 Musielak/*Stadler*, § 128a Rn. 9.
211 BGHZ 46, 76.
212 BGHZ 2, 176 (184).
213 Vgl. nur §§ 141 Abs. 1 und 2, 142 Abs. 1 und 3, 143, 144 Abs.1, 364 Abs. 1, 372 Abs. 2, 377 Abs. 3, 425 ZPO.
214 Vgl. nur §§ 357 Abs. 1, 397 Abs. 2 ZPO.

barkeit nur für die mündliche Verhandlung mit den Parteien Geltung beansprucht[215]. Aus der Zeugnispflicht zugleich auf die Verpflichtung zur Hinnahme der Vernehmungsform der Videokonferenz zu schließen, hieße das „Ob" mit dem „Wie" zu verwechseln. Stadler verweist als Beleg für Ihre Ansicht auf eine Kommentierung[216] zu § 247a StPO, verkennt dabei jedoch, dass der § 247a StPO im Gegensatz zu § 128a ZPO die Anordnungsbefugnis ausdrücklich vorsieht.
Hinsichtlich der Fälle des § 128a Abs.1 ZPO mag es zwar in der Vielzahl der Fälle zutreffend sein, dass die dort genannten Beteiligten zur Videokonferenz bereit seien, doch rechtfertigt dieses nicht ein zusätzliches Recht in eine prozessuale Obliegenheit zu verkehren. Die Partei begäbe sich dann durch Ihren Antrag und ihr Einverständnis prozessualer Rechte. Die Obliegenheit zum Erscheinen im Termin (vgl. § 330 ff. ZPO) könnte nur noch am Übertragungsort wahrgenommen werden. An späterer Stelle dieser Untersuchung wird noch zu erläutern sein, dass der Urkundenbeweis vom Übertragungsort aus nicht angetreten werden kann[217]. Der kurzfristige Urkundenbeweis könnte also vom Übertragungsort aus nicht mehr geführt werden. Schließlich wäre das grundgesetzlich verankerte Gehörsrecht (Art. 103 Abs. 1 GG) insofern eingeschränkt, als dass dieses nur noch via Videokonferenz wahrgenommen werden könnte. Die Annahme einer Anordnungsbefugnis würde im Ergebnis dazu führen, dass der Partei etc. das Recht auf das persönliche Verhandeln im Gerichtssaal genommen würde. Dieses kann rechtspolitisch schon im Hinblick auf eine angestrebte Akzeptanz der Videokonferenz nicht gewollt sein. Der Schritt des Gesetzgebers, Videokonferenzen im Zivilprozess zuzulassen, ist ein gewagter, weshalb sich ersichtlich dafür entschieden wurde, die neuen Möglichkeiten der Kommunikationstechnik nur behutsam auf der Basis der Freiwilligkeit in die Zivilprozessordnung einzuführen. Die „Gestattung" passt sich daher in das System aus Einverständnis- und Antragserfordernis und des Aufzeichnungsverbotes ein. Der Auslegung der „Gestattung" als „Anordnung" fehlt auch in diesem Sinne jegliche Grundlage.

Es bleibt festzuhalten, dass sowohl den Prozessbeteiligten als auch den Personalbeweismitteln das Recht zum persönlichen Erscheinen am Gerichtsort zur Wahrnehmung ihrer Rechte und Erfüllung ihrer Pflichten vorbehalten bleiben muss. Die Anordnung, an einer Videokonferenz von einem „anderen Ort" aus

215 Die Beweisunmittelbarkeit ergibt sich vielmehr aus § 355 Abs. 1 ZPO; der Mündlichkeitsgrundsatz für die Zeugen- und Parteivernehmung aus §§ 394,451 ZPO und für Sachverständige aus § 411 ZPO; Siehe auch: 3. Kapitel I. 1.

216 SK-StPO-*Schlüchter*, Sytematischer Kommentar zur StPO, Ordner 3, Stand Mai 1999, § 247a Rn. 3.

217 Siehe 2. Kapitel III. 4. b) bb).

teilzunehmen, darf das Gericht nicht aussprechen. Welche Auswirkungen dieses auf das Ladungsverfahren hat, wird an späterer Stelle noch dargestellt werden[218].

bb) „anderer Ort"

Der Inhalt der Gestattung ist in Absatz 1 und Absatz 2 unterschiedlich ausgestaltet. Einheitlich ist lediglich die Gestattung des Aufenthaltes an einem „anderen Ort". Dieser Begriff mein zunächst einmal einen Ort, der die technischen Anforderungen für eine Videokonferenz im Zivilprozess erfüllt[219]. Zudem muss er auch im Übrigen, d.h. von seiner Struktur her den Anforderungen gerecht werden. Welches diese im Einzelnen sind, wird noch zu erörtern sein[220]. Des Weiteren wird in der bisher zu § 128a ZPO vorhandenen Kommentarliteratur nicht einheitlich beurteilt, ob es sich bei dem „anderen Ort" ebenfalls um einen Gerichtssaal handeln muss, oder ob grundsätzlich jeder beliebige Ort in Betracht kommt.

(1) Gerichtsort

Nach Greger[221] darf es sich bei dem „anderen Ort" nur um einen Gerichtssaal handeln. Begründet wird dieses mit § 219 ZPO, wonach Termine grundsätzlich an der Gerichtsstelle abzuhalten seien und der Notwendigkeit der Anwesenheit eines Justizbediensteten um die Geräte zu bedienen, die ordnungsgemäße Übertragung zu überwachen, eine unzulässige Beeinflussung der Verhandlung auszuschließen und eventuell notwendige Ordnungsmaßnahmen des Vorsitzenden gem. § 176 GVG durchzusetzen. Eine Zuschaltung aus Büros oder Wohnungen sei nur bei formlosen Vorerörterungen im Sinne von § 139 ZPO zulässig, nicht aber bei gesetzlich vorgeschriebenen Gerichtsverhandlungen[222].

(2) Beliebiger Ort

Nach anderer Ansicht [223] ist mit dem „anderen Ort" grundsätzlich jeder beliebige Ort gemeint, gleichgültig ob er sich in einem privaten oder öffentlichen Gebäude befindet. Begründet wird dieses jedoch nicht weiter.

(3) Stellungnahme

Die besseren Argumente sprechen für ein Verständnis des „anderen Ortes" als jeden beliebigen Ort, sofern er nur eine entsprechende Infrastruktur aufweist.
Das rechtliche Argument Gregers, dass Termine nach § 219 ZPO grundsätzlich nur an der Gerichtsstelle abzuhalten sind, vermag nicht zu überzeugen. Dabei

---

218 2. Kapitel III. 2.

219 Vgl. Zöller/*Greger*, § 128a, Rn. 4.

220 Siehe 5. Kapitel I. und II.

221 Zöller/*Greger*, § 128a, Rn. 4.

222 Zöller/*Greger*, § 128a, Rn. 1.

223 Baumbach/Lauterbach/Albers/*Hartmann*, § 128a ZPO Rn. 5; *Hartmann*, Zivilprozess 2001/2002: Hunderte wichtige Änderungen, NJW 2001, 2577 (2578); Musielak/*Stadler*, § 128a Rn. 2,

wird nämlich übersehen, dass auch bei einer Videokonferenz alleinige Gerichtsstelle der Sitzungssaal ist, in dem sich das Gericht körperlich aufhält[224]. § 219 ZPO soll die Zugänglichkeit der Öffentlichkeit zu Gerichtsverhandlungen sicherstellen und ist damit eine Ausprägung des Öffentlichkeitsprinzips[225]. Nach § 169 Satz 1 GVG sind „Verhandlungen vor dem erkennenden Gericht", also am Gerichtsort nach § 219 ZPO, öffentlich. In dem Gerichtssaal sind jedoch auch bei einer Videokonferenz alle Vorträge, Prozesshandlungen und Aussagen in Bild und Ton wahrnehmbar. Greger selbst ist der Ansicht, dass der Grundsatz der Öffentlichkeit nur für den Sitzungssaal gilt[226]. Damit konstatiert er jedoch zugleich, dass die Verhandlung nur in dem Sitzungssaal stattfindet, in dem auch das Gericht körperlich tagt. Dieses widerspricht seiner These einer partiellen Verlegung der Verhandlung an den anderen Ort.

Die Ansicht Gregers zum Gerichtsort bei Videokonferenzen beruht wohl auf einem falschen Ausgangspunkt. Er ist der Ansicht, dass Gericht könne eine Videokonferenz nach § 128a Abs. 1 ZPO anordnen, obwohl § 128a ZPO ausdrücklich nur von „Gestattung" spricht. Demzufolge geht er irrtümlich[227] weiter davon aus, der Zugeschaltete nach § 128a Abs. 1 ZPO könne an den Übertragungsort geladen werden. Unterstellt man aber, dass eine Ladung zum Konferenzort erfolgen könne, so muss dieses in der Tat ein Gerichtsort sein. Eine wirksame Ladung zu einem Termin setzt unter anderem hinsichtlich das Terminsortes mindestens voraus, dass das Gericht nach seiner Postanschrift bezeichnet wird[228]. Der Terminsort ist dann nach § 219 Abs. 1 ZPO kraft Gesetzes dann dieser Gerichtsort. Nur wenn die zur Inaugenscheinnahme an Ort und Stelle, die Verhandlung mit einer am Erscheinen vor Gericht verhinderten Person oder eine sonstige Handlung erforderlich ist[229], kann de lege lata an einen anderen als einer Gerichtsstelle geladen werden.
Weiterhin ist das tatsächliche Argument, ein Justizbediensteter müsse vor Ort sein, nicht überzeugend. Das Videoterminal kann von dem jeweils Zugeschalteten bzw. einer dort vorhandenen dritten Person bedient werden. Die Überwachung der ordnungsgemäßen Übertragung kann von der zugeschalteten Person selbst vorgenommen werden. Ist Bild und/oder Ton nicht mehr hinreichend wahrnehmbar muss dieses gerügt werden. Die unzulässige Beeinflussung der Verhandlung durch ein Publikum kann dadurch vermieden werden, dass es am „anderen Ort" während der Konferenz nicht geduldet wird[230]. Im Übrigen sind alle im Videokonferenzraum anwesenden Personen in Wort und Bild eben-

224 *Seibel*, Die Videokonferenz im FG-Verfahren, AO-StB 2001, 147 (150).
225 Baumbach/Lauterbach/Albers/*Hartmann*, § 219 Rn.1.
226 Zöller/*Greger*, § 128a, Rn. 4.
227 Zur fehlenden Ladungsbefugnis an den Übertragungsort: 2. Kapitel III. 2. a).
228 Baumbach/Lauterbach/Albers/*Hartmann*, Übers. § 214 Rn. 5.
229 Alles dieses ist bei einer Videokonferenz evident nicht der Fall.
230 Siehe 3. Kapitel IV. 2. b) bb).

falls an den Gerichtsort zu übertragen. Gegen eine technische Einflussnahme sind entsprechende Vorkehrungen zu treffen. Was die Durchsetzung von Ordnungsmaßnahmen des Vorsitzenden angeht, ist jedenfalls eine Verbindungstrennung durchsetzungsfrei. Im Übrigen wird hierauf noch einzugehen sein[231]. Jedenfalls rechtfertigen allein derart praktische Erwägungen keine Reduzierung des „anderen Ortes" auf Gerichtsgebäude. Dieses gilt umso mehr, als dass die von Greger angesprochenen tatsächlichen Probleme bei der Durchführung einer Videokonferenz seitens des Gerichts in die Ermessensentscheidung einfließen können. Den Begriff des „anderen Ortes" bereits nur als Gerichtsorte zu verstehen würde dem Gericht die Möglichkeit nehmen in geeigneten Fällen eine Videovernehmung mit einer außerhalb eines Gerichtsortes liegenden Stelle zuzulassen.

Auch eine streng wortlautgebundene Auslegung spricht gegen eine Reduzierung auf einen Gerichtsort. Ein „anderer Ort" umfasst begrifflich mehr als einen „Gerichtsort".

Schließlich spricht die Genese zur Einführung der Videokonferenztechnik in Gerichtsverfahren gegen die Ansicht Gregers. In der Diskussion um Videokonferenzen in Gerichtsverfahren wurde immer davon ausgegangen, dass eine Zuschaltung grundsätzlich von jedem Ort aus erfolgen soll. Warum nun in der Zivilprozessordnung ohne einen diesbezüglichen Hinweis im Gesetz oder den Gesetzesmaterialien von einer Zuschaltung nur von einem anderen Gerichtsort ausgegangen werden soll, ist schwer nachvollziehbar. In der Finanzgerichtsordnung ist in den §§ 91a, 93a FGO ebenfalls der Begriff des „anderen Ortes" zu finden. Dort ist damit keinesfalls nur ein Gerichtsort gemeint. In dem Pilotprojekt, welches zu den maßgeblichen Vorschriften geführt hat, wurde sowohl das Finanzamt Heidelberg als auch die Steuerberaterkammer Nordbaden mit einem Videoterminal ausgestattet und Beteiligte von dort aus zugeschaltet[232]. Gleiches gilt für das Projekt Virtuelles Verwaltungsgericht. Auch hier wurden Beteiligte aus Nichtgerichtsorten zugeschaltet, so z.B. aus dem Videokonferenzraum der Telekom in Frankfurt oder dem Regierungspräsidium in Tübingen[233]. Rechtsgrundlage für verwaltungsgerichtliche Videokonferenzen ist nunmehr § 128a ZPO i.V.m § 173 VwGO. Dieses macht das rechtspolitische Ziel deutlich, die Gerichte zu entlasten, indem auch Videoterminals außerhalb von Gerichtsorten betrieben werden können.

Würde man mit Greger den „anderen Ort" nur als ein anderes Gerichtsgebäude verstehen, andere öffentliche oder private Gebäude, insbesondere Rechtsan-

---

231 Siehe 2. Kapitel III. 6.
232 Abschlussbericht zum Pilotprojekt bei der Finanzgerichtsbarkeit, S. 3.
233 Abschlussbericht zum Pilotprojekt bei der Verwaltungsgerichtsbarkeit, S. 14.

waltskanzleien oder Unternehmen also vom Anwendungsbereich des § 128a ZPO ausschließen, wäre die Videokonferenz nur im Zusammenhang mit einer Amtshilfe gem. Art 35 Abs. 1 GG, § 158 GVG möglich, was den erklärten Beschleunigungs- und Kostenersparniszweck erheblich einschränken würde. Fahrtkosten würden unter Umständen dennoch zu dem nächsten mit einem Videoterminal ausgestattetem Gericht entstehen. Einer Beschleunigung des Verfahrens stünden erhebliche Kapazitätsprobleme bei den Gerichten entgegen. Sie müssten nicht nur ihre eigenen Videokonferenzen durchführen, sondern auch zahlreiche Konferenzen im Rahmen der Amtshilfe bewerkstelligen. Sollte zudem bei jeder Videokonferenz ein Justizbediensteter anwesend sein müssen, entstünden hierdurch zusätzliche Kosten. Die Justizhaushalte würden durch die notwendige vermehrte Anschaffung der Videoanlagen zusätzlich belastet. Das Ziel einer Effektivitätssteigerung der Justiz, wie es in den Gesetzesmaterialien zur Einführung der Videokonferenzen zu finden ist[234], würde durch die einseitige Belastung der Gerichte mit der Einrichtung von Videokonferenzräumen und Bereitstellung von Bedienungspersonal nicht nur gefährdet sondern konterkariert.

Festzuhalten bleibt demnach, dass weder rechtliche noch praktische Gründe für ein Verständnis des „anderen Ortes" als Gerichtsort sprechen. Eine Auslegung des Begriffs, die sich am Wortlaut, Entwicklung, Systematik zu anderen Rechtordnungen und dem Regelungszweck orientiert, kommt zwangsläufig zu dem Ergebnis eines grundsätzlich beliebigen anderen Ortes.
Dennoch muss gem. Art. 35 Abs.1 GG, § 158 GVG jedes andere Gericht, Staatsanwaltschaft oder Behörde grundsätzlich im Rahmen der Kapazitäten, ihren Videokonferenzraum dem Prozessgericht und den dorthin beorderten Beteiligten zur Verfügung stellen[235].

Eigentums- und Besitzverhältnisse am „anderen Ort" haben keine Bedeutung. Der Ort muss dem Antragsteller lediglich zur Zeit der Verhandlung oder der Beweisperson zur Zeit der Vernehmung zur Verfügung stehen.

(4) Entfernung zum Gerichtssaal

Nach Hartmann[236] ist ein „anderer Ort" i.S.d. § 128a ZPO vernünftigerweise nicht schon ein hundert Meter entferntes Anwaltsbüro usw., sondern erst ein deutlich weiter vom Prozessgericht entfernter Raum. Dieser schon begrifflichen Einschränkung des „anderen Ortes" kann ebenfalls nicht gefolgt werden.
Zwar ist der Gedanke insoweit nachvollziehbar, als dass bei geringen Entfernungen zweifelhaft sein kann, ob eine Beschleunigung oder eine Verbilligung des Verfahrens durch eine Videokonferenz einzutreten vermag. Dieses ist aber

234 BT-Drucks. 14/6036, S. 116.
235 Baumbach/Lauterbach/Albers/*Hartmann*, § 128a Rn. 5.
236 Baumbach/Lauterbach/Albers/*Hartmann*, § 128a Rn. 5.

eine Frage des Einzelfalls und innerhalb des gerichtlichen Ermessens zu berücksichtigen. So kann bei einem immunschwachen Zeugen, das Erscheinen vor Gericht aufgrund der erhöhten Infektionsgefahr unzumutbar sein, nicht aber die Videovernehmung aus einem benachbarten Krankenhaus[237].
Die Entfernung zum Gericht als Merkmal eines „anderen Ortes" zu berücksichtigen hieße die Voraussetzungen mit der Rechtsfolge zu verwechseln. Die räumliche Entfernung spielt für die Klassifizierung also grundsätzlich keine Rolle[238].

cc) Gestattung nach § 128a Abs. 1 ZPO

Nach Absatz 1 „kann das Gericht den Parteien sowie ihren Bevollmächtigten und Beiständen … gestatten, sich während einer Verhandlung an einem anderen Ort aufzuhalten und dort Verfahrenshandlungen vorzunehmen".

(1) Berechtigte

Berechtigt sich an einem anderen Ort aufzuhalten sind nach Absatz 1 die Parteien, ihre Bevollmächtigten gem. § 78 ff. ZPO und Beistände gem. § 90 ZPO sowie über den Wortlaut hinaus auch Streithelfer i.S.d. §§ 66 ff. ZPO[239]. Dieses ergibt sich aus § 67 2. HS ZPO, wonach der Streithelfer berechtigt ist, Angriffs- und Verteidigungsmittel geltend zu machen und alle Prozesshandlungen wirksam vorzunehmen, soweit seine Erklärungen und Handlungen nicht zu denen der Partei in Widerspruch stehen. Er wird der Partei somit weitgehend gleichgestellt und hat insbesondere Anspruch auf rechtliches Gehör[240]. Unter diesen Gesichtspunkten ist es nicht gerechtfertigt dem Streithelfer die Möglichkeit einer Videozuschaltung vorzuenthalten.
Befinden sich auf einer Parteiseite mehrere natürliche oder juristische Personen, können die einzelnen Streitgenossen gem. §§ 59 ff. ZPO - ob notwendig oder nicht- auch die Ortsabwesenheit nur für sich bzw. ihre Vertreter in Anspruch nehmen. Es ist kein Grund ersichtlich, warum eine Partei nur geschlossen die Zuschaltung mittels Videokonferenz in Anspruch nehmen dürfte.

(2) Verhandlung

§ 128a Abs. 1 ZPO spricht von „einer Verhandlung". Der Wortlaut selbst sagt noch nicht zwingend aus, ob es sich dabei um die gesamte mündliche Verhandlung oder vielmehr um nur einen Termin, der auch außerhalb der mündlichen Verhandlung liegen kann[241], handelt. Der Begriff Verhandlung wird nämlich z.B. auch in § 136 Abs. 4 ZPO verwendet, meint aber nicht einen Termin, sondern die mündliche Verhandlung[242]. Lediglich das Wörtchen „einer" spricht für

---

237 Gleiches gilt für den umgekehrten Fall einer in Quarantäne befindlichen Person.
238 So auch: Musielak/*Stadler*, § 128a Rn. 2.
239 Zöller/*Greger*, § 128a Rn. 2.
240 Vgl. BAG MDR 88, 346; Oldenburg NJW-RR 96, 829.
241 Z.B. gehört der Termin zur Beweisaufnahme nicht zur mündlichen Verhandlung.
242 *Rosenberg/Schwab/Gottwald*, § 81 I, S. 442.

einen Termin, da es mehrere mündliche Verhandlungen in einem Verfahren trotz mehrerer möglicher Termine nicht gibt. Eine teleologische Auslegung spricht zudem evident für das Verständnis als Termin. Es ist weder dem Gericht, noch den Parteien zuzumuten verbindlich über die unter Umstände lange andauernde, ungeahnte Schwierigkeiten bereitende mündliche Verhandlung im Wege der Bild- und Tonübertragung zu entscheiden. De facto hätte dieses von vornherein oftmals eine ablehnende Entscheidung des Gerichts oder ein fehlendes Einverständnis der anderen Partei zur Folge. Zudem wäre es einer Partei dann nicht möglich einer Beweisaufnahme, die nicht zur mündlichen Verhandlung gehört, von einem anderen Ort aus beizuwohnen. Dieses liefe nicht nur dem Zweck der Norm zur Verfahrensbeschleunigung zuwider, sondern ist auch nicht mit der in § 128 Abs. 2 Satz 3 ZPO angedachten Mehrteilnehmerkonferenz von Prozessbeteiligten und Personalbeweismitteln vereinbar.

Schließlich hat der Gesetzgeber selbst durch das ZPO-RG zu einer Vereinheitlichung der Auslegung des Begriffes der „Verhandlung" beigetragen, indem er den Wortlaut des § 136 Abs. 1 ZPO änderte. Bisher hieß es hier „mündliche Verhandlung", obwohl die Norm ersichtlich die Beweisaufnahme und Verkündung der Entscheidung mit umfassen sollte. So musste deshalb eine „mündliche Verhandlung i.w.S." für diesen Fall kreiert werden, was eine gesetzeseinheitlichen Auslegung nicht gerade erleichtert hat. Nunmehr hat der Gesetzgeber durch die Streichung des Wortes „mündliche" diesen Misstand beseitigt und somit zu einer vereinheitlichten Bedeutung des gesetzlichen Begriffes der „Verhandlung" beigetragen[243].
Die Verhandlung i.S.d. § 128a Abs. 1 ZPO meint also nicht die mündliche Verhandlung i.S.d. §§ 128, 129, 136 Abs. 4, 137 ZPO, sondern ist als Termin (z.B. § 220 ZPO) oder auch als Sitzung (§§ 136 Abs. 3, 345 ZPO; §§ 176 ff GVG) zu verstehen[244].

Ein Termin wird gemeinhin als jede Tätigkeit des Gerichts oder eines Gerichtsorgans mit den Beteiligten oder unter Zuziehung der Beteiligten zu einem bestimmten Zeitpunkt, also auch die des Beauftragten oder ersuchten Richters (§ 159 Abs. 2 ZPO) definiert[245]. Dennoch können die Parteien, ihre Bevollmächtigten und Beistände bei einer Zeugenvernehmung durch den beauftragten oder ersuchten Richter nicht per Videokonferenz zugeschaltet werden. Zwar steht dem insoweit § 375 Abs. 1 Nr. 2, 3 ZPO nicht entgegen, § 128a Abs. 1 Satz 2

---

243 Ganz ist es jedoch nicht gelungen, da es in § 136 Abs. 4 ZPO weiterhin nur „Verhandlung" heißt, obwohl die mündliche Verhandlung gemeint ist: *Rosenberg/Schwab/Gottwald*, § 81 I, S. 442.

244 So wohl auch Baumbach/Lauterbach/Albers/*Hartmann*, § 128a Rn. 1, der § 128a ZPO auf jede Art von Verhandlung anwendbar hält.

245 *Rosenberg/Schwab/Gottwald*, § 81 I, S. 442.

ZPO sieht jedoch nur die Übertragung in das Sitzungszimmer des Prozessgericht vor.
Der Verhandlungstermin muss bei der Gestattung konkret feststehen, d.h. das Gericht muss ihn bereits bestimmt haben (§ 216 ZPO). Zwar spricht § 128a ZPO nur von „einer Verhandlung", jedoch kann die Gestattung nicht ohne konkreten Termin ermessensfehlerfrei ergehen. Ein Ermessensgesichtspunkt ist es, dass am Gericht die Möglichkeit zur Durchführung der Videokonferenz gegeben sein muss, d.h. die Kapazitäten am konkreten Termin sind zu prüfen.
Die kurze Ladungsfrist des § 217 ZPO stellt diesbezüglich kein Problem dar, obwohl dadurch der konkrete Termin in der Regel erst bekannt wird, denn es ist gerade ein Merkmal der Videokonferenztechnik, dass sie kurzfristig durchgeführt werden kann.

(3) Verfahrenshandlungen

Das Gericht kann den Parteien gestatten, Verfahrenshandlungen von einem anderen Ort aus vorzunehmen. Der Begriff der Verfahrenshandlung ist in der Zivilprozessordnung neu. Bisher kannte man diese Begrifflichkeit z.B. im Verwaltungsrecht[246]. Der Regierungsentwurf versteht darunter in seiner Begründung *„...insbesondere rechtswirksame Anträge"*[247]. Nach der Dogmatik der Zivilprozessordnung waren dieses bisher Prozesshandlungen[248]. Prozesshandlungen im Sinne von Parteihandlungen sind alle prozessgestaltenden Betätigungen der Parteien oder ihrer Vertreter, unabhängig davon, ob sie in ihren Voraussetzungen und Wirkungen vom Prozessrecht geregelt sind[249]. Auch im verwaltungsgerichtlichen Verfahren wird der Begriff der Verfahrenshandlung mit dem der Prozesshandlung synonym gebraucht[250]. Unter Verfahrenshandlungen sind demnach nichts anderes als Prozesshandlungen zu verstehen[251]. Warum von der bisherigen Terminologie abgewichen wird, kann allenfalls damit begründet werden, dass bei § 128a ZPO denklogisch nicht alle möglichen Prozesshandlungen, wie z.B. Klageerhebung, Berufung, Revision in Betracht kommen. Es kann sich nur um solche handeln, die in einer mündlichen Verhandlung formlos vorgenommen werden können, insbesondere das Behaupten und Bestreiten.
Die Verfahrenshandlungen sind gegebenenfalls im Protokoll gem. § 160 Abs. 3 ZPO festzuhalten.

---

[246] Z.B. §§ 12,14,19 VwVfG; §§ 44a, 62, 66, 67a VwGO.
[247] BT-Drucks. 14/6036, S. 119.
[248] Thomas/*Putzo*, Einl III Rn. 4.
[249] Thomas/*Putzo*, Einl III Rn. 3.
[250] Vgl. Eyermann/Fröhler/*Schmidt*, Verwaltungsgerichtsordnung, 11. Auflage (2002), § 66 Rn. 3; *Kopp/Schenke*, Verwaltungsgerichtsordnung, 12. Auflage (2000), Vorb. § 40 Rn. 13; *Redeker/von Oertzen*, Verwaltungsgerichtsordnung, 13. Auflage (2000), § 62 Rn. 1.
[251] Im Ergebnis auch: Zöller/*Greger*, § 128a Rn. 2.

Neben den Prozesshandlungen können auch sämtliche Realakte und Rechtsgeschäfte über die Videokonferenz vorgenommen werden. Einer besonderen Erwähnung bedurfte dieses aufgrund der diesbezüglich unproblematischen allgemeinen Regeln des Bürgerlichen Gesetzbuches nicht.

dd) Gestattung nach § 128a Abs. 2 ZPO

Nach Absatz 2 *„kann das Gericht gestatten, dass sich ein Zeuge, ein Sachverständiger oder eine Partei während der Vernehmung an einem anderen Ort aufhält"*.

(1) Berechtigte

Berechtigt sich an einem anderen Ort aufzuhalten zu können sind nach Absatz 2 grundsätzlich nur der Zeuge, der Sachverständige oder die Partei bei einer Parteivernehmung gem. §§ 445 ff. ZPO, mithin die Personalbeweismittel[252].

(2) Vernehmung

Die Vernehmung ist für den Zeugen und Sachverständigen (§ 402 ZPO) in den §§ 394 bis 400 ZPO und für die Parteivernehmung in den §§ 445 bis 455 ZPO geregelt. Die Vernehmung beginnt mit der Befragung über die persönlichen Verhältnisse (§ 395 Abs.2) und endet wenn das Gericht sie als beendet erachtet[253]. In der Praxis ist dieses der Zeitpunkt des Endes der Verlesung oder Abspielung des Protokolls gem. § 162 Abs. 1 Satz 1 bzw. Satz 2 ZPO.

Da für jeden Termin ein gesondertes Protokoll erstellt wird (vgl. § 160 Abs. 1 Nr. 1 ZPO), erstreckt sich eine Vernehmung niemals über einen Termin hinaus. Dieses ergibt sich zudem aus § 398 Abs. 1 ZPO, der eine wiederholte Vernehmung, d.h. desselben Zeugen über denselben Gegenstand, in das Ermessen des Gerichts stellt.

Aus dem Erfordernis zeitgleicher Übertragung in das Sitzungszimmer folgt, dass eine mittelbare Beweiserhebung entsprechend der §§ 375, 361f. ZPO durch den Videokonferenzeinsatz nicht möglich ist[254]. Dass der kommissarische Richter sich keiner Videokonferenztechnik bedienen darf ergibt sich über das Wortlautargument hinaus auch aus teleologischen Gesichtspunkten. Die Legitimation für die Durchbrechung des Unmittelbarkeitsgrundsatzes durch eine kommissarische Vernehmung fehlt gerade dann, wenn eine Vernehmung im Wege der Videokonferenz möglich ist. In diesem Fall kann das Prozessgericht ebenso gut selbst unmittelbar die Vernehmung führen.

---

[252] Ergänzend: Parteien bei Anordnung des persönlichen Erscheinens gem. § 141 Abs. 1 ZPO, siehe: 2. Kapitel III. 5. a).

[253] Stein/Jonas/*Chr. Berger*, § 392 Rn.1.

[254] Zöller/*Greger*, § 128a Rn. 5.

c) Wirkung des Gestattungsbeschlusses

Durch den Gestattungsbeschluss sind die Berechtigten im Termin grundsätzlich auch dann als rechtlich „erschienen" i.S.d. §§ 330, 331 Abs. 1, 380 Abs. 1, 409 Abs. 1, 454 ZPO anzusehen, wenn sie sich nicht am Gerichtsort sondern am Übertragungsort einfinden[255]. Dieses kann jedoch nur insoweit gelten, als dass eine Videokonferenz mit diesem Ort auch grundsätzlich durchführbar ist. Ansonsten droht eine Umgehung der vorgenannten Vorschriften zur Anwesenheitspflicht bzw. -obliegenheit. Wie schon ausgeführt sind in dem Antrag bzw. dem Gesuch der Videokonferenzort inklusive der Anwahlnummer explizit zu bezeichnen[256]. Diese Angaben werden in den Gestattungsbeschluss aufgenommen, womit sich die Gestattung der Videokonferenz nur auf diesen Ort mit dieser Anwahlnummer bezieht. Um als „erschienen" zu gelten muss sich der Berechtigte somit zur Gestattungs- und Ladungszeit am Gestattungs- und Ladungsort aufhalten und mit der angegebenen Anwahlnummer grundsätzlich zu erreichen sein. Unvorhersehbare technische Fehler - gleich welcher Art – dürfen dabei aber nicht zu Lasten des Berechtigten gehen. Auf der anderen Seite darf das Ausbleiben am „anderen Ort" bei technischen Störungen nicht folgenlos bleiben, da dann eine erhebliche Missbrauchsgefahr durch das Sabotieren der eigenen Videokonferenzanlage entsteht. Diese Gemengelage lässt sich nur durch die Einführung eines fernmündlichen Kontrollanrufes lösen. Allerdings kann die Säumnis der Prozessbeteiligten erst nach dem wahrnehmbaren[257] Aufruf der Sache gem. § 220 ZPO vorliegen, da damit erst die Anwesenheitsobliegenheit begründet wird[258]. Für die Personalbeweismittel gilt diese Einschränkung nicht. Soweit ein Fernbleiben auch vom „anderen Ort" vorliegt, kommt ein entschuldigtes Ausbleiben nach den allgemeinen Bestimmungen in Betracht.

d) Unanfechtbarkeit

Die Entscheidungen nach den Absätzen 1 und 2 sind grundsätzlich nicht isoliert anfechtbar. Dieses stellt § 128a Abs. 3 Satz 2 ZPO klar, um den Regelungszweck der Verfahrensbeschleunigung nicht durch die Eröffnung eines zeitintensiven Nebenschauplatzes zu gefährden. Das gilt sowohl für die Gestattung als auch für die Versagung der Teilnahme an der Verhandlung oder Vernehmung im Wege der Videokonferenz[259]. Der Beschwerdegrund des § 567 Abs.1 Nr.2 ZPO ist insoweit ausgeschlossen. Gleiches gilt a maiore ad minus für Entscheidungen über einen Abbruch, ihre Wiederaufnahme, eine Einschränkung und andere zugehörige Entscheidungen[260].

---

[255] Musielak/*Stadler*, § 128a Rn. 4.
[256] Siehe 2. Kapitel I. 2. c).
[257] Vgl. Stein/Jonas/*Roth*, § 220 Rn. 10.
[258] Baumbach/Lauterbach/Albers/*Hartmann*, § 220, Rn. 1.
[259] BT-Drucks. 14/6036, S. 120.
[260] Baumbach/Lauterbach/Albers/*Hartmann*, § 128a Rn. 9.

Etwas anderes kann im Einzelfall bei offensichtlicher Rechtswidrigkeit oder greifbarer Gesetzeswidrigkeit gelten[261]. Als prozessleitende Maßnahmen sind sie aber der formlosen Gegenvorstellung zugänglich, also änderbar[262].

5. Übertragung von Bild und Ton

Nach § 128a Abs. 1 Satz 2 ZPO ist für die Verhandlung eine wechselseitige und zeitgleiche Übertragung von Bild und Ton vorgeschrieben. § 128a Abs. 2 ZPO schreibt bei einer Vernehmung dagegen nur die zeitgleiche Bild- und Tonübertragung in den Sitzungssaal (Satz 2) und bei einer eventuellen Mehrteilnehmerkonferenz an den Ort der Prozessbeteiligten nach Absatz 1 vor (Satz 3). Die Bildübertragung auch an den „anderen Ort", an dem sich der zu Vernehmende aufhält, ist nicht vorgeschrieben.

In diesem Zusammenhang ist bedenkenswert, ob der Gesetzgeber nicht auch für den Fall des § 128a Abs. 2 Satz 1 ZPO eine wechselseitige Bild- und Tonübertragung im Sinn hatte[263]. Jedenfalls wird in der Gesetzesbegründung auch in diesem Fall ohne Differenzierung von „Videokonferenz" gesprochen[264], welche begrifflich eine wechselseitige Bild- und Tonübertragung beinhaltet.

Eine nur akustische Vernehmung durch das Gericht ist nicht nur telefonisch[265], sondern auch durch bloße Tonübertragung mittels Videokonferenz technisch möglich.

Gegen ein redaktionelles versehen spricht die insoweit sinngemäße Regelung bei einer Vernehmung nach § 247a Satz 3 StPO oder § 93a Abs. 1 Satz 2 FGO[266]. Die feinsinnige Unterscheidung der Übertragungsmodalitäten zwischen Parteien und Personalbeweismitteln lässt sich zudem aus den Prozessgrundsätzen der Parteiöffentlichkeit und dem Anspruch auf rechtliches Gehör erklären.

Zuzugeben ist jedoch, dass es auch in der StPO und FGO allgemein für erstrebenswert erachtet, dass auch der zu Vernehmende die Vorgänge im Gerichtssaal sieht und nicht nur die an ihn gestellten Fragen beispielsweise über Telefon hört[267]. Gegenüberstellungen sind nur bei einer wechselseitigen Übertragung möglich und auch die Atmosphäre einer Gerichtsverhandlung, die der Wahrheitsfindung oft förderlich ist[268], kann nur bei einer wechselseitigen Übertragung

261 Vgl. Baumbach/Lauterbach/Albers/*Hartmann*, § 128a Rn. 10, § 127 Rn.25.
262 MüKo-ZPOReform-*Peters*, §128a Rn. 9.
263 So: Musielak/Stadler, § 128a Rn.6.
264 BT-Drucksache 14/6036, S. 120.
265 So aber Musielak/*Stadler*, § 128a Rn. 5.
266 So auch Schultzky, in: NJW 2003, 313 (315).
267 *Kleinknecht/Meyer-Goßner*, § 247a, Rn. 10.
268 Vgl. hierzu: 3. Kapitel III. 2. a) m.w.N.

von Ton als auch Bild zumindest ansatzweise an den anderen Ort übertragen werden.
Unter dem Vorbehalt der technischen Möglichkeiten ist nur der rechtliche Minimalstandard gesetzlich fixiert worden. In der zukünftigen Praxis wird auch bei Personalbeweismitteln die wechselseitige Übertragung die Regel sein, da die technischen Voraussetzungen hierfür ohnehin vorhanden sind und dieses die schon aufgezeigten Vorteile mit sich bringt.

§ 128a Abs. 1 Satz 2, Abs. 2 Satz 2 und 3, Abs. 3 Satz 1 ZPO enthält keine Angaben, wie die Übertragung von Bild und/oder Ton zu erfolgen hat. Das Gebot der Übertragung von Bild und Ton wird von der Justiz auszugestalten sein. Wie eine derartige Umsetzung im Einzelnen aussehen kann, wird an späterer Stelle dieser Untersuchung noch ausführlich zu behandeln sein[269].

6. Aufzeichnungsverbot

§ 128a Abs. 3 Satz 1 ZPO statuiert ein Aufzeichnungsverbot bei zivilgerichtlichen Videokonferenzen.
Die Gefahr einer Aufzeichnung liegt bei dem Einsatz der Videokonferenztechnik auf der Hand. Die Videokonferenz führt zwangsläufig zu einer Aufnahme von Bild und Ton mittels Kamera und Mikrofon. Die so erhobenen Daten werden dann übermittelt und wiedergegeben. Technisch gesehen ist es eine marginale, die ohnehin schon erhobenen Bild- und Tondaten dauerhaft auf einem Speichermedium zu konservieren.
Auch an einer Motivation zur Aufzeichnung seitens des Gerichts oder der Parteien besteht kein Zweifel. Es ist verlockend, sich z.B. eine Zeugenvernehmung außerhalb der Verhandlung zu Beratungszwecken noch einmal anzusehen.

a) Verbotscharakter des § 128a Abs. 3 Satz 1 ZPO

§ 128a Abs. 3 Satz 1 ZPO besagt: „Die Übertragung wird nicht aufgezeichnet". Dieses wird überwiegend[270] - überraschender Weise jedoch nicht einheitlich - als ein Aufzeichnungsverbot verstanden. Reichold[271] versteht die Formulierung dahingehend, dass eine Übertragung nicht aufgezeichnet werden müsse, dieses jedoch nicht untersagt sei.
Dieser Auslegung kann in keinem Fall gefolgt werden. Der Wortlaut enthält durch den absoluten Term „wird nicht" eine klare Verfahrensvorschrift. Einer Wortlautauslegung, wie sie Reicholt hier zugunsten der Gerichtsinteressen vornimmt, fehlt aufgrund der Präzision der Formulierung jeglicher Ansatzpunkt. Dem Gesetzgeber kann allenfalls vorgeworfen werden, nicht in Anlehnung an § 169 Satz 2 GVG die Aufzeichnung ausdrücklich für „unzulässig" erklärt zu

---

[269] Siehe 5. Kapitel.
[270] Baumbach/Lauterbach/Albers/*Hartmann*, § 128a Rn. 8; Zöller/*Greger*, § 128a Rn. 4; Musielak/*Stadler*, § 128a Rn. 10.
[271] Thomas/Putzo/*Reichold*, § 128a Rn. 8.

haben. Dieses erklärt sich aber damit, dass es sich lediglich um eine Verfahrensvorschrift für das Gericht und nicht um ein Verbot „contra omnes“ handelt[272]. Unabhängig davon fehlen Termini wie „soll nicht“ oder „muss nicht“ um einer Auslegung im Sinne Reicholds folgen zu können.

Ein systematisches Argument für das Verständnis als Aufzeichnungsverbot ergibt der Vergleich zur Finanzgerichtsordnung. Dort ist die Aufzeichnung für Beteiligte sowie ihren Bevollmächtigten und Beiständen durch § 91a Abs. 1 Satz 3 FGO („Eine Aufzeichnung findet nicht statt“) ausnahmslos verboten[273]. Nur bezüglich der Beweispersonalmittel ist eine Aufzeichnung gem. § 93 Abs. 1 Satz 4 FGO unter bestimmten gesetzlich geregelten Voraussetzungen ausdrücklich erlaubt. Zudem wurde in § 93a Abs. 2 FGO der bereichsspezifische datenschutzrechtliche Aspekt dezidiert geregelt. Eine vergleichbare positive Aufzeichnungs- und Datenschutzregelung findet sich in der Zivilprozessordnung nicht. Die Bestimmungen über eine Videokonferenz im finanzgerichtlichen Verfahren sind in derselben Legislaturperiode zeitlich vor dem § 128a ZPO beschlossen und verkündet worden. Demnach muss davon ausgegangen werden, dass auch in der ZPO datenschutzrechtliche Bestimmungen aufgenommen oder jedenfalls diskutiert worden wären, wenn Absatz 3 Satz 1 kein umfassendes Aufzeichnungsverbot statuieren sollte.

Schließlich würde eine Aufzeichnung, wie schon ausgeführt[274], in das allgemeine Persönlichkeitsrecht der in Bild und Ton festgehaltenen und damit nicht einverstandenen Personen eingreifen. Das allgemeine Persönlichkeitsrecht steht unter der Schranke des Art. 2 Abs. 1 GG, also unter dem einfachen Gesetzesvorbehalt[275]. Eine verfassungsrechtliche Rechtfertigung würde zumindest ein formelles oder materielles Gesetz voraussetzen[276]. Eine solche Bestimmung lässt § 128a Abs. 3 Satz 1 ZPO vermissen.

b) Regelungszweck

Die Gesetzesmaterialien schweigen zum Sinn und Zweck des Aufzeichnungsverbotes. Dort heißt es nur:

> *„Absatz 3 Satz 1 besagt, dass die Videokonferenz nicht aufgezeichnet wird“*[277].

---

272 Vgl. *Kissel*, Gerichtsverfassungsgesetz, 3. Auflage (2001), § 169 Rn. 62; siehe zum personellen Geltungsbereich des § 128a Abs. 3 Satz 1 ZPO: 2. Kapitel I. 6. d).

273 Gräber/*Koch*, Finanzgerichtsordnung, 5. Auflage (2002), § 91a Rn. 7; *Seibel*, Videokonferenz und Datenschutz, AO-StB 2001, 184 (184).

274 Siehe 2. Kapitel I. 3. b) bb) (2) (b).

275 Vgl. *Pieroth/Schlink*, Grundrechte-Staatsrecht II, 17. Auflage (2001), Rn. 382f.

276 So wurde in der FGO diese rechtliche Grundlage mit § 93a Abs. 1 Satz 4 und Abs. 2 gezielt geschaffen (vgl. BT-Drucks. 14/ 4549 S. 10).

277 BT-Drucks. 14/6036, S. 120.

Unter Zugrundelegung des gesetzgeberischen Anliegens der Effizienzsteigerung ist davon auszugehen, dass auch das Aufzeichnungsverbot der hierfür notwenigen Etablierung dienen soll. Der Einsatz hängt im Einzelfall schon aufgrund des Einverständniserfordernisses von der Annahme der neuen Technik durch die Betroffenen ab[278]. Berührungsängste mit der neuen Technik sollen nicht noch durch die Gefahr einer Aufzeichnung bestärkt werden. Letztlich stützt das Aufzeichnungsverbot damit die durch den Einsatz der Videotechnik von § 128a ZPO bezweckte Steigerung der Prozessökonomie. Durch das Aufzeichnungsverbot wird klargestellt, dass die erleichterten Möglichkeiten der Aufzeichnung auf Speichermedien zugunsten der Etablierung nicht genutzt werden sollen. Alleiniger Zweck der Videokonferenz liegt in der Überwindung von Entfernungen. Sie dient ersichtlich nicht dazu, leichter als bisher Aufzeichnungen von Verhandlungen oder Vernehmungen herzustellen. Im Ergebnis sollen die Teilnehmer einer Verhandlung per Videokonferenz, was Aufzeichnungen betrifft, nicht schlechter gestellt werden als Teilnehmer einer herkömmlichen Verhandlung.

Als evidentes Schutzgut des Aufzeichnungsverbotes muss das Recht am eigenen Bild und Wort, mithin das allgemeine Persönlichkeitsrecht der Abgebildeten und Sprechenden angesehen werden[279]. Würde die Videokonferenz aufgezeichnet werden, läge ein Eingriff in den Schutzbereich dieses Grundrechts der Abgebildeten vor[280]. Da das Recht auf informationelle Selbstbestimmung geschützt wird, kommt dem Verbot auch datenschutzrechtliche Relevanz zu. Dieses wird an späterer Stelle noch aufzuzeigen sein[281].

Weiterhin kann das Aufzeichnungsverbot der Wahrheitsfindung dienen, welche auch im Zivilprozess ein wesentliches Ziel ist[282]. Dieses wird für die Verbotsnorm des § 169 Satz 2 GVG, wonach Ton- und Filmaufnahmen zum Zwecke der öffentlichen Vorführung oder Veröffentlichung ihres Inhalts unzulässig sind, allgemein als ein Zweck der Regelung angenommen[283]. Parteien, Zeugen und Sachverständige könnten von einer wahrheitsgemäßen und vollständigen Aussage aus Scham oder Sorge darüber, dass andere als die im Gerichtssaal anwesenden Personen davon Kenntnis erhielten, abgehalten werden[284]. Nun

---

278 Vgl. *Geiger*, in: ZRP 1998, 365 (366), welcher die Frage der Akzeptanz auch unter betriebswirtschaftlichen Perspektiven betrachtet; Siehe auch: 6. Kapitel.

279 Siehe hierzu: 2. Kapitel I. 3. b) bb) (2) (b).

280 2. Kapitel I. 3. b) bb) (2) (b).

281 Siehe 4. Kapitel.

282 Vgl. Stein/Jonas/*Leipold*, § 284 IV Rn. 56; *Habscheid*, Das Recht auf Beweis, ZZP Bd. 96 (1983), 306 (322).

283 Löwe/Rosenberg/*Schäfer/Wickern*, Die Strafprozessordnung und das Gerichtsverfassungsgesetz, 6. Band, 25. Auflage (1996), § 169 GVG Rn. 40.

284 Löwe/Rosenberg/*Schäfer/Wickern*, § 169 Rn. 40.

erfasst § 169 Satz 2 GVG jedoch Aufzeichnungen, die öffentlichen Zwecken zu dienen bestimmt sind. § 128a Abs. 3 Satz 1 ZPO will daneben auch Aufzeichnungen für gerichtliche oder private Zwecke verbieten. Aber auch bei Aufzeichnungen zu diesen Zwecken kann nicht ausgeschlossen werden, dass sie die Wahrheitsermittlung beeinträchtigen. Schäfer und Wickern[285] merken in diesem Zusammenhang an, Videoaufzeichnungen seien heute für viele Menschen etwas Alltägliches, und die Wahrheitsfindung werde daher regelmäßig nicht gefährdet, sondern sei nur in besonders gelagerten Einzelfällen zu besorgen. Diese Einschätzung beherbergt in sich jedoch schon die Erkenntnis, dass eine Gefährdung der Wahrheitsermittlung auch bei Videoaufzeichnungen zu nicht-öffentlichen Zwecken nicht gänzlich ausgeschlossen werden kann.
Hinzu kommt, dass eine Videoaufzeichnung vor Gericht eine grundsätzlich andere Wirkung entfaltet als diejenige im privaten Bereich. Vor Gericht besteht nämlich im Gegensatz zum privaten Bereich die Pflicht zur Wahrheit. Während im außergerichtlichen Bereich nur das Gewollte aufgenommen wird, kann vor Gericht auch persönlich unangenehmen Fragen nicht ausgewichen werden. Das Bewusstsein dauerhaft in diesem Entblößungsmoment konserviert zu sein, führt zu einer Kollision mit der Wahrheitspflicht, die nicht immer zugunsten dieser gelöst werden dürfte. Insofern erscheint es durchaus legitim das Aufzeichnungsverbot in § 128a Abs. 3 Satz 1 ZPO auch zum Zwecke des Wahrheitsschutzes als konstituiert anzusehen.

c) Sachlicher Geltungsbereich

Nach dem Wortlaut des § 128a Abs. 3 Satz 1 ZPO wird die „Übertragung" nicht aufgezeichnet. Neben der Selbstverständlichkeit, dass das Aufzeichnungsverbot nur bei Durchführung einer Videokonferenz Geltung beansprucht, stellt sich die Frage, was der Begriff der „Übertragung" sachlich erfasst.

Es erscheint im Interesse einer plastischen Darstellung sinnvoll bei der Auslegung eine räumliche Betrachtung vorzunehmen.
Es gibt bei der Videokonferenz den Aufnahme- und Wiedergabeort, sowie die Datenleitungen zwischen diesen Orten. Der Aufnahmeort gliedert sich in den Bereich vor und hinter den Aufnahmegeräten. Es gibt den sinnlich wahrnehmbaren Bereich vor den Aufnahmegeräten und den „technischen" Bereich zwischen der Datenerfassung durch die Aufnahmegeräte (Kamera/Mikrofon) bis zur Absendung. Gleiches gilt für den Wiedergabeort. Der Bereich der empfangenen Daten bis zur Wiedergabe soll von dem sinnlich wahrnehmbaren getrennt betrachtet werden. Als Trennlinie sind die Wiedergabemedien (Bildschirm/Leinwand und Lautsprecher) zu verstehen. Bei einer derartigen Betrachtung ergeben sich somit fünf Bereiche, auf die sich das Aufzeichnungsverbot beziehen könnte.

---

[285] Löwe/Rosenberg/*Schäfer/Wickern*, § 169 Rn. 48.

Bei einer an der Wortbedeutung angelehnten Auslegung erscheint nur eindeutig, dass die Bild- und Tondaten von der Absendung bis zum Empfang, also bei ihrem Transfer nicht aufgezeichnet werden dürfen. Ob die „Übertragung" auch die übrigen Bereiche erfasst, lässt sich allein durch den Wortlaut nicht klären. Dürfen Aufzeichnungsgeräte z.B. direkt an die Kamera und Mikrofone angeschlossen werden, oder dürfen Aufzeichnungen der Bildschirmwiedergabe durch eine dafür installierte Kamera gemacht werden?

Da auch die Gesetzesmaterialien insoweit unergiebig sind[286], bedarf es einer systematischen und teleologischen Auslegung.
Der eingangs erwähnte Schutz der Persönlichkeitsrechte (Recht am eigenen Bild und Wort) ist für die Frage des „räumlichen" Geltungsbereiches des § 128a Abs.3 Satz 1 ZPO unergiebig, da die Persönlichkeitsrechte in jedem der aufgezeigten Bereiche gleichermaßen bestehen.
Der Zweck, die Wahrheitsfindung zu schützen, spricht eigentlich für ein umfassendes, alle Bereiche erfassendes Verbot. Denn schon eine von einem Zuschauer angefertigte Aufzeichnung von der Wiedergabe der Videokonferenz zu privaten Zwecken oder die Aufzeichnung am anderen Ort durch einen Prozessbevollmächtigten zu Verfahrenszwecken kann zu einer die Wahrheitsfindung beeinträchtigten Kollision bei der Aussageperson führen. Stellt der Vorsitzende eine Gefahr für die Wahrheitsfindung fest, kann er jedoch auch ohne auf das Aufzeichnungsverbot des § 128a Abs. 3 Satz 1 ZPO zurückgreifen zu müssen die Aufnahme im Rahmen seiner sitzungspolizeilichen Befugnisse verhindern[287].
Maßgeblicher Grund für die Ablehnung eines umfassenden Aufzeichnungsverbotes ist jedoch ein anderer. Die Teilnehmer einer Videokonferenz würden dann besser stehen, als diejenigen, die an einer herkömmlichen Verhandlung teilnehmen. Dort sind zumindest Tonbandaufzeichnungen zu Protokollzwecken gem. § 160a ZPO zulässig, aber auch Bildaufnahmen werden unter bestimmten Bedingungen für zulässig erachtet[288]. Es ist kein sachlicher Grund ersichtlich, der eine derartige Ungleichbehandlung rechtfertigen würde. Dieses widerspräche dem Gleichbehandlungsgebot vor Gericht.
Das Aufzeichnungsverbot muss also dort seine Grenze finden, wo die Besonderheiten der Videokonferenz enden. Nur dieses kann auch von einem Aufzeichnungsverbot im Zusammenhang mit der Durchführung von Videokonferenzen bezweckt sein.

---

286 BT-Drucks. 14/ 6036, S. 120: dort heißt es nur, dass die Videokonferenz nicht aufgezeichnet wird.
287 Löwe/Rosenberg/*Schäfer/Wickern* §169 GVG Rn. 48.
288 Vgl. zur Zulässigkeit gerichtsinterner Aufzeichnungen: *Kissel*, § 169 Rn. 73ff.

Unter „Übertragung" ist damit der Bereich von der Aufnahme von Mikrofon und Kamera bis zur Wiedergabe auf einer Leinwand/ Bildschirm und Lautsprecher zu verstehen. Daraus ergibt sich im Allgemeinen, dass das Aufzeichnungsverbot nach § 128a Abs. 3 Satz 1 ZPO die Speicherung der für die Videokonferenz angefertigten Daten erfasst. Aufnahmen, die ohne Zuhilfenahme der Videokonferenztechnik aufgenommen wurden, fallen dagegen nicht unter das Aufzeichnungsverbot des § 128a Abs. 3 Satz 1 ZPO.

Überträgt man dieses auf die vorgenommene Aufteilung in räumliche Bereiche ergibt sich folgendes Bild:
Am Ort der Aufnahme sind Aufzeichnungen der Daten, die von den für die Videokonferenz verwendeten Geräten erfassten wurden, unzulässig. Aufzeichnungsgeräte die direkt an die Peripheriegeräte der Videokonferenzanlage angeschlossen sind, wie z.B. Videorecorder, Tonbandgerät, Videoschnittstelle am PC, fallen unter das Aufzeichnungsverbot. Nicht dagegen Gerätschaften wie Videokamera oder Tonbandgerät, welche Bild und/oder Ton selbständig erfassen und aufzeichnen.
Am Ort der Wiedergabe gilt, dass die Aufzeichnung der empfangenen Daten unzulässig ist. Selbständige Gerätschaften dagegen, die eigenständige Aufnahmen und Aufzeichnungen der wiedergegebenen Bilder und/oder Töne machen, fallen nicht unter § 128a Abs. 3 Satz 1 ZPO.

Weiterhin zulässig sind somit Aufzeichnungen, die nicht die Bild- und Tondatenströme der Videokonferenz betreffen[289]. Diese Aufzeichnungen müssen sich an den allgemeinen Regeln, insbesondere dem allgemeinen Persönlichkeitsrecht aber auch dem § 169 Satz 2 GVG und Datenschutzbestimmungen messen lassen[290].

Eine Kollisionslage des Aufzeichnungsverbotes nach § 128a Abs. 3 Satz 1 ZPO ist insbesondere mit § 160a ZPO zu erwarten, der eine unmittelbare Tonaufnahme bei Personalbeweisen i.S.d. § 160 Abs. 3 Nr. 4 ZPO für das Protokoll zulässt (vgl. § 160a Abs. 2 Satz 4 ZPO). Problematisch insoweit könnte es sein, wenn das Gericht unter Hinweis auf diese Befugnis die Videokonferenzübertragung nicht durch ein externes Mikrofon aufnimmt, sondern auf die Daten der Videokonferenz zurückgreifen will.
Nach der hier vertretenen Auslegung, ist dieses unzulässig[291]. Durch die Videokonferenz würde ansonsten eine erleichterte Möglichkeit geschaffen, Aussagen unmittelbar aufzunehmen. Das Gericht soll aus Gleichheitsgründen durch die

289 Vgl. *Seibel*, in: AO-StB 2001, 184 (184).
290 Vgl. zur Zulässigkeit gerichtsinterner Aufzeichnungen: *Kissel*, § 169 Rn. 73ff.
291 So auch Schultzky, in: NJW 2003, 313 (317).

Videokonferenz nicht in „Versuchung" geführt werden, Aussagen von Personalbeweismitteln unmittelbar aufzuzeichnen. Es bedarf daher, wie ansonsten auch, einer gesonderten Gerätschaft zum Aufnehmen und Aufzeichnen von Ton.

In diesem Zusammenhang wird auch ein weiteres mittelbares Problem sichtbar, nämlich dass durch die Ausstattung der Sitzungssäle mit der für die Videokonferenzen notwendigen Infrastruktur, insbesondere hochempfindliche Freisprechmikrofone, eine direkte Aufzeichnung von persönlich anwesenden Personalbeweismitteln begünstigt wird. Das Gericht wird beim Vorhandensein einer Freisprecheinrichtung eher dazu neigen von der Befugnis der unmittelbaren Aufzeichnung Gebrauch zu machen. Während keine Videokonferenz durchgeführt wird, fallen Aufzeichnungen der von den dafür vorgesehenen Gerätschaften selbstverständlich nicht unter das Aufzeichnungsverbot nach § 128a Abs. 3 Satz 1 ZPO.
Dieses kann jedoch nicht beanstandet werden, da die Anschaffung einer derartigen technischen Ausstattung dem Gericht auch ansonsten freistünde. Die Infrastruktur der Videokonferenztechnik kann demnach für sonstige Aufzeichnungen verwendet werden, vorausgesetzt es findet nicht gerade eine Videokonferenz statt.

d) Personeller Geltungsbereich

Der Wortlaut „ … wird nicht …" spricht gegen ein allgemeines, d.h. ein gegenüber jedermann wirkendes Verbot wie es in § 169 Satz 2 GVG[292] normiert ist. Dort heißt es „… ist unzulässig". Vielmehr spricht der Wortsinn für eine bloße Verfahrensvorschrift, die unmittelbar nur Verfahrensbeteiligte verpflichten kann. § 91a Abs. 1 Satz 3 FGO enthält einen insoweit entsprechenden Wortlaut und wirkt ebenfalls nur gegenüber den Verfahrensbeteiligten[293].
Der Zweck des Persönlichkeitsschutzes gebietet ebenfalls kein personell umfassendes Verbot, da dieses schon das allgemeine Persönlichkeitsrecht leistet. Das Recht am eigenen Bild und eigenen Wort sind Ausprägungen dieses in Art. 2 Absatz 1 i.V.m. Art. 1 Absatz 1 GG gründenden Rechts. Die heimliche Aufzeichnung einer Videokonferenz verletzt das allgemeine Persönlichkeitsrecht des Aufgenommenen und/oder Sprechenden, auch wenn eine Verbreitung nicht intendiert ist[294]. Auch das Anliegen des Aufzeichnungsverbotes, die Wahrheitsfindung nicht zu gefährden, gebietet kein materielles Verbot. Es ist ein prozessuales Anliegen.

---

[292] Es handelt sich um ein allgemeines Verbot von Rundfunk- und Fernsehaufnahmen: vgl. Kissel, § 169 Rn. 62.
[293] *Seibel*, in: AO-StB 2001, 184 (184).
[294] MüKo-BGB-*Schwerdtner*, Münchener Kommentar zum Bürgerlichen Gesetzbuch, Band 1, 4. Auflage (2001), § 12 Rn. 171.

An Verfahrensvorschriften ist unmittelbar grundsätzlich erst einmal nur das Gericht gebunden[295]. Durch das Prozessrechtsverhältnis ist das Aufzeichnungsverbot jedoch auch für die Parteien und damit ihre Vertreter und Beistände verpflichtend[296]. Prozessuale Vorschriften können jedoch auch übrige Verfahrensbeteiligte, wie Zeugen oder Sachverständige unmittelbar Pflichten auferlegen. So besteht beispielsweise grundsätzlich die öffentlich-rechtliche Pflicht Aussageverpflichtung für Zeugen (vgl. §§ 380, 390 ZPO)[297]. Dass auch § 128a Abs. 3 Satz 1 ZPO allen Verfahrensbeteiligten die Pflicht auferlegt, die Übertragung nicht aufzuzeichnen, zeigt eine Auslegung nach dem Sinn und Zweck dieser Prozessvorschrift. Wesentlich ist im diesem Zusammenhang die Förderung der Wahrheitsfindung durch das Aufzeichnungsverbot. Sollte Personalbeweismitteln die Möglichkeit der Aufzeichnung, wenn auch nur unter Einhaltung der allgemeinen Vorschriften verbleiben, liefe das Verbot diesbezüglich im Ganzen leer. Eine Aufzeichnung wäre dann nämlich nach wie vor zu befürchten.

Das Aufzeichnungsverbot erstreckt sich demnach auf das Gericht und die Parteien samt ihrer Bevollmächtigten und Beistände und auch auf Zeugen und Sachverständige, mithin auf alle Verfahrensbeteiligten[298]. Im Rahmen der sitzungspolizeilichen Befugnisse hat der Vorsitzende gem. §§ 136 ZPO, 176 GVG die Einhaltung der Verfahrensvorschrift auch gegenüber Dritten durchzusetzen[299]. Die Sitzungspolizei ist jedoch räumlich auf den Sitzungsraum, den Übertragungsort[300] und die unmittelbar angrenzenden Räume, von denen aufgezeichnet werden kann beschränkt[301]. Der sitzungspolizeilichen Gewalt entziehen sich demnach Personen außerhalb dieser Grenzen.

e) Ausnahmen

Da das Recht am eigenen Bild und Wort als Schutzgut des allgemeinen Persönlichkeitsrechts grundsätzlich disponibel ist, stellt sich die Frage, ob bei dem Einverständnis aller Abgebildeten und Sprechenden eine Aufzeichnung der Videokonferenz trotz des § 128a Abs. 3 Satz 1 ZPO zulässig ist.

---

295 *Wais*, Die Verwertbarkeit fehlerhaft erzielter Beweisergebnisse und rechtswidrig erlangter Beweismittel im Zivilprozeß, Diss. 1996, S. 84: wonach die Beachtung der Prozessgrundsätze nicht Aufgabe der Parteien ist.

296 MüKo-ZPO-*Lüke*, Münchener Kommentar zur Zivilprozessordnung, Band 1, 2. Auflage (2000), Einl. Rn. 30f.; Musielak/*Musielak*, Einl. Rn. 56: Es handelt sich um eine Prozesspflicht wie z.B. auch die Wahrheitspflicht.

297 Musielak/Huber, § 373 Rn. 9.

298 So auch Schultzky, in: NJW 2003, 313 (317), unter Bezugnahme auf das Recht am eigenen Bild.

299 Vgl. zur Einhaltung von Prozessvorschriften: Kissel, § 176, Rn. 13.

300 2. Kapitel III. 6. a).

301 KK-*Diemer*, Karlsruher Kommentar zur Strafprozessordnung, 4. Auflage (1999), § 176 GVG Rn. 2.

§ 169 Satz 2 GVG setzt unabhängig vom Einverständnis der Beteiligten eine Grenze für Ton- und Filmaufnahmen zum Zwecke der öffentlichen Vorführung oder Veröffentlichung ihres Inhalts. Aufzeichnungen für private oder für Zwecke des Verfahrens scheinen mit Zustimmung des Gerichts und aller Verfahrensbeteiligten demnach möglich.
Der Regelungszweck des § 128a Abs. 3 Satz 1 ZPO, die Wahrheitsermittlung nicht zu gefährden, verbietet jedoch Ausnahmen vom Aufzeichnungsverbot[302]. Die Wahrheitsermittlung steht auch im Zivilprozess nicht zur Disposition der Parteien. Angebotene Personalbeweismittel unterliegen der uneingeschränkten und strafbewehrten Wahrheitspflicht, deren Befolgung nicht durch Aufzeichnungen erschwert werden darf.
Nicht zuletzt auch wegen des strikten Wortlauts ist eine Aufzeichnung der Übertragung auch beim Einverständnis aller Abgebildeten und Sprechenden als unzulässig anzusehen[303].
Unbenommen bleibt die Möglichkeit durch gesonderte Gerätschaften eine Aufnahme und Aufzeichnung herzustellen, soweit dieses auch bei einer herkömmlichen Verhandlung möglich wäre[304]. Dem nahe liegenden Vorwurf, wo denn der Unterschied zwischen einer direkten und einer indirekten Aufzeichnung liege, ist entgegenzuhalten, dass erst gar keine Schnittstelle bzw. Infrastruktur zur direkten Aufnahme geschaffen werden soll. Dieses würde die Hemmschwelle zur Aufzeichnung erheblich absenken und vor allem würde die Aufnahme nicht mehr für jedermann erkennbar sein.

f) Sanktionen bei Verstößen

aa) Verfahrensrechtliche Sanktionen

Bei einem Verstoß des Aufzeichnungsverbotes durch das Gericht, die Parteien oder ihrer Bevollmächtigten und Beistände können sich aus verfahrensrechtlicher Sicht zweierlei Konsequenzen ergeben. Zum einen könnte dieses hinsichtlich der gesamten Verhandlung zu einem Verfahrensmangel führen, zum anderen ein Verwertungsverbot von einzelnen Beweismitteln nach sich ziehen.

(1) Verfahrensmangel

Der Verstoß gegen das Aufzeichnungsverbot stellt eine Rechtsverletzung i.S.d. § 546 ZPO in Form eines Verfahrensfehlers dar, womit sowohl die Berufung (vgl. § 513 Abs. 1 ZPO) als auch die Revision in Betracht zu ziehende Rechtsmittel gegen die Entscheidung sind.

---

302 Vgl. für § 169 Satz 2 GVG: *Kissel* § 169 Rn. 69 m.w.N.

303 Vgl. *Seibel*, in: AO-StB 2001, 184 (185), der dieses bei § 91a Abs. 1 Satz 3 FGO annimmt; Schultzky, in: NJW 2003, 313 (317).

304 Vgl. zur Zulässigkeit solcher Aufzeichnungen: *Kissel*, § 169 Rn. 73ff.; Müko-ZPO-*Wolf*, Münchener Kommentar zur Zivilprozeßordnung, Band 3, 2.Auflage (2001), § 169 GVG Rn. 48.

Die Aufzeichnung ist jedoch kein absoluter Revisionsgrund i.S.d. § 547 Nr. 5 ZPO. Die Norm erfasst nur die Beschränkung der Öffentlichkeit entgegen § 169 Satz 1 GVG, oder die Zulassung obwohl eine nicht-öffentliche Verhandlung vorgeschrieben ist[305], nicht aber einer Ausweitung[306] und daher erst recht nicht die Gefahr einer solchen durch eine Aufzeichnung.
Die Aufzeichnung der Videokonferenz begründet aber ebenso wie der Verstoß gegen § 169 Satz 2 GVG einen relativen Revisionsgrund[307].
Voraussetzung für einen Verfahrensmangel i.S.d. § 545 Abs. 1 ZPO ist jedoch, dass die Entscheidung auf dem Verfahrensmangel beruht, dass Urteil ohne die Verletzung also möglicherweise anders ausgefallen wäre[308]. Dieses ist bei einer offenen Aufzeichnung aufgrund der angesprochenen Wirkung für die Wahrheitsfindung durchaus denkbar, so dass das Beruhen des Urteils auf diesem Verstoß sich selten mit Sicherheit ausschließen lassen wird[309].
Aufgrund der Unabdingbarkeit des Aufzeichnungsverbotes findet § 295 Abs. 1 ZPO keine Anwendung (§ 295 Abs. 2 ZPO).

*(2) **Verwertungsverbot***

Die Frage des Verwertungsverbotes von Beweismitteln bei einem Verstoß gegen das Aufzeichnungsverbot stellt sich in mehrfacher Hinsicht. Zum einen können die dadurch gewonnenen Aussagen der Personalbeweismittel und zum anderen die Aufzeichnung als Augenscheinsobjekt selbst unverwertbar sein.

Ein ausdrückliches Verwertungsverbot sucht man in der Zivilprozessordnung sowohl allgemein als auch für den hier zu behandelnden Fall vergebens.
Dennoch wird es z.B. für den Verstoß des Gerichts gegen die sich aus § 383 Abs. 2 ZPO ergebende Pflicht zur Belehrung der Angehörigen einer Partei über ihr Zeugnisverweigerungsrecht (§ 383 Abs. 1 Nr. 1 bis Nr. 3 ZPO) für die dadurch erlangten Aussagen allgemein anerkannt[310].
Bei der Untersuchung der Verwertbarkeit ist zu beachten, dass den Parteien eines Zivilprozesses ein verfassungsrechtlich geschütztes Recht auf Beweis zusteht[311]. Dieses ergibt sich aus dem Recht auf effektiven Rechtsschutz. Die Beschränkung der Beweisführungsrechte der Parteien, welche immerhin der

---

305 Vgl. Baumbach/Lauterbach/*Albers*/Hartmann, § 547, Rn. 12; Ausnahme

306 BGH NJW 1989, 1741 (1743) m.w.N. für Verstoß gegen § 169 Satz 2 GVG; a.A. *Roxin*, Anmerkung zu BGH, Urteil v. 15.2.1989 – 2 StR 402/88 = NJW 1989, 1741, NStZ 1989,376 (377).

307 BGH NJW 1989, 1741.

308 BGH NJW 1990, 122; Baumbach/Lauterbach/*Albers*/Hartmann, § 545, Rn. 2.

309 Für § 169 Satz 2 GVG: KK-*Diemer*, § 169 Rn. 13; BGH NJW 1989, 1741 (1743f.), in der das Nichtvorliegen der Kausalität zwischen Gesetzesverstoß und Urteil ausführlich begründet wurde.

310 BGH NJW 1985, 1158 (1159); Baumbach/Lauterbach/Albers/*Hartmann*, § 383 Rn. 21.

311 Grundlegend: *Habscheid*, in: ZZP 96 (1983), 306ff.; MüKo-ZPO-*Prütting*, § 284 Rn. 18.

Wahrheitsermittlung dienen, ist daher nur bei Vorliegen einer besonderen Rechtfertigung möglich.
Der Wahrheitsermittlung ist kein unbedingter Vorrang vor anderen Rechtsprinzipien einzuräumen, was sich schon aus dem Beweisrecht der Zivilprozessordnung ergibt (vgl. z.B. Zeugnisverweigungsrechte, §§ 383f. ZPO, die Beschränkung des Urkundenbeweises, § 422 ZPO)[312]. Eine solche Betrachtung hat sich auch im Strafprozess, in dem der Wahrheitsfindung größere Bedeutung beizumessen ist, nicht durchgesetzt. In diesem Sinne hat der Bundesgerichtshof entschieden, dass der Zweck Straftaten aufzuklären und zu ahnden, zwar von überaus großer Bedeutung ist, aber nicht stets und unter allen Umständen das überwiegende Interesse des Staates ist und sein kann[313].

Als Rechtsprinzipien, die ein Verwertungsverbot rechtfertigen können, lassen sich allgemein der Schutz individueller Rechte, der Ausschluss unzuverlässiger Beweismittel und generalpräventive Gesichtspunkte nennen[314].

Grundsätzlich sind Fälle, in denen Beweismittel „materiell" rechtswidrig erlangt wurden und solche, in denen Beweismittel unter Verletzung „prozessualer" Normen zustande gekommen sind, zu unterscheiden[315]. Steht hinter der prozessualen Vorschrift ein materielles Rechtsgut kommen beide Fälle kumulativ in Betracht.
Eine Aufzeichnung kann vorliegend also als Verstoß gegen das materielle Recht am eigenen Bild und Wort gem. Art. 1 Abs. 1 i.V.m. Art. 2 Abs. 1 GG und gegen die Prozessvorschrift des § 128a Abs. 3 Satz 1 ZPO bewertet werden.

Die Frage der Verwertbarkeit materiell rechtswidrig erlangter Beweismittel, wird keineswegs einheitlich beurteilt[316]. Einigkeit besteht jedoch insoweit, dass ein Beweismittel, welches in kausaler Weise durch einen rechtswidrigen Eingriff in das allgemeine Persönlichkeitsrecht entstanden ist, nicht verwertet werden darf[317].

Für prozessuale Fehler gilt die Regel, dass die Grundlage der Beweiswürdigung nicht unter Verletzung der Zivilprozessordnung zustande gekommen sein darf;

---

312 Stein/Jonas/*Leipold*, § 284 IV Rn. 56.

313 BGHSt 19, 325 (329).

314 Vgl. *Amelung*, Grundfragen der Verwertungsverbote bei beweissichernden Haussuchungen im Strafverfahren, NJW 1991, 2533 (2534).

315 Vgl. *Kaissis*, Die Verwertbarkeit materiell-rechtswidrig erlangter Beweismittel im Zivilprozess, Diss. 1978, S. 25f.; *Wais*, S. 10 m.w.N.

316 Zum Meinungsstand: *Werner*, Verwertung rechtswidrig erlangter Beweismittel, NJW 1988, 993-1002; *Habscheid*, in: ZZP 96, 322; Stein/Jonas/*Leipold*, § 284 VI, Rn. 56ff; *Hüsch*, Verwertungsverbote im Verwaltungsverfahren, Diss. 1991, S. 47ff; *Kaissis*, S. 38 ff.

317 BVerfG NJW 1973, 891, BGH NJW 1988, 1016; BAG NJW 1983, 1692.

anderenfalls ist das Beweisergebnis unverwertbar. Die Beweisaufnahme muss wiederholt werden[318], sofern nicht gem. § 295 Rügeverlust eintritt[319]. Etwas anderes gilt nur, und dieses ist die Regel, wenn der prozessuale Verstoß gar nicht geeignet war, das Beweisergebnis zu beeinflussen[320].

Allgemein wird für prozessuale Verstöße auf den Schutzzweck der verletzten Norm abgestellt[321]. Nur wenn dieser die prozessuale Sanktion eines Verwertungsverbotes aufgrund der Einflussnahme auf das Beweisergebnis gebietet, kann von der Grundregel der Verwertbarkeit abgewichen werden.

Die Annahme eines Verwertungsverbotes gebietet der Schutzzweck der verletzten Norm insbesondere dort, wo die prozessuale Vorschrift bereits das Verbot der Beweiserhebung vorsieht um Grundfragen der Verfahrensgerechtigkeit und der Chancengleichheit im Prozess zu wahren[322].

(a) Verwertungsverbot für Aussagen der Personalbeweismittel

Es gilt zu untersuchen, ob die Aussagen der Personalbeweismittel selbst einem Verwertungsverbot unterliegen, wobei zwischen einer heimlichen und einer bekannten Aufzeichnung zu unterscheiden ist.

(aa) Heimliche Aufzeichnung

Es entspricht der Rechtsprechung des Bundesverfassungsgerichts[323] und des Bundesgerichtshofes[324], dass Art. 2 Abs. 1 i.V.m. Art. 1 Abs. 1 GG das Recht am eigenen Bild und Wort schützt. Grundsätzlich hat jeder Mensch die Befugnis selbst und allein zu bestimmen, wer sein Bild und Wort aufnehmen darf[325].

Die heimliche Herstellung von Bildnissen ist grundsätzlich eine Verletzung des allgemeinen Persönlichkeitsrechts der Betroffenen. Dieses gilt auch für die Aussage von Personalbeweismitteln vor Gericht[326]. Der Auftritt in einer öffentlichen Verhandlung ist dabei nicht weniger schützenswert, als das private Gespräch. Daraus, dass bestimmte Vorgänge der Öffentlichkeit zugänglich sein müssen, folgt nicht, dass Persönlichkeitsrechte der Anwesenden unbeachtlich sind, zumal insbesondere der Zeuge sich nicht freiwillig der Gerichtsöffentlichkeit aussetzt[327]. Nur in Ausnahmefällen kann die Erschleichung einer Bildnisherstellung

---

318 Stein/Jonas/*Leipold*, § 286 III Rn. 17; Wais, S. 10 m.w.N.

319 Der Rügeverlust scheidet bei dem strikten Aufzeichnungsverbot jedoch gem. § 295 Abs. 2 ZPO aus.

320 Vorstehendes: *Wais*, S. 10.

321 MüKo-ZPO-*Prütting*, § 284 Rn. 65; Stein/Jonas/*Leipold*, § 284 VI Rn. 58.

322 MüKo-ZPO-*Prütting*, § 284 Rn. 66.

323 BVerfGE 34, 238 (246).

324 BGHZ 27, 284 (288)

325 BVerfGE 34, 238 (246)= NJW 1973, 891.

326 Vgl. OLG Schleswig NStZ 1992, 399 (400): für eine Tonbandaufnahme vor Strafgericht.

327 OLG Köln MDR 1978, 311 (311); vgl. auch OLG Schleswig NStZ 1992, 399 (400); *Kissel*, § 169 Rn. 71.

aus überwiegenden Interessen der Allgemeinheit oder des Einzelnen gestattet sein[328].

Unterstellt man eine Rechtsverletzung kann daraus dennoch kein Verwertungsverbot gerechtfertigt werden. Die Aussage der Personalbeweismittel selbst erfolgt nämlich ohne eine Verletzung der Persönlichkeitsrechte. Es fehlt an einer Unmittelbarkeit der Persönlichkeitsverletzung durch die Aussage. Der heimliche Verstoß gegen das Aufzeichnungsverbot ist nicht kausal für die Aussage. An der Verletzung des individuellen Rechts würde auch ein Verwertungsverbot nichts mehr ändern. Anders liegt dieses bei Rechten, die ihren Inhabern erlauben, Informationen zurückzuhalten. Im oben genannten Fall des Verstoßes gegen die Belehrungspflicht kann durch die Nichtverwertung der Aussagen, die gar nicht hätte abgegeben werden müssen, der ursprüngliche Rechtszustand wieder hergestellt werden.

Auch der prozessuale Verstoß gegen § 128a Abs. 3 Satz 1 ZPO kann ein Verwertungsverbot mangels Kausalität für das Beweisergebnis durch die Aussage nicht rechtfertigen. Da die Aussageperson von der Aufzeichnung keine Kenntnis hat, war der prozessuale Verstoß nicht geeignet, das Beweisergebnis durch die Aussage zu beeinflussen. Anders als bei einer Vernehmung ohne Belehrung, verbietet das Prozessrecht auch nicht die Vernehmung selbst.

(bb) Offene Aufzeichnung

Sind alle Beteiligten mit einer Aufzeichnung einverstanden, wird kein Individualrecht verletzt. Das allgemeine Persönlichkeitsrecht ist insoweit disponibel bzw. der Verzicht gerade eine Ausübung des Selbstbestimmungsrechts[329].
Jedoch kann in diesen Fällen der Schutzzweck des Aufzeichnungsverbotes bezüglich der Wahrheitsfindung aufgrund der schon geschilderten Konfliktsituation der Personalbeweismittel betroffen sein. Da jedoch das Gericht selbst auch von der Aufzeichnung weiß, kann es diese Gefahr im Einzelfall aufgrund des Prinzips der freien richterlichen Beweiswürdigung ebenso gut in den Griff bekommen, wie es ein pauschales Verwertungsverbot vermögen würde. Die freie Beweiswürdigung kann dem Einzelfall Rechnung tragen und ist daher im Hinblick auf das Beweisführungsinteresse der Parteien vorzugswürdig. Dieses gilt umso mehr, als die Gefahr für die Wahrheitsfindung nicht pauschal für alle Personalbeweismittel gleichermaßen besteht.
Auch ist ein Verwertungsverbot nach dem Schutzzweck des § 128a Abs. 3 Satz 1 ZPO nicht geboten, da das Aufzeichnungsverbot nicht die Beweiserhebung durch Personalbeweis selbst verbietet.

---

328 BVerfG NJW 1973, 891 (893); BGH NJW 1966, 2353 (2354); NJW 57, 1315 - Spätheimkehrer; *Hubmann*, Anmerkung zu BGH, Urteil v. 10.5.1957 – I ZR 234/55, JZ 1957, 753 (755).

329 Vgl. schon BGHSt 19, 193 (195) = NJW 1964, 603; *Jarass*, in: NJW 1989, 859 (860).

(b) Verwertungsverbot für das Augenscheinsobjekt der Videokonferenzaufzeichnung

Grundsätzlich darf der Personalbeweis nicht durch einen derartigen Augenscheinsbeweis ersetzt werden[330]. Aufgrund des Beibringungsgrundsatzes ist dieses jedoch denkbar, wenn die mündliche Vernehmung nicht beantragt wird[331].

(aa) Heimliche Aufzeichnung

Eine Aufzeichnung, die entgegen § 128a Abs. 3 Satz 1 ZPO vorgenommen wurde, unterliegt jedenfalls dann einem Verwertungsverbot, wenn sie heimlich erfolgt. Dieses ergibt sich aus der Verletzung des allgemeinen Persönlichkeitsrechts und wird grundsätzlich auch für anderweitige heimliche Aufzeichnungen angenommen[332]. Die Verkürzung des Selbstbestimmungsrechts des von der Aufzeichnung Betroffenen liegt in der Fixierung von Wort und Bild, wodurch die Informationen jederzeit außerhalb des Herrschaftsbereiches des Persönlichkeitsrechtsinhabers verfügbar werden[333]. Im Unterschied zur Aussage selbst kann durch eine Beweiserhebung mittels der Aufzeichnung der Eingriff in das allgemeine Persönlichkeitsrecht perpetuiert werden[334].

Ein überwiegendes Interesse der Allgemeinheit oder des Einzelnen, welches eine Ausnahme vom gebotenen Verwertungsverbot rechtfertigen könnte, besteht nicht.

Zwar wird die Bildniserstellung zu Beweiszwecken von der Rechtsprechung im Rahmen einer Verhältnismäßigkeitsprüfung grundsätzlich als zureichender Grund für eine Bildniserstellung angesehen[335], dieses betrifft jedoch nicht die Aufzeichnung einer Videokonferenz gem. § 128a ZPO. Die grundsätzlich vorzunehmende Abwägung[336] zwischen den Interessen der Allgemeinheit oder des einzelnen und dem Persönlichkeitsschutz muss in diesen Fällen immer zu Gunsten des Persönlichkeitsschutzes ausfallen. Das verfahrensrechtliche Aufzeichnungsverbot des § 128a Abs. 3 Satz 1 ZPO wägt den Betroffenen in besonderer vom Gericht zu gewährenden Sicherheit. Der Persönlichkeitsschutz ist ohnehin in Gerichtsverfahren besonders hoch, da hier Wahrheitspflichten unabhängig von der Brisanz oder Peinlichkeit der Informationen bestehen, und insbesondere die Zeugen sich unfreiwillig der emotional nicht selten angespann-

---

330 Für den unzulässigen Ersatz durch den Urkundsbeweis: BGH MDR 92, 803.

331 KG VersR 1985, 332.

332 Baumbach/Lauterbach/Albers/*Hartmann*, Übers § 371 Rn. 12 m.w.N.; MüKo-ZPO-*Prütting*, § 284 Rn. 67f.

333 BVerfG NJW 1973, 891 (892); BGH NJW 1988, 1016 (1017); *Hubmann*, in: JZ 1957, 753 (755).

334 BGH NJW 1988, 1016 (1016) m.w.N.

335 *Helle*, S. 78 f. m.w.N.

336 BVerfG NJW 1973, 891 (893).

ten Situation der Verhandlung stellen müssen. Informationen werden mit Hilfe staatlicher Gerichte und gegebenenfalls unter Zwang erhoben[337]. Dementgegen ist das Interesse ein Beweismittel durch die Aufzeichnung zu erhalten als sehr gering einzustufen. Im laufenden Verfahren existiert bereits ein Beweismittel durch die Zeugenaussage selbst. In anderen Verfahren kann die Aussage grundsätzlich z.B. durch das Aussageprotokoll eingeführt werden. Ein Interesse an der Beschaffung eines zusätzlichen audiovisuellen Beweisergebnisses begründet keine rechtfertigende Beweisnot.
Zudem gebietet die Einheit der Rechtsordnung, dass der Schutz der Persönlichkeitsrechte nicht durch einen Verfahrensverstoß beschnitten werden kann[338].

(bb) Offene Aufzeichnung

Auf den Grundrechtsschutz der Beteiligten kann ein Verwertungsverbot nicht gestützt werden, wenn die Aufzeichnung in Kenntnis und mit dem Einverständnis der Abgebildeten und Sprechenden vorgenommen wurde[339].
Gegen eine Verwertung kann nach Sinn und Zweck des prozessualen Verbotes des § 128a Abs. 3 Satz 1 ZPO wiederum nur die Beeinträchtigung der Wahrheitsermittlung ins Feld geführt werden. Wiederum ist die Möglichkeit der freien Beweiswürdigung der Aufzeichnung gegenüber einem Verwertungsverbot das mildere und besser geeignete Mittel. Ein striktes Verwertungsverbot würde das Recht am Beweis der Parteien unverhältnismäßig beeinträchtigen.

(c) Ergebnis

Es kann festgehalten werden, dass die Aussagen von Personalbeweismitteln beim Einsatz der Videokonferenztechnik unter Verstoß gegen das Aufzeichnungsverbot keinem Verwertungsverbot unterliegen, da keine hinreichende Legitimation zur Beschränkung des Rechts am Beweis der Parteien ersichtlich ist.
Der durch die Aufzeichnung hergestellte Augenscheinsbeweis unterliegt nur einem Verwertungsverbot, wenn er heimlich hergestellt wurde.
Bei einem Einverständnis mit der Aufzeichnung muss das Gericht den unter Umständen verminderten Beweiswert des Personalbeweises selbst, als auch den des Augenscheinsobjekts bei seiner Beweiswürdigung berücksichtigen.

bb) Anderweitige Sanktionen

Bei einer heimlichen Aufzeichnung kommen weitere datenschutzrechtliche, strafrechtliche und zivilrechtliche Sanktionen in Betracht[340]. Diese sind jedoch

---

337 Vgl. zum Vorstehenden: BVerfG NJW 2001, 1633 (1634).

338 Vgl. *Kissel*, § 169 Rn. 71, wonach die Güterabwägung bei einem Verstoß nach § 169 Satz 2 GVG gänzlich unterbleibt.

339 Baumbach/Lauterbach/Albers/*Hartmann*, Übers § 371 Rn. 14.

340 Als datenschutzrechtliche Sanktionen kommen die Strafnorm des § 43 Abs. 1 Nr. 1 BDSG und die Schadensersatznorm des § 7 BDSG, als strafrechtliche Sanktionen die §§ 201

keine unmittelbaren Folgen des Verstoßes gegen § 128a Abs. 3 Satz 1 ZPO, sondern anderer einfachgesetzlicher oder verfassungsrechtlicher Bestimmungen. Hierauf soll daher in dieser Untersuchung nicht weiter eingegangen werden.

g) Verhältnis zu § 169 Satz 2 GVG

Auch § 169 Satz 2 GVG statuiert ein „Aufzeichnungsverbot", was Anlass zu einer Abgrenzung bietet. Hierzu soll der Geltungsbereich dieses Verbotes kurz umrissen und dann jeweils ins Verhältnis zu § 128a Abs. 3 Satz 1 ZPO gesetzt werden.

aa) Sachlicher Geltungsbereich

Nach § 169 Satz 2 GVG dürfen Ton- und Fernsehaufnahmen sowie Ton- und Filmaufnahmen, die öffentlich vorgeführt oder veröffentlicht werden sollen, während der Verhandlung vor dem erkennenden Gericht nicht durchgeführt werden. Sachlich werden nur Aufnahmen erfasst, die einem breiten Publikum vorgeführt werden sollen, während § 128a Abs. 3 Satz 1 ZPO jegliche Aufzeichnung, gleich zu welchem Zweck, verbietet.

bb) Zeitlicher Geltungsbereich

Das Verbot des § 169 Satz 2 GVG gilt für die gesamte Dauer der mündlichen Verhandlung. Nicht erfasst sind Aufzeichnungen, die vor und nach der Verhandlung sowie während der Sitzungspausen angefertigt werden[341]. § 128a Abs. 3 Satz 1 ZPO kommt demgegenüber nur bei Vornahme der Videokonferenz zur Anwendung.

cc) Räumlicher Geltungsbereich: Geltung am „anderen Ort"

Es stellt sich die Frage, ob sich das Verbot des § 169 Satz 2 GVG bei einer Videoübertragung auch auf den „anderen Ort" erstreckt. Das Aufzeichnungsverbot des § 128a Abs. 3 Satz 1 ZPO erfasst, wie vorstehend erörtert, nur die Bild- und Tondaten, die zur Videokonferenz angefertigt wurden und sagt nichts über die Aufzeichnung im Übrigen aus.

Das Verbot beschränkt den Öffentlichkeitsgrundsatz gem. § 169 Satz 1 GVG und knüpft daher an dessen Tatbestandsmerkmal der „Verhandlung vor dem erkennenden Gericht" an. Daraus könnte der Schluss gezogen werden, dass es sich ebenso wie die Öffentlichkeit räumlich auf den Sitzungssaal beschränkt[342]. So werden z.B. Aufzeichnungen, die während der Verhandlung aber ohne räumlichen Bezug zum Sitzungssaal, bei Ortsterminen in gebührender Entfernung, angefertigt werden, als nicht erfasst angesehen[343].

Abs. 1 Nr. 1 und 2, Abs. 2 Nr. 2 StGB und als zivilrechtliche Sanktionen Schadensersatzansprüche aus § 823 Abs. 1, Abs. 2 BGB i.V.m. § 201 StGB und § 22 KUG in Betracht.

341 BGH NJW 1970, 63; 1995, 185; BT-Drucks. IV/178, S. 46.

342 Siehe hierzu ausführlich: 3. Kapitel IV. 2. b) aa).

343 MüKo-ZPO-*Wolf*, § 169 GVG Rn. 47.

Gegen diese streng systematisch-grammatikalische Auslegung spricht jedoch der Regelungszweck des § 169 Satz 2 GVG, der ein völlig anderer als der des § 169 Satz 1 GVG ist.
Das Verbot der Bild- und Tonaufnahmen zu öffentlichen Zwecken trägt dem Schutz des Persönlichkeitsrechts der Verfahrensbeteiligten Rechnung und soll weiterhin die Wahrheits- und Rechtsfindung schützen und ein faires Verfahren gewährleisten[344].

Das Bundesverfassungsgericht führt zum bezweckten Persönlichkeitsschutz des § 169 Satz 2 GVG in seiner n-tv Entscheidung[345] unter anderem folgendes aus:

> *„ In Gerichtsverfahren gewinnt der Persönlichkeitsschutz eine über den allgemein in der Rechtsordnung anerkannten Schutzbedarf hinausgehende Bedeutung. ... Werden sie (gemeint sind Aussagen) in Ton und Bild fixiert und dadurch von der flüchtigen Wahrnehmung der im Gerichtssaal Anwesenden gelöst und werden die Aufnahmen insgesamt oder in Teilen in den Kontext einer Fernsehsendung gebracht, so wird der Eingriff in das Persönlichkeitsrecht verstärkt. Die Verbreitung der Aufnahmen kann abgelöst von dem Verfahren erhebliche Folgen bewirken, etwa auf Grund der Prangerwirkung der öffentlichen Darstellung des Verhaltens vor Gericht ... .*
> *Auch besteht ein hohes Risiko der Veränderung des Aussageinhalts, wenn die Aufnahmen geschnitten oder sonst wie bearbeitet, mit anderen zusammengestellt oder gar später in andere inhaltlichen Zusammenhängen wieder verwendet werden. Der Abwehr solcher Gefahren für das Recht auf informationelle Selbstbestimmung (zu diesem vgl. BVerfGE 65, 1) dient der generelle Ausschluss von Aufnahmen und deren Verbreitung."*

Dass der Ausschluss von Bild- und Tonaufnahmen nach § 169 Satz 2 GVG auch im Interesse eines fairen Verfahrens erfolgt und der Wahrheits- und Rechtsfindung dient, wird vom Bundesverfassungsgericht wie folgt begründet[346]:

> *„Medienöffentlichkeit ist ein Aliud gegenüber Saalöffentlichkeit. Viele Menschen verändern ihr Verhalten in Anwesenheit von Medien. Manche fühlen sich durch die Medienaufnahmen beflügelt, andere gehemmt. Die Fairness des Verfahrens ist insbesondere im Strafprozess für Angeklagte oder Zeugen gefährdet, wenn sie sich infolge der Medienaufnahmen scheuen, Dinge vorzutragen, die zur Wahrheitsfindung wichtig sind, etwa*

---

[344] BVerfG NJW 2001, 1633 (1634); Wieczorek/Schütze/*Schreiber*, Zivilprozeßordnung und Nebengesetze, 5. Bd., 3. Auflage (1995), § 169 GVG Rn. 38;.
[345] BVerfG NJW 2001, 1633 (1637).
[346] BVerfG NJW 2001, 1633 (1637f.).

intime, ihnen peinliche oder gar unehrenhafte Umstände. Der Prozess der Wahrheitsfindung kann auch leiden, wenn die am Verfahren beteiligten Personen versucht sind, ihr Verhalten an der erwarteten Medienwirkung auszurichten.
Auch der äußere Verfahrensablauf kann durch die Anwesenheit der Mitglieder eines Kamerateams, insbesondere auch durch das Aufstellen und Bedienen von Aufnahmegeräten, beeinflusst werden. ...“

Den geschilderten Gefahren für den Persönlichkeitsschutz und die Wahrheitsfindung bestehen nicht nur bei Bild- und Tonaufnahmen für öffentliche Zwecke im Gerichtssaal, sondern auch, wenn die Videoübertragung des Geschehens in diesem am „anderen Ort“ abgefilmt wird. Von einer zu erwartenden schlechteren Qualität der Aufnahmen und einer geringeren Behinderung der Verhandlung im Gerichtsaal einmal abgesehen, ist kein sachlicher Unterschied feststellbar, der die Gefahren einer Medienaufzeichnung am „anderen Ort“ entfallen ließe oder schmälern würde. Es besteht vielmehr eine nicht unerhebliche Umgehungsgefahr, würde man das Verbot nicht auch auf den Übertragungsort anwenden. Daher muss eine teleologische Auslegung der neuen Möglichkeit der Videokonferenz Rechnung tragen und auch den „anderen Ort“ in den räumlichen Schutzbereich des § 169 Satz 2 GVG einbeziehen.

Räumlich erfasst § 169 Satz 2 GVG also den Gerichtssaal und auch den „anderen Ort“. Nach § 128a Abs. 3 Satz 1 ZPO ist dagegen die Aufzeichnung der gesamten Übertragung verboten. Wie schon erläutert ist darunter der Bereich von der Aufnahme von Mikrofon und Kamera bis zur Wiedergabe auf einer Leinwand oder einem Bildschirm zu verstehen. Scheidewand sind am Ausgangsort die Aufnahmegeräte und am Zielort die Wiedergabemedien[347]. Aufzeichnungen auf dem Übertragungswege fallen daher ausschließlich unter das Verbot des § 128a Abs. 3 Satz 1 ZPO. Aufzeichnungen jenseits der aufgezeichneten Scheidewände unterfallen ausschließlich dem Verbot nach § 169 Satz 2 GVG.

Ein gemeinsamer Anwendungsbereich besteht jedenfalls in der Theorie, wenn die Bild- und Tondaten der Videokonferenz im Sitzungssaal oder am „anderen Ort“ durch eine Schnittstelle zur Videokonferenzanlage zu öffentlichen Zwecken aufgezeichnet werden. Da das Gericht schon aufgrund des § 128a Abs. 3 Satz 1 ZPO dieses nicht gestatten darf, besteht diese Gefahr vor allem in heimlicher Begehung am „anderen Ort“. Da das Verbot des § 128a Abs. 3 Satz 1 ZPO jedoch unabhängig von der Veröffentlichungsintension besteht, dürfte diese

---

347 Wobei jeder Ort aufgrund der gegenseitigen Übertragung natürlich Aufnahme und Wiedergabeort ist.

Verbotsnorm im Rahmen sitzungspolizeilicher Maßnahmen herangezogen werden, wenn die Aufzeichnung denn dem Gericht bekannt würde.

II. Gesetzliche Folgeänderungen

1. Folgeänderungen de lege lata

a) Protokoll: § 160 Abs. 1 Nr. 4 ZPO n.F.

Nach § 160 Abs. 1 Nr. 4 ZPO n.F. ist neben den Namen der erschienenen Parteien, Nebenintervenienten, Vertreter, Bevollmächtigten, Beistände, Zeugen und Sachverständigen im Falle des § 128a ZPO nunmehr auch der Ort aufzunehmen, von dem aus sie an der Verhandlung teilnehmen. Selbstverständlich gelten in diesem Zusammenhang auch die per Videokonferenz Zugeschalteten als „erschienen“[348]. Für Sachverständige und Zeugen ergibt sich dieses schon aus den sonst ungerechtfertigt eintretenden Nachteilen gemäß der §§ 380, 402 ZPO und dem ZSEG. Für die Parteien, Vertreter, Bevollmächtigten folgt dieses aus den §§ 330, 331 ZPO. Würden sie nicht als „erschienen“ gelten, würde zu ihren Lasten ein Versäumnisurteil bei einer Videokonferenz ergehen können.

Diese Gesetzesänderung war nicht zwingend erforderlich. Nach § 160 Abs. 2 ZPO sind ohnehin wesentliche Vorgänge der Verhandlung aufzunehmen. Was wesentlich ist, wird zunächst in den Absätzen 1, 3 und 4 bestimmt. Nach Absatz 3 Nr. 6 sind Entscheidungen des Gerichts im Protokoll festzustellen. Der Beschluss auf Gestattung einer Videokonferenz muss daher im Protokoll aufgenommen werden. In dem Gestattungsbeschluss wird seinerseits die genaue Bezeichnung des anderen Ortes aufzunehmen sein, da die Ermessensentscheidung auch von der technischen Ausstattung des bestimmten Ortes abhängt. Angaben über den anderen Ort befinden sich somit bereits in der Akte.
Die Festhaltung des anderen Ortes im Zusammenhang mit den Personalien gem. § 160 Abs. 1 Nr. 4 ZPO kann über den Gestattungsbeschluss hinaus allenfalls nachweisen, dass der tatsächlich verbundene Ort, dem der Gestattung entspricht, was jedoch aufgrund der Anwahlnummer ohnehin anzunehmen sein wird.
Lediglich die tatsächliche Durchführung der gestatteten Videokonferenz wird auf diese Art mittelbar festgestellt. Dieses müsste jedoch aufgrund des § 160 Abs. 2 ZPO als wesentlicher Vorgang ebenfalls ohnehin im Protokoll vermerkt werden. Zweck des Protokolls ist nämlich die Nachprüfbarkeit des Verfahrenshergangs sowie die Klärung aller wesentlichen Anträge, sonstige Erklärungen und Vorgänge[349]. Da eine Videokonferenz eine besondere Durchführung einer Verhandlung oder Vernehmung ist und somit Einfluss auf die Überzeugungsbildung des Gerichts hat, ist ihre Vermerkung notwendig um den Verfahrenshergang nachzuprüfen.

---

[348] Siehe 2. Kapitel I. 4. c).

[349] Baumbach/Lauterbach/Albers/*Hartmann*, § 160 Rn. 2.

Die Folgeänderung in § 160 Abs. 1 Nr. 4 ZPO dient damit im Wesentlichen der Klarstellung.

b) Beauftragter und ersuchter Richter: § 375 Abs. 1 Nr. 2 und Nr. 3 ZPO n.F.

§ 375 Abs. 1 Nr. 2 und Nr. 3 ZPO n.F. enthält für die Beweisaufnahme durch beauftragten oder ersuchten Richter, die aufgrund des Grundsatzes der Unmittelbarkeit nur ausnahmsweise[350] unter den Voraussetzungen des § 375 Abs. 1 und 1a ZPO a.F. zulässig war, eine weitere Einschränkung. Ist der Zeuge verhindert vor dem Prozessgericht zu erscheinen oder kann ihm dieses wegen der großen Entfernung unter Berücksichtigung der Bedeutung seiner Aussage nicht zugemutet werden, kommt eine kommissarische Vernehmung nur in Betracht, wenn eine Zeugenvernehmung nach § 128a Abs. 2 ZPO nicht stattfindet.
Durch diese Regelung wird klargestellt, dass eine Videokonferenz der kommissarischen Vernehmung wegen der größeren Unmittelbarkeit der Vorzug zu geben ist. Hier bewirkt die Videokonferenz neben der Effizienzsteigerung eine nicht unerhebliche prozessuale Verbesserung[351]. Das Gericht muss, bevor es eine Übertragung auf den kommissarischen Richter i.S.d. § 375 ZPO beschließt, die Möglichkeit der Videokonferenz in Betracht gezogen und eine pflichtgemäße Ermessensentscheidung über dessen Einsatz getroffen haben. Da bei § 128a Abs. 2 ZPO kein Antrag erforderlich ist, steht dem Gericht bei der Zeugenvernehmung via Videokonferenz ein Initiativrecht zu. Gegen den Willen des Zeugen kann mangels Anordnungsbefugnis jedoch keine Videovernehmung durchgeführt werden.

Im Fall des § 375 Abs. 1 Nr. 1 ZPO ist die Möglichkeit der Videokonferenz nicht vorrangig zu beachten. Eine derartige Regelung wäre auch überflüssig, da in den dort genannten Fällen eine Videokonferenz ohnehin nicht sinnvoll wäre. Sofern die Vernehmung an Ort und Stelle zur Ausermittlung der Wahrheit dienlich erscheint, stellt die Videokonferenz kein geeignetes Surrogat dar. Die Vernehmung erfolgt zum einen auch bei der Videokonferenz vom Gerichtssaal aus und hat gerade nicht die Wirkung einer persönlichen Vernehmung an Ort und Stelle. Zum anderen wird sich vor Ort in der Regel kein den Anforderungen genügendes Videoterminal befinden.
Ist der Zeuge nach gesetzlicher Vorschrift (§ 382 ZPO) nicht an der Gerichtsstelle zu vernehmen, so scheidet eine Videokonferenz per se schon aus, da auch dann die Gerichtsstelle der Vernehmungsort wäre. De lege ferenda ist auch eine Gesetzesänderung, welche die Zuschaltung von denjenigen Zeugen erlauben

---

[350] § 375 Abs. 1, 1a ZPO ist restriktiv auszulegen – vgl. Baumbach/Lauterbach/Albers/*Hartmann*, § 375 Rn. 2.

[351] So schon: Unger, in: NJW 1984, 415ff.; „Videokonferenzen in Gerichtsverfahren", DRiZ 1996, 289 (290).

würde, die an einem anderen Ort zu vernehmen sind, nicht wünschenswert. Sinn und Zweck dieser Regelung ist es nämlich Rücksicht auf Amt und Rang des betroffenen Zeugen zu nehmen[352]. Bei einer Videovernehmung würde Bild und Ton der Vernehmung an den Gerichtsort transferiert und damit die Rücksichtnahme konterkariert. Zudem würde das Gericht bei fehlender Bereitschaft des betreffenden Zeugen auf Verfahrensprobleme stoßen. Während eine Ladung zur Videokonferenz aufgrund der fehlenden Anordnungsbefugnis nicht ergehen darf, scheidet eine Ladung zum Gerichtsort wegen § 382 ZPO aus. Der Zeuge könnte ohne nachteilige Folgen befürchten zu müssen der Vernehmung fern bleiben.

Stadler[353] will die Einschränkung des § 375 Abs. 1 Nr. 2 und Nr. 3 ZPO n.F. auch für die schriftliche Zeugenvernehmung nach § 377 Abs. 3 ZPO anwenden, obwohl dort eine entsprechende gesetzliche Regelung nicht eingeführt wurde. Dieses scheint im Hinblick auf den fehlenden persönlichen Eindruck der Aussageperson bei der schriftlichen Aussage zumindest in den Fällen nachvollziehbar, in denen der unmittelbare persönliche Eindruck als maßgeblich beurteilt wird. Sowohl die schriftliche Zeugenvernehmung als auch die Beweisaufnahme durch einen beauftragten oder ersuchten Richter würden dann ausscheiden. Dennoch ist die kommissarische Vernehmung nicht mit der schriftlichen Zeugenaussage gleichzusetzen. Während bei der Beweisaufnahme nach § 375 ZPO der Grundsatz der Unmittelbarkeit durchbrochen wird[354], ist dieses bei der schriftlichen Zeugenaussage nicht der Fall[355]. Zudem hat die schriftliche Zeugenaussage neben der Videokonferenz in den Fällen ihre originäre Berechtigung, in denen das Beweisthema sich besser zur schriftlichen als zur mündlichen Beantwortung eignet[356].

c) Eidesleistung: § 479 Abs. 1 ZPO n.F.

§ 479 Abs. 1 ZPO n.F. stellt klar, dass der Eid regelmäßig vor dem Prozessgericht abzugeben ist. In Fällen, in denen der Schwurpflichtige am Erscheinen vor dem Prozessgericht verhindert ist oder sich in großer Entfernung von dessen Sitz aufhält konnte bisher angeordnet werden, dass der Eid vor dem beauftragen oder ersuchten Richter geleistet wird (§ 479 Abs. 1 ZPO a.F.). Durch die Eröffnung der Möglichkeiten der Videokonferenz durch § 128a ZPO wurde diese Ausnahmeregelung weiter eingeschränkt. Nach § 479 Abs. 1 letzter HS ZPO n.F. darf weiterhin „die Leistung des Eides nach § 128a Abs. 2 nicht stattfinden“. Damit wird zum Ausdruck gebracht, dass die Eidesleistung via Videokonferenz zum

352 Baumbach/Lauterbach/Albers/*Hartmann*, § 382, Rn. 2.
353 Musielak/*Stadler*, § 128a Rn. 7.
354 Musielak/*Huber*, § 375 Rn. 2; Baumbach/Lauterbach/Albers/Hartmann, § 375 Rn. 2; Zöller/*Greger*, § 375 Rn. 1.
355 Siehe 3. Kapitel II. 2. a) m.w.N.; a.A. Zöller/*Greger*, § 377 Rn. 7.
356 Z.B. in Büchern oder Aufzeichnungen festgehaltene Tatsachen.

einen möglich ist und zum anderen derjenigen vor dem beauftragten oder ersuchten Richter vorgeht. Der Grund hierfür liegt in der größeren Unmittelbarkeit der Videokonferenz[357].

2. Folgeänderungen de lege ferenda: Kostentragung

Die Durchführung der Videokonferenz im Gerichtsverfahren stellt eine völlig neue Form der Durchführung einer Verhandlung bzw. Vernehmung dar. Demzufolge ist es nicht auszuschließen, dass das geltende Verfahrensrecht an dieses neue Verfahren über die bisher erfolgten Gesetzesänderungen angepasst werden muss. Augenscheinlich ist dieses im Bereich der Kostentragung, die keine spezielle Ausgestaltung im Hinblick auf Videokonferenzen erfahren hat. Gerade im Bereich des Kostenrechts ist die Möglichkeit der Analogienbildung zumindest zweifelhaft[358], womit der Ruf nach gesetzlichen Folgeänderungen, soweit sie denn notwendig sind, hier besonders laut wird[359].

Bei der Frage der Kostentragung ist zwischen den Vorhaltekosten (Anschaffungs- und Unterhaltskosten bzw. Mietzins oder Leasingrate) der Videokonferenzanlage und den Verbindungskosten zu unterscheiden. Ebenfalls soll die im Sachzusammenhang stehende Frage der Prozesskostenhilfefähigkeit dieser Kosten untersucht werden.

a) Vorhaltekosten

Zur Durchführung von Videokonferenzen im gerichtlichen Verfahren müssen Videoterminals sowohl auf Seiten des Gerichts als auch am „anderen Ort" vorgehalten werden. Zur Vorhaltung besteht die Möglichkeit des Erwerbs, was neben dem Kaufpreis zusätzliche Folgekosten bei der Wartung verursacht. Es können jedoch auch Videokonferenzterminals auf Dauer gemietet oder geleast werden, wodurch Miet- bzw. Leasingraten anfallen. In jedem Fall entstehen durch die bloße Vorhaltung tatsächliche Kosten, die keinem bestimmten Verfahren zugeordnet werden können. Für diejenigen, die sich von einem „anderen Ort" aus zuschalten lassen wollen ist es weiterhin denkbar, dass nur für einen bestimmten Termin in einem bestimmten Verfahren ein Videokonferenzraum angemietet wird. Diese Kosten sind dann einem bestimmten Verfahren zuzuordnen. Tatsächliche Aufwendungen werden, auch wenn sie mangels Zuordenbarkeit zu einem bestimmten Verfahren Pauschalen nennen, kostenrechtlich als Auslagen bezeichnet[360]. Im Folgenden soll untersucht werden, von wem diese Auslagen kostenrechtlich zu tragen sind. Ausgangspunkt der Untersuchung ist jeweils die Stelle, bei der die Kosten zunächst anfallen.

---

357 BT-Drucks. 14/6036, S. 122.

358 *Lappe*, Analogieverbot im Justizkostenrecht, Rpfleger 1984, 337.

359 So *Seibel*, in: AO-StB 2001, 147 (151); Abschlussbericht zum Pilotprojekt bei der Verwaltungsgerichtsbarkeit, S.6 (Vorschlag 2).

360 *Hartmann*, Kostengesetze, 31. Auflage (2202), Einl II A Rn. 15

aa) Gericht

Am Gerichtsort müssen entsprechende Anlagen vorgehalten werden, will man eine Videokonferenz gem. § 128a ZPO durchführen. Eine Rechtspflicht zur Vorhaltung besteht jedoch nicht[361]. Die Anmietung eines externen Konferenzraumes ist aufgrund des Öffentlichkeitsgrundsatzes, welcher grundsätzlich die Abhaltung der Termine am Gerichtsort gebietet, nicht möglich (vgl. § 219 Abs. 1 ZPO).

Die Kosten für die Vorhaltung der Videokonferenzanlage im Gerichtssaal sind zunächst vom Gericht zu tragen. In Frage steht eine Erstattung dieser Kosten durch die Prozessparteien. Auslagen und auch Gebühren kann das Gericht grundsätzlich über die Gerichtskosten einziehen. Gerichtskosten sind öffentliche Abgaben für die Tätigkeit der Gerichte[362]. Die Gerichtskosten sind im Gerichtskostengesetz nebst Kostenverzeichnis als Anlage 1 zu § 11 Abs. 1 GKG und Gebührentabelle als Anlage 2 zu § 11 Abs. 2 GKG geregelt.

Auslagen werden nur nach KV Nr.9000 ff. geschuldet. Soweit diese Vorschriften keinen Auslagenersatz vorsehen, entsteht auch keine Ersatzpflicht, denn die Auslagen werden grundsätzlich bereits durch die Gebühren abgegolten[363]. Einen Auslagentatbestand für die Anschaffung und Wartung einer Videokonferenzanlage, die bei Durchführung einer Videokonferenz anfallen könnte, ist in dem Kostenverzeichnis nicht vorgesehen.

Damit sind die Auslagen für die Vorhaltung der eingesetzten Videokonferenzanlage von der Verfahrensgebühr (vgl. GKG KV Nr.1210, 1220, 1230, 1240) erfasst und abgegolten[364].

Die Kosten für die Anschaffung und Wartung von Videokonferenzanlagen im Gericht sind nicht gesondert erstattungsfähig. Dadurch werden tatsächlich Probleme der Auslagenberechnung vermieden, die aus der fehlenden Zuordnungsmöglichkeit der entstandenen Kosten zu einem bestimmten Verfahren entstehen würden.

De lege ferenda ist dennoch zu überlegen, ob den Parteien die Kosten für die Bereitstellung z.B. mit einer speziellen Pauschalauslage bei Durchführung einer Videokonferenz auferlegt werden sollten[365].

Ausgangspunkt für eine derartige Überlegung ist der Umstand, dass die Judikative selbst nur einen geringen Beschleunigungsnutzen von der Videokonferenz

---

361 BT-Drucks. 14/6036, S. 120.

362 *Hartmann*, Kostengesetze, Einl II B Rn. 1 m.w.N.

363 *Hartmann*, Kostengesetze, Übers. 9000 KV Rn. 1.

364 *Seibel*, in: AO-StB 2001, 147 (151).

365 So *Seibel*, in: AO-StB 2001, 147 (151); Abschlussbericht zum virtuellen Verwaltungsgericht, S. 6.

hat[366], auf der anderen Seite aber die zusätzlichen Kosten für eine entsprechende Ausstattung nach bisheriger Gesetzeslage nicht an die Prozessparteien weitergeben kann.
Die durch die Videokonferenz zu erzielende Kostenentlastung kommt im Wesentlichen den Parteien zugute. Es können Fahrtkosten für Rechtsanwälte (§ 28 Abs. 1 und 2 BRAGO), Zeugen und Sachverständige (§ 9 ZSEG) sowie die des Prozessgegners (§ 91 Abs. 2 Satz 1ZPO i.V.m. § 9 ZSEG) eingespart werden. Die Zeitersparnis führt zur Verbilligung von Zeugen- und Sachverständigenaussagen (vgl. § 10 ZSEG), zum Wegfall des Tage- und Abwesenheitsgeldes des Anwalts (§ 28 Abs. 3 BRAGO) und zur Reduzierung der Zeitversäumung der Gegenpartei (§ 91 Abs. 1 Satz 2 ZPO i.V.m. § 10 ZSEG). Gemäß der §§ 91 ff. ZPO hätten diese Kosten letztendlich die Parteien zu tragen.

Im Gegensatz zur Bereitstellung des Sitzungssaales nebst Infrastruktur oder dem Personal dient die Videokonferenz nur sehr begrenzt den Aufgaben der Justiz[367]. Der Grundsatz der Öffentlichkeit gebietet es öffentliche Gerichtssäle bereitzustellen. Das in dem Rechtsstaatsprinzip fußende Gebot der Rechtsschutzgewährung zwingt zur Bereitstellung der Sach- und Personalmittel für eine funktionstüchtige Justiz[368]. Dementgegen ist die Bereitstellung von Videokonferenzterminals nicht durch das Rechtsstaatsprinzip geboten. Die Videokonferenz trägt insofern zwar zur Verfahrensbeschleunigung bei, andere Maßnahmen, wie z.B. die Personalaufstockung oder eine verbesserte EDV-Ausstattung könnten jedoch einen weitaus höheren Beschleunigungseffekt bewirken[369]. Ein erkenntnistheoretischer zivilprozessualer Vorteil besteht nur ausnahmsweise in den Fällen des § 375 Abs. 1 Nr.1 und Nr.2 ZPO, wenn statt einer kommissarischen Vernehmung eine Videokonferenz stattfindet[370].

Insofern scheint eine Auslagenpauschale bei Inanspruchnahme der Videokonferenzanlage des Gerichts durchaus gerechtfertigt. Allerdings ist zu berücksichtigen, dass eine Verteuerung des Videokonferenzeinsatzes für die Parteien auch Auswirkungen auf die Etablierung der neuen Technik im zivilgerichtlichen Verfahren hätte.

---

366 Vorteile sind die erleichterte Terminierung, Vermeidung von Terminaufhebungen oder der Einschaltung von ersuchten Richtern für weit entfernte Beweispersonen: „Videokonferenzen in Gerichtsverfahren“, DRiZ 1998, 289 (290); *Schmidt-Troje*, in: BB 2002, Heft 24 I; Zum Vorteil der Verfahrensbeschleunigung siehe: 1. Kapitel I. 4. a) aa).

367 Ein erkenntnistheoretischer zivilprozessualer Vorteil besteht ausnahmsweise in den Fällen des § 375 Abs. 1 Nr.1,2 ZPO, wenn stattdessen eine Videokonferenz stattfindet: Siehe 2. Kapitel II. 1. b).

368 Vgl. Schmidt-Bleibtreu/Klein/*Brockmeyer*, Art. 20 Rn.21.

369 Zu diesem Gedanken: *Geiger* , in ZRP 1998, 365 (367).

370 Siehe 2. Kapitel II. 1. b).

Ein weiteres Problem läge in der Bemessung der Auslagenhöhe, die im Hinblick auf die tatsächlich entstandenen Kosten zu bemessen wäre. Maßstab müsste die Auslastung des Videoterminals sein.

Die Frage der Einführung einer Pauschalauslage beruht letztlich auf rechtspolitischen Erwägungen. Es spricht jedoch einiges dafür, der Etablierung der Videokonferenztechnik zu Lasten der Justizhaushalte den Vorrang zu gewähren. Diese Intention ist dem Gesetzgeber zu unterstellen. Nur bei einer schnellen und flächendeckenden Einführung und Wahrnehmung der Technik würde die Videokonferenz den gewünschten Rationalisierungseffekt bei einem geringen Kosten- und Zeitaufwand im Einzelfall leisten können.

bb) Anwaltschaft

(1) Videokonferenzterminal in der Kanzlei

Die Rechtsanwälte sind nicht zur Anschaffung von Videokonferenzanlagen verpflichtet. Wenn § 5 BORA[371] vorschreibt, dass sie zur Vorhaltung der für Berufsausübung erforderlichen sachlichen Mittel verpflichtet sind, ist ein Videokonferenzterminal damit nicht gemeint, da es insbesondere aufgrund der Freiwilligkeit der Videokonferenz an der Erforderlichkeit für die Berufsausübung fehlt.
Wird dennoch eine Videokonferenzanlage vorgehalten, kann auch die Anwaltschaft ihre Ausgaben für die Anschaffung und Wartung de lege lata nicht über ihre Kostenrechnung liquidieren. Gleiches gilt für pauschal angemieteten Videokonferenzanlagen.
Die Anwaltsgebühren sind in der Bundesrechtsanwaltsgebührenordnung (BRAGO) geregelt. Auch dort hat der Gesetzgeber keinen gesonderten Auslagentatbestand für die Vorhaltung einer Videokonferenzanlage geschaffen. Im Gegensatz zur KV zum GKG enthalten die Bestimmungen der §§ 25 ff. BRAGO für die Auslagenerstattung jedoch keine abschließende Regelung[372]. Allgemeine Geschäftsunkosten, wie beispielsweise die Miete der Büroräume und die Kosten für Anschaffung und Unterhaltung von Büromaschinen[373], sind jedoch mit den Gebühren nach § 31 Abs. 1 Nr. 2- 4 BRAGO abgegolten (vgl. § 25 Abs. 1 BRAGO). Zu diesen allgemeinen Geschäftsunkosten sind auch die Kosten für Anschaffung und Unterhaltung bzw. Mietzins oder Leasingrate der Videokonferenzanlage zu zählen.
De lege ferenda ist zu überlegen, die Kosten für die Vorhaltung des Videoterminals als spezielle Auslagenpauschale in die Bundesrechtsanwaltsgebührenordnung aufzunehmen.

---

371 Berufsordnung für Rechtsanwälte in der Fassung vom 01.05.2002.

372 Gerold/Schmidt/v.Eicken/*Madert*, Bundesgebührenordnung für Rechtsanwälte, 15. Auflage (2002), § 2 Rn. 15.

373 Gerold/Schmidt/*v.Eicken*/Madert, § 25, Rn. 2.

Speziell bei den Vorhaltekosten besteht nämlich die Besonderheit, dass diese kausal für das Ausbleiben der ansonsten anfallenden liquidationsfähigen Reisekosten zum Termin sind. Reisekosten sind dem Anwalt gem. § 28 BRAGO zu erstatten, wenn das Reiseziel außerhalb der Gemeinde liegt, in der sich die Kanzlei oder die Wohnung des Rechtsanwalts befindet. Reisekosten umfassen die Fahrt- und Übernachtungskosten und ein Tage- und Abwesenheitsgeld (§ 28 Abs. 3 BRAGO).
Durch die vom Anwalt finanzierte Vorhaltung des Videoterminals wird eine Videokonferenz ermöglicht und sie ist damit für den Wegfall der Reisekosten kausal.
Es stellt sich mithin die Frage, ob es im Interesse einer Etablierung der Videokonferenztechnik, deren rechtspolitische Verfolgung dem Gesetzgeber hier unterstellt wurde, sinnvoll ist, allein die Anwaltskanzleien mit den Vorhaltekosten ihrer Videokonferenzterminals zu belasten, oder ob die Mandanten diese nicht mit zu tragen haben. Die Videokonferenz spart Reisekosten ein, so dass die Vorhaltekosten an deren Stelle treten könnten, ohne dass die Mandanten über Gebühr belastet würden.
Auf der anderen Seite bringt die Videokonferenztechnik für die Anwälte eine Zeitersparnis bei gleich bleibender Verhandlungs-, Beweis- und Erörterungsgebühr, denn die durch die Videokonferenz simulierte Anwesenheit steht auch gebührenrechtlich der tatsächlichen Anwesenheit gleich[374]. Reise- und Wartezeiten zu den Gerichtsorten entfallen, da zu dem Termin auch bei Verspätung punktgenau zugeschaltet werden kann. Ob sich die Zeitersparnis für den Rechtsanwalt jedoch auch als finanzieller Gewinn bemerkbar macht, wird von der Auslastung und Größe der einzelnen Kanzleien abhängen[375]. Die viel zitierte Anwaltsschwemme einerseits und die Überlastung der Anwälte halten sich hier wohl die Waage. Die Anschaffungskosten können sich in jedem Fall nur bei einer entsprechenden Auslastung der Videokonferenzanlage amortisieren.
Eine zusätzliche Gebühr würde die Anschaffung unter betriebswirtschaftlichen Gesichtspunkten stützen und auch kleineren Kanzleien eine Modernisierung ermöglichen. Sie kann nicht zuletzt die flächendeckende Etablierung unterstützen und damit auch für die Videokonferenzanlagen der Gerichte eine entsprechende Auslastung gewährleisten.

---

374 Musielak/*Stadler*, § 128a Rn. 11.

375 Vgl. Musielak/*Stadler*, § 128a Rn. 2, wo die Prognose der Wirtschaftlichkeit für größere Anwaltskanzleien aufgestellt wird; Geiger, in: ZRP 1998, 365 (377).

(2) Angemieteter Videokonferenzraum

Wenn der Bevollmächtigte eigens für ein bestimmtes Verfahren einen Videokonferenzraum anmietet, gehört der Mietzins nicht zu den allgemeinen Geschäftsunkosten. Die Kosten können einem bestimmten Verfahren zugeordnet werden. Neben den in § 25 Abs. 3 BRAGO genannten Auslagen kann der Rechtsanwalt unter Umständen die Erstattung weiterer Aufwendungen fordern[376]. Gemäß § 670 BGB, der über § 675 BGB auf den Anwaltsvertrag anzuwenden ist, hat der Auftraggeber alle Aufwendungen zu ersetzen, die der Rechtsanwalt den Umständen nach für erforderlich halten durfte. Diese gehören jedoch wohl nicht zu der Vergütung im Sinne des § 1 Abs. 1 BRAGO mit der Folge, dass sie nicht nach § 19 BRAGO festsetzbar sind[377].

cc) Parteien

Hinsichtlich der Parteien stellt sich die Frage, ob sie die Kosten für die Bereitstellung eines Videoterminals zur eigenen Zuschaltung vom Gegner bei einem Obsiegen gem. § 91 ZPO erstattet verlangen können.

Oftmals wird, gerade bei Naturparteien, eine Anmietung eines Videokonferenzraumes für den Termin stattfinden. Aber auch die ständige Vorhaltung eines Videokonferenzterminals dürfte in Zukunft insbesondere bei juristischen Personen keine Seltenheit sein.

Eine entsprechende Anwendung des § 91 Abs. 1 Satz 2 ZPO, wonach Reisekosten und die Zeitversäumnis für eine Terminswahrnehmung zu erstatten sind, kommt insbesondere aufgrund des ausdrücklichen Wortlauts nur bei einer planwidrigen Regelungslücke in Betracht. Diese besteht nicht, da für Fragen der Terminswahrnehmung durch die Partei auf den generalklauselartigen § 91 Abs. 1 Satz 1 ZPO zurückgegriffen werden kann. § 91 Abs. 1 Satz 2 ZPO regelt die Teilfrage der Terminswahrnehmung nicht abschließend, sondern nur bezüglich der Reisekosten und der Zeitversäumnis. Nach der allgemeinen Kostenvorschrift sind die Kosten des Rechtsstreits, insbesondere die dem Gegner erwachsenen Kosten zu erstatten, soweit sie zur zweckentsprechenden Rechtsverfolgung oder Rechtsverteidigung notwendig waren. Zweckentsprechend ist eine Maßnahme, die eine verständige Prozesspartei bei Führung des Rechtsstreits in dieser Lage als sachdienlich ansehen musste[378]. Die Zuschaltung der Partei ist schon deshalb zweckentsprechend, weil dieses ebenso wie das persönliche Erscheinen in aller Regel die rasche Erledigung des Rechtsstreits fördert[379]. Dieses wird auch durch § 91 Abs. 1 Satz 2 ZPO deutlich, wonach die Kostenerstattung bei Terminswahrnehmung nur unter das Erfordernis der Notwendigkeit gestellt wird. Notwendig sind alle Kosten, ohne die die zweckentsprechende Maßnahme nicht

376 Gerold/Schmidt/v.Eicken/*Madert*, § 15 Rn. 4.

377 Streitig: vgl. Gerold/Schmidt/*v.Eicken*/Madert, § 19 Rn. 16 m.w.N.

378 Zöller/*Herget*, § 91 Rn. 12.

379 OLG Koblenz JurBüro 1979, 442.

getroffen werden könnte[380]. Dabei ist mangels einer näheren Umschreibung im Gesetz der Grundsatz von Treu und Glauben heranzuziehen[381]. Die Anmietung eines Videokonferenzraumes ist neben der allgemeinen Notwendigkeit der Terminswahrnehmung[382] jedenfalls dann als notwendig anzusehen, wenn die Reisekosten zum Terminsort die Bereitstellungskosten übersteigen würden.

Die Partei kann die Mietkosten somit nach § 91 Abs. 1 Satz 1 ZPO nach der geltenden Rechtslage ersetzt verlangen.

Dennoch erscheint im Interesse der Rechtssicherheit und aufgrund des engen sachlichen Zusammenhangs der Terminswahrnehmung durch eine Reise und der Zuschaltung via Videokonferenz eine Ausdrückliche Regelung der Kostenerstattungspflicht für die Bereitstellung von Videokonferenzterminals in § 91 Abs.1 Satz 2 ZPO wünschenswert. Gem. § 91 Abs. 1 Satz 2 ZPO sind Kosten für notwendige Reisen oder durch die notwendige Wahrnehmung von Terminen entstandene Zeitversäumnis erstattungsfähig. Maßgebend ist das Entschädigungsgesetz für Zeugen und Sachverständige[383] (§ 91 Abs. 1 letzter Halbsatz ZPO). Auch wenn die Partei einen Prozessbevollmächtigten hat, ist die Teilnahme grundsätzlich erstattungsfähig[384]. Diese Kosten können bei einer Videokonferenz ganz oder jedenfalls zum Teil eingespart werden, welches dem unterlegenen Gegner dann zugute käme. Zwar ist zu beachten, dass jede Partei nach Treu und Glauben die Kosten ihrer Prozessführung, die sie im Falle ihres Sieges vom Gegner erstattet verlangen will, so niedrig zu halten hat, wie dies mit der vollen Wahrnehmung ihrer berechtigten prozessualen Belange vereinbaren lässt[385]. Daraus darf jedoch nicht die Pflicht zur Beantragung und Einverständniserklärung von Videokonferenzen hergeleitet werden[386]. Dieses würde das den Parteien durch § 128a ZPO eingeräumte prozessuale Wahlrecht aushöhlen. Die Wahrnehmung der Möglichkeit einer Videokonferenz bleibt danach auch unter kostenrechtlichen Gesichtspunkten freiwillig. Es sollte jedoch de lege ferenda im Zusammenhang mit der Kostenregelung für die Terminswahrnehmung im § 91 Abs. 1 Satz 2 ZPO klargestellt werden, dass die Entscheidung für eine Videokonferenz keine kostenrechtlichen Nachteile birgt.

---

380 Zöller/*Herget*, § 91 Rn. 12.

381 Baumbach/Lauterbach/Albers/*Hartmann*, § 91 Rn. 29.

382 Vgl. hierzu Baumbach/Lauterbach/Albers/*Hartmann*, §91 Rn. 35.

383 Erstattungsfähig sind Fahrtkosten (§ 9 ZSEG) und Aufwandentschädigung (§ 10 ZSEG)

384 Zöller/*Herget*, § 91 Rn. 13 m.w.N.; Thomas/*Putzo*, § 91 Rn. 16 m.w.N.; OLG Brandenburg MDR 2000, 1216; OLG Düsseldorf NJW-RR 96, 1342; OLG Hamm MDR 92, 196.

385 *Schneider*, Zur Erstattungsfähigkeit der Kosten für die Beschaffung einer Sicherheitsleistung, MDR 1974, 885 (887); OLG Schleswig JurBüro 83, 1089.

386 So aber wohl *Greger*, in: Zöller/*Greger*, § 128a Rn. 3, wonach die Notwendigkeit der Fahrtkosten zu verneinen sein soll, wenn die Möglichkeit einer Videokonferenz ausgeschlagen wird (allerdings für Personalbeweismittel).

dd) Zeugen und Sachverständige

Zeugen und Sachverständige, die für die Vorhaltung der Videokonferenzanlage tatsächliche Aufwendungen hatten, werden diese gemäß der Auffangklausel des § 11 Abs. 1 Satz 1 ZSEG vom Gericht erstattet erhalten, wenn sie notwendig waren. Ebenso wie bei den Parteien darf das Wahlrecht persönlich zu erscheinen oder sich per Videokonferenz zuschalten zu lassen nicht dadurch ausgehöhlt werden, dass Reisekosten nicht mehr als notwendig angesehen werden, wenn das Angebot einer Videokonferenz ausgeschlagen wird[387]. Oftmals dürften die Personalbeweismittel jedoch keine eigenen diesbezügliche Auslagen haben, da sich das Gericht zu ihrer Vernehmung z.B. eines Videokonferenzraumes eines anderen Gerichts, Staatsanwaltschaft oder Behörde bedienen wird, der von der jeweiligen Institution in Rahmen der Amtshilfe gem. Art. 35 Abs. 1 GG, § 158 GVG zur Verfügung zu stellen ist. Etwaige Kostenansprüche dieser werden dann direkt gegenüber dem Prozessgericht geltend gemacht.

De lege ferenda wäre hier ebenfalls aufgrund des Sachzusammenhangs zu den Reisekosten eine ausdrückliche Erwähnung in § 9 oder § 10 ZSEG wünschenswert. Zu den allgemeinen Erwägungen, hinsichtlich derer auf die Ausführungen bezüglich der Parteien verwiesen werden kann, tritt bei Zeugen und Sachverständigen das Argument hinzu, dass ein Vorschuss der zu erbringenden Auslagen de lege lata nach § 14 Abs. 1 ZSEG nur hinsichtlich der Reisekosten möglich ist. Aufgrund gleicher Interessenlage ist nicht ersichtlich, warum dieses nicht auch für die Vorhaltekosten einer Videokonferenzanlage gelten soll. In diesem Zusammenhang sei auch GKG KV Nr. 9008 b) erwähnt, wonach Zahlungen an mittellose Personen für die Hin- und Rückreise zur Verhandlung zu den gerichtlichen Auslagen gehören. Dieser sollte ebenfalls hinsichtlich einer Gleichstellung der Mietkosten für eine Videokonferenzanlage angepasst werden.

b) Verbindungskosten

Die laufenden Kosten durch den Verbindungsaufbau fallen regelmäßig beim Gericht an, da es die Videokonferenzteilnehmer anzuwählen haben wird[388]. Diese lassen sich jedoch im Gegensatz zu den Anschaffungs- und Wartungskosten einem bestimmten Verfahren zuordnen. Es handelt sich daher um erstattungsfähige Auslagen i.S.d. KV 9000 ff. Entgelte für Telekommunikationsdienstleistungen, d.h. die Erbringung technischer Leistungen als Grundlage der Kommunikation[389], sind nach KV 9001 in voller Höhe zu erstatten. Das gilt allerdings nach der amtlichen Anweisung II vor KV 9000 neben einer streitwertabhängigen Gebühr mit Ausnahme der Gebühr KV 6800 nur, soweit je Instanz 50 Euro nach den Nummern 9001 und 9002 überschritten sind. Die ers-

387 So aber Zöller/*Greger*, § 128a Rn. 3.

388 Siehe 2. Kapitel III. 1.

389 *Köhler/Arndt*, Recht des Internet, 3. Auflage (2001), Rn. 582.

ten 50 Euro sind in die Wertgebühren nach § 11 Abs. 2 GKG für jede Instanz zur Vereinfachung der Kostenrechnung pauschal eingerechnet[390]. Erst ein die 50 Euro übersteigender Betrag wird als Auslagen erhoben. Die Verbindungskosten für eine Stunde Videokonferenz zwischen zwei inländischen Standorten betragen bei vier gebündelten ISDN-Kanälen ca. 10 Euro, womit allein durch die Videokonferenz selten die 50 Euro-Grenze überschritten werden dürfte. Die abschließende gerichtliche Kostenentscheidung regelt, welche Partei die Kosten zu tragen hat.

Hier ist zu überlegen, ob es bei einer gerichtlichen Videokonferenz sinnvoll ist, die ersten 50 Euro nicht erstattet zu verlangen. Die Anweisung beruht darauf, dass sich der Verwaltungsaufwand zur Erfassung der Kosten erst bei einem bestimmten Betrag rechnet. Bei Videokonferenzen ist jedoch leicht festzustellen, welche nicht ganz unerheblichen Kosten durch die Verbindung angefallen sind.

c) Prozesskostenhilfe

Im Rahmen des Kostenrechts stellt sich aufgrund des Sachzusammenhangs auch die die Frage, ob die Kosten einer Videokonferenz prozesskostenhilfefähig sind. Gem. § 114 ZPO kann Prozesskostenhilfe für die Kosten der Prozessführung bewilligt werden. Kosten der Prozessführung sind, wie sich aus § 122 Abs. 1 Nr. 1 ZPO ergibt, Anwaltskosten (§ 1 Abs. 1 BRAGO), die jeweils im Verfahren anfallenden Gerichtsvollzieherkosten nach § 1 GVKostG sowie gerichtliche Gebühren und Auslagen (§ 1 Abs. 1 GKG)[391]. Die Verbindungskosten sind als gerichtliche Auslagen prozesskostenfähig. Die Kosten für die Bereitstellung einer Videokonferenzanlage zur eigenen Zuschaltung sind hingegen Auslagen der Partei. An und für sich können diese Auslagen nicht von der Staatskasse ersetzt verlangt werden, da die Wirkungen der Prozesskostenhilfe in § 122 ZPO erschöpfend aufgezählt sind. Etwas anderes gilt nach allgemeiner Meinung[392] aber zunächst für die notwendigen Reisekosten der Partei. Die Begründung für eine solche verfassungskonforme Auslegung des § 122 ZPO orientiert sich am Grundsatz des fairen Verfahrens, dem Erfordernis des rechtlichen Gehörs und der Notwendigkeit, einer armen Partei die gleichen Chancen ihrer Rechtsverfolgung und -verteidigung zu gewähren, wie sie eine vermögende Partei von

---

390 Vgl. *Hartmann*, Kostengesetze, KV 9001 Rn. 1; *Markl/Meyer*, Gerichtskostengesetz, 4. Auflage (2001), Vor KV 9000 Rn. 10.

391 Stein/Jonas/*Bork*, vor § 114 II, Rn. 16.

392 BGH NJW 1975, 1124; München MDR 97, 194; Celle NdsRpfl 77, 190; OLG Bamberg JurBüro 1989, 1285; OLG Düsseldorf MDR 1991, 679; OLG Frankfurt JurBüro1990, 381; OLG Koblenz JurBüro 1988, 1721; OLG München Rpfleger 1985, 165; OLG Nürnberg JurBüro 1990, 1023; OLG Stuttgart MDR 1985, 852; OLG Hamm JurBüro 82, 1406 (1407); *Kalthoener/Büttner*, Prozesskostenhilfe und Beratungshilfe, 1988, Rn. 640; Thomas/Putzo/*Reichold*, § 122 Rn. 1; Stein/Jonas/*Bork*, § 122 Rn. 11; Zöller/*Philippi*, § 122 Rn. 26;

vornherein hat[393]. Für dieses Ergebnis spricht auch GKG KV 9008 b), wonach Zahlungen an mittellose Personen für die Hin- und Rückreise zur Verhandlung zu den gerichtlichen Auslagen gehören. Danach steht jedoch nur fest, dass vom Gericht gezahlte Reisekosten gem. § 122 Abs. 1 Nr. 1 ZPO nicht gegen die Partei geltend gemacht werden können. Ein Anspruch auf Reisekostenaufwendungen wird nicht begründet. Wann eine Reise notwendig ist, wird nicht einheitlich beurteilt. Zum Teil wird eine Notwendigkeit nur angenommen, wenn die Reise durch das Gericht verursacht wurde und nicht wenn der Partei eine Handlung durch das Gericht freigestellt wurde[394]. Dieses wird zumindest dann angenommen, wenn das Gericht die Partei persönlich geladen[395] oder gar das persönliche Erscheinen angeordnet hat[396]. Die Gegenposition folgert wohl aus dem Recht der Parteien auf Anwesenheit in einem Termin, dass die Reisekosten stets notwendig sind; von eindeutig reinen Durchlaufterminen, die regelmäßig prozessual unsinnig sind, abgesehen[397]. Schließlich wird eine vermittelnde Ansicht vertreten, nach der eine Reise notwendig ist, wenn eine vermögende Partei aus verständlichen Gründen am Termin teilnehmen würde, z.B. bei Zeugenaussagen über eine Angelegenheit, welche sie miterlebt hat[398].

Auch bei sonstigen Auslagen der Partei, die zur gerichtlichen Rechtsverfolgung unmittelbar notwendig sind, kommt eine Bewilligung des Ersatzes durch die Staatskasse in entsprechender Anwendung des § 122 Abs. 1 Nr. 1 ZPO in Betracht[399], wobei an die Notwendigkeit und die unmittelbare Verknüpfung mit dem Rechtsstreit strenge Anforderungen zu stellen sind[400].

Die Kosten für die Anmietung eines Videokonferenzterminals sind als Auslagen danach ebenfalls im Rahmen der Prozesskostenhilfe zu berücksichtigen. Der Mietzins für die Anmietung des Videokonferenzraumes muss sowohl dem Grunde als auch der Höhe nach notwendig sein. Die Anordnung des persönlichen Erscheinens gem. § 141 ZPO oder § 278 Abs. 3 ZPO ist ein sicheres Indiz für die Notwendigkeit der Videokonferenz. Ebenso ist eine Videokonferenz in den Fällen notwendig, in denen die Partei persönlich geladen wurde oder auch

---

393 BGHZ 64,139 (143); OLG München Rpfleger 85, 165; OLG Frankfurt, JurBüro 1990, 381; vgl. Stein/Jonas/*Bork*, § 122 II, Rn. 11 m.w.N.;Zöller/*Philippi*, § 122 Rn. 26;.

394 Baumbach/Lauterbach/Albers/*Hartmann*, § 122 Rn. 15; OLG Frankfurt MDR 1984, 500.

395 OLG Düsseldorf, JurBüro 1989,840.

396 OLG Bamberg JurBüro 1989, 1285; OLG Düsseldorf MDR 1991, 679; OLG München Rpfleger 1985, 165.

397 *Kathoener/Büttner*, Rn. 640f.

398 OLG München MDR 97, 194; Zöller/*Philippi,* § 122 Rn. 26; Thomas/Putzo/*Reichold*, § 122 Rn. 1.

399 OLG Frankfurt JurBüro 1990, 381 (Beweisbereitstellungskosten).

400 Stein/Jonas/*Bork*, § 122 II, Rn. 15.

eine vermögende Partei aus verständlichen Gründen am Termin teilnehmen würde. Der Mietzins ist der Höhe nach nur notwendig, wenn die Kosten für eine mögliche Reise höher ausfallen würden, der Mietzins üblich ist und keine Möglichkeiten zur Beanspruchung eines staatlichen Videokonferenzraumes im Wege der Amtshilfe besteht. Des Weiteren ist erforderlich, dass der angemessene Lebensunterhalt der Partei erheblich beeinträchtigt werden würde, soweit sie die Kosten selbst aufbringen müsste[401]. Dieses wird bei der Anmietung eines Videokonferenzraumes durch eine hilfebedürftige Partei jedoch in der Regel zu bejahen sein, da führende Anbieter derzeit ca. 225 Euro pro Stunde nur für das Bereitstellen der Videokonferenzausrüstung verlangen[402].

Die Kosten für einen vom beigeordneten Bevollmächtigten angemieteten Videokonferenzraum sind diesem von der Staatskasse gem. § 121 ff. BRAGO nicht zu erstatten, da diese wohl keine Anwaltskosten nach § 1 Abs. 1 BRAGO darstellen, sondern nur ein zivilrechtlicher Anspruch gegenüber dem Mandanten besteht.

III. Auswirkungen der Videokonferenz auf allgemeine Verfahrensfragen

1. Veränderter Sitzungsablauf

Ist für einen Termin eine Zuschaltung nach § 128a Abs. 1 ZPO gestattet worden, oder soll eine Beweisaufnahme via Videokonferenz gem. § 128a Abs. 2 ZPO durchgeführt werden, stellt sich zwangsläufig die Frage nach dem Terminsablauf.

Gem. §§ 136 Abs. 1, 220 Abs. 1 ZPO beginnt der Termin mit dem Aufruf der Sache durch den Vorsitzenden. Von diesem Augenblick an bestehen die Rechte und Pflichten aller Prozessbeteiligten während eines Verhandlungs-, Beweisaufnahme- oder Verkündungstermins[403].
Der Aufruf dient vornehmlich der Rechtssicherheit[404] und muss daher grundsätzlich von den im Gerichtsgebäude erschienen Parteien wahrgenommen werden können[405]. Bei einer Videokonferenz gem. § 128a Abs. 1 ZPO ist dementsprechend die vorherige Zuschaltung des „anderen Ortes“ erforderlich. Der Verbindungsaufbau muss vom Prozessgericht vorgenommen werden. Neben der rein praktischen Erwägung, dass so bei Terminsabweichungen der Zeitpunkt frei und punktgenau gewählt werden kann, treten auch rechtliche Gesichtspunkte. Wichtig ist der Verbindungsaufbau durch das Gericht insbesondere für die Fest-

---

401 Vgl. OLG Hamm JurBüro 82, 1406 (1407).
402 Bajtech, S. 24.
403 Baumbach/Lauterbach/Albers/*Hartmann*, § 220, Rn. 1.
404 Baumbach/Lauterbach/Albers/*Hartmann*, § 220, Rn. 1.
405 Vgl. Stein/Jonas/*Roth*, § 220 Rn. 10.

stellung ob und von wo aus Prozessbeteiligte zugeschaltet worden sind (vgl. § 160 Abs. 1 Nr. 4 ZPO) und damit als „erschienen" i.S.d. §§ 330, 331 Abs. 1 ZPO gelten. Die Gestattung der Zuschaltung nach § 128a ZPO bezieht sich nur auf den im Gestattungsbeschluss konkretisierten „Gestattungsort" mit seiner jeweiligen Anwahlnummer[406]. Die Anwesenheit an eben diesem „Gestattungsort" kann mit ausreichender Sicherheit nur durch die Anwahl vom Gericht überprüft werden. Der Zuschaltungsberechtigte könnte sich ansonsten unbemerkt von jedem beliebigen Ort aus zuschalten. Zudem sprechen sitzungspolizeiliche Gesichtspunkte und die allgemeine Prozessführungsbefugnis für die Verbindungsherrschaft des Gerichts.

Im Fall des § 128a Abs. 2 ZPO ist es, wie bei einer herkömmlichen Vernehmung, nicht erforderlich, dass der gesamte Termin übertragen wird. Ausreichend ist die Aufrechterhaltung der Videokonferenzverbindung für die Dauer der Vernehmung[407]. Während bei einer herkömmlichen Verhandlung die Beweispersonen aufgerufen werden, ist bei der Gestattung einer Videokonferenz vom Gericht die Verbindung zum „anderen Ort" herzustellen. Ein rechtlich nachteiliges Ausbleiben der Beweispersonen gem. §§ 380 Abs. 1, 409 Abs. 1, 454 ZPO kann nur bei bestehender Verbindung oder einem Kontrollanruf zum „Gestattungsort" festgestellt werden.

2. Ladung

Im Laufe der Untersuchung war es unausweichlich zu Ladungsfragen bei der zivilprozessualen Videokonferenz bereits punktuell Stellung zu beziehen. Dennoch soll insbesondere die Ansicht Gregers[408] zum Anlass einer ausführlichen Erörterung genommen werden. Nach dieser Ansicht könne das Gericht in den Fällen des § 128a Abs. 1 ZPO an den Übertragungsort laden. Demgegenüber soll den Personalbeweismitteln des Absatzes 2 die Möglichkeit verbleiben auch an den Gerichtsort zu reisen[409].

Die zu behandelnde Frage ist also zunächst, ob der Zuzuschaltende direkt an den „anderen Ort" geladen werden kann und des Weiteren, wie das Ladungsverfahren einer mittels Videokonferenz abzuhaltenden Verhandlung oder Vernehmung auszugestalten ist.

---

406 Siehe 2. Kapitel I 4. c).

407 Vgl. Musielak/*Stadler*, § 128a Rn. 3: für die Anhörung der Partei bei Anordnung des persönlichen Erscheinens.

408 Zöller/*Greger*, § 128a Rn. 2.

409 Zöller/*Greger*, § 128a Rn. 3; nach Stadler, in: Musielak/*Stadler*, § 128a Rn. 9, soll wohl darüber hinaus auch in den Fällen des Absatzes 2 an den Übertragungsort geladen werden.

a) Ladung an den Übertragungsort

Unter einer Ladung versteht man die Aufforderung zum Erscheinen in einem gerichtlich bestimmten Termin[410]. Die Aufforderung zum Erscheinen kann die Parteien zum Zwecke der mündlichen Verhandlung[411] oder zum Güteversuch (§ 278 Abs.3 ZPO) betreffen, in ihrer Eigenschaft als Auskunftsperson zur Aufklärung des Sachverhalts (§ 141 Abs. 2 ZPO) oder zur Parteivernehmung (§ 450 ZPO). Sie kann ferner den Zeugen oder den Sachverständigen betreffen (§§ 377, 402 ZPO).

Eine Ladung enthält für Parteien die Obliegenheit (vgl. §§ 330 ff. 495a ZPO), in einem bestimmten Termin zu erscheinen, wenn sie die Folgen einer Terminsversäumung vermeiden wollen (vgl. §§ 95, 230 ff., 330 ff ZPO). Für Zeugen und Sachverständige begründet sie die Pflicht zum Erscheinen um Kostentragung, Ordnungsgeld, Ordnungshaft und Vorführung zu vermeiden (vgl. §§ 380, 402 ZPO). Hat das Gericht gegenüber einer Partei das persönliche Erscheinen angeordnet, wird die Obliegenheit zur Pflicht; die Partei wird einem Zeugen insoweit weitgehend gleichgestellt, als dass bei ihrem Ausbleiben gegen sie ein Ordnungsgeld wie gegen einen im Vernehmungstermin nicht erschienenen Zeugen festgesetzt werden kann (§ 141 Abs. 3 ZPO).

Um derartige Pflichten oder prozessuale Lasten zu begründen, bedarf es einer gesetzlichen Grundlage. In § 219 ZPO finden sich in diesem Zusammenhang die Bestimmungen zum Terminsort. Danach ist grundsätzlich an die Gerichtsstelle und ausnahmsweise an den Ort eines Lokaltermins zu laden. Gerichtstelle ist das Gerichtsgebäude, in dem das Gericht seinen gesetzlich vorgesehenen Sitz hat, daneben jeder Raum in dem regelmäßig Sitzungen des betreffenden Gerichts oder von Teilen des Gerichts stattfinden[412]. Der „andere Ort" bei einer Videokonferenz ist demnach keine Gerichtsstelle in diesem Sinne, da das Gericht während der Sitzung dort selbst nicht körperlich anwesend ist. Der Übertragungsort ist ebenfalls nicht der Ort eines Lokaltermins. Dieser ist nämlich ebenfalls gerade durch die körperliche Anwesenheit des Gerichts gekennzeichnet.

Die Ladung an den „anderen Ort" ist somit nicht von § 219 ZPO erfasst, so dass diese nur dann rechtmäßig ergehen kann, wenn § 128a ZPO eine davon abweichende Bestimmung enthält. Ausdrücklich ist diese nicht vorgesehen. Nun stellt sich jedoch die Frage, ob in der vorgesehene Gestattung, sich während einer Verhandlung oder Vernehmung an einem anderen Ort aufzuhalten, zugleich die Ladungsbefugnis zu diesem Ort enthalten ist. Führt man sich noch einmal die Funktion und Folge einer Ladung vor Augen, den Geladenen zum Erscheinen an einem bestimmten Ort zu einer bestimmten Zeit aufzufordern um seiner prozessualen Rechte nicht verlustig zu gehen oder seinen Pflichten nachzukommen,

---

410 Baumbach/Lauterbach/Albers/*Hartmann*, Übers. § 214 Rn. 4.

411 Insoweit können auch die Bevollmächtigten geladen werden.

412 Vgl. Stein/Jonas/*Roth*, § 219 Rn. 1.

bedarf es begrifflich nicht nur der Gestattung sondern einer Anordnung. Aus den §§ 273, 141, 142, 143 ZPO ergibt sich, dass nur die Nichtbeachtung einer Anordnung als Pflicht oder Obliegenheit nachteilige Folgen nach sich ziehen kann. Eine Gestattung enthält dagegen begrifflich das Merkmal der Freiwilligkeit und erweitert somit die ohnehin bestehenden Möglichkeiten der Parteien.
Wenn Greger der Auffassung ist, die Parteien seien an den Übertragungsort zu laden[413], so nimmt er ihnen damit die Möglichkeit an der Gerichtstelle zu erscheinen, beschränkt mithin die Möglichkeiten der Wahrnehmung prozessualer Rechte. Dieses ist auf die nicht vom Wortlaut gedeckte Auffassung zurückzuführen, das Gericht könne die Videokonferenz und damit den Aufenthalt der Parteien an dem Übertragungsort anordnen[414]. Trotz identischem Wortlaut nimmt Greger die Anordnungsbefugnis für die Personalbeweismittel nicht an[415]. Dieses ist allenfalls im Hinblick auf den in Absatz 1 erforderlichen Antrag und das Einverständnis sowie der Natur der Aufforderung als bloße prozessuale Last (Obliegenheit) nachvollziehbar. Anzunehmen, dass sich die Parteien durch den Gestattungsantrag und ihr Einverständnis verpflichten wollen, am Übertragungsort zu erscheinen, ist jedoch nicht gerechtfertigt. Die Beantragung einer Gestattung oder einer Erlaubnis beinhaltet nicht, bestimmten Pflichten unterworfen zu werden. Die Parteien würden sich ihres Rechts berauben auch durch Anwesenheit am Gerichtsort als „erschienen" zu gelten und so die Folgen einer Säumnis abzuwenden. Dem Antragsteller würde die Möglichkeit genommen am Gerichtsort zu erscheinen; er müsste sich bei Antragsstellung zwischen einer Videokonferenz und der persönlichen Anwesenheit am Gerichtsort entscheiden müssen. Dieses würde sich abträglich hinsichtlich einer Etablierung der Videokonferenztechnik im Gerichtsverfahren auswirken. Nicht zuletzt deshalb dürfte sich der Gesetzgeber gegen eine Anordnungsbefugnis entschieden haben[416].
Auf die unterschiedliche Qualität einer Ladung der Partei und der Zeugen bzw. Sachverständigen im Hinblick auf die Folgen eines Ausbleibens kann sich Greger bei seiner Bewertung nicht berufen. Er nimmt nämlich auch eine Ladungsbefugnis gegenüber den Parteien an, wenn diese gem. §§ 141, 278 Abs. 3 ZPO aufgefordert worden sind, persönlich zu erscheinen. In diesen Fällen hat ihr Ausbleiben jedoch gem. § 141 Abs. 3 Satz 1 ZPO zumindest hinsichtlich der Verhängung eines Ordnungsgeldes dieselben Folgen, wie bei einem Zeugen.

b) Ladung bei einer Videokonferenz

Nachdem nunmehr dargestellt wurde, dass bei der Durchführung einer Videokonferenz nicht an den Übertragungsort geladen werden kann, soll der Ladungsablauf nachfolgend kurz skizziert werden.

---

413 Zöller/*Greger*, § 128a Rn. 2.
414 Dieses Annahme ist falsch, siehe hierzu: 2. Kapitel 4. b) aa).
415 Zöller/*Greger*, § 128a Rn. 3.
416 Vgl. zum hier unterstellten gesetzgeberischen Willen der Etablierung: 2. Kapitel II. 2. a) aa).

Zunächst hat das Gericht einen Termin von Amts wegen zu bestimmen (§ 216 ZPO). Ein Gestattungsbeschluss i.S.d. § 128a ZPO kann ermessensfehlerfrei erst nach der Terminsfestlegung (§ 216 ZPO) ergehen, da ein Ermessenskriterium die Verfügbarkeit einer Videokonferenzanlage am Gerichtsort zum Termin ist[417]. Sodann lädt das Gericht die Parteien, Bevollmächtigten, Zeugen und Sachverständigen an den Gerichtsort (§ 219 ZPO). Sie enthält die Aufforderung zum Erscheinen in dem gerichtlich bestimmten Termin[418]. Insoweit ändert sich das Ladungsverfahren nicht. Daraufhin oder bereits vorsorglich können die Parteien, Bevollmächtigten und Beistände einen Antrag nach § 128a Abs. 1 ZPO und Zeugen und Sachverständige ein Gesuch nach § 128a Abs. 2 ZPO auf Gestattung einer Videokonferenz stellen. In den Fällen des Absatzes 2 kann das Gericht die Videokonferenz den Personalbeweismitteln in der Ladung vorbehaltlich eines dann noch einzuholenden Einverständnisses der Parteien anbieten. Bei Vorliegen der Voraussetzungen ergeht dann ein Gestattungsbeschuss, durch den die durch die Ladung begründete Obliegenheit oder Pflicht zum Erscheinen durch die Maßgabe erweitert wird, dieser auch mittels Videokonferenz von einem bestimmten anderen Ort aus genügen zu können. Dieser ist von Amts wegen zuzustellen (§§ 166 ff. ZPO). Der Obliegenheit oder Pflicht zum Erscheinen kann bei einer Gestattung quasi als Surrogat auch durch Anwesenheit am „anderen Ort" genügt werden. Aber auch durch das persönliche Erscheinen am Gerichtsort kann der in der Ladung enthaltenden Pflicht wahlweise nachgekommen werden[419].

Im Ergebnis ist somit festzuhalten, dass sich an dem Ladungsverfahren grundsätzlich nichts ändert. Die Folgen einer wirksamen Ladung werden durch einen Gestattungsbeschluss lediglich modifiziert.

3. Identifikation von Personen

Die für Prozesshandlungen erforderliche Rechtssicherheit verlangt, dass in einer jeden Zweifel ausschließenden Weise geklärt ist, welche Person die Erklärung abgibt[420]. Gem. § 160 Abs. 1 Nr. 4 ZPO sind die Namen der erschienen Parteien, Nebenintervenienten, Vertreter, Bevollmächtigten, Beistände, Zeugen und Sachverständige im Protokoll festzuhalten. Dieses setzt eine zuverlässige Identifikation der erschienen Personen voraus. Die Identität der Zeugen und Sachverständige wird durch Fragen zum Vor- und Zunahmen, Alter, Stand oder Gewerbe und Wohnort gemäß der §§ 395 Abs. 2, 402 ZPO festgestellt. Da eine diesbezügliche Falschangabe gem. §§ 153, 154 StGB strafbar ist, reicht dieses zur zuverlässigen Identifikation in der Regel aus. Die Beteiligten werden eben-

417 Siehe 2. Kapitel I. 4. a) dd).

418 VG Wiesbaden JB 99, 587.

419 So auch Zöller/*Greger*, § 128a Rn. 3: jedoch unverständlicherweise nur für die Fälle des Abs. 2.

420 BVerwGE 62, 6 (9).

falls durch Fragen identifiziert. Die Antwort unterliegt als tatsächlicher Umstand der Wahrheitspflicht nach § 138 Abs. 1 ZPO.
Eine zusätzliche Gewähr für die Identifikation bieten die in einem Zivilprozess oftmals bestehenden Bekanntschaften unter den erschienen Personen. Insbesondere die Parteien sind einander oftmals persönlich bekannt.
Sowohl die Fragen zur Feststellung der Identität als auch das äußere Erscheinungsbild eines Zugeschalteten können bei einer Videokonferenz zur Identifizierung herangezogen werden. Besondere Risiken hinsichtlich der verlässlichen Identifizierung zugeschalteter Personen im Gegensatz zur herkömmlichen Verhandlung sind anders als beim elektronischen Dokument (§ 130a ZPO) oder fernmündlicher Befragung[421] nicht ersichtlich[422].
Erst bei begründeten Zweifeln wird das Gericht die Vorlage des Personalausweises verlangen. In diesen Fällen ist eine visuelle Übertragung des Personalausweises mittels einer Dokumentenkamera nicht in gleicher Weise geeignet die Identität festzustellen, da die fälschungssicheren Merkmale des Personalausweises nicht übertragen werden können. In diesen atypischen Fällen ist die Videokonferenz notfalls abzubrechen und die betreffende Person erneut zu laden. Das Ermessen auf Gestattung der Videokonferenz ist dann im Folgetermin auf Null reduziert.

4. Augenscheins- und Urkundenbeweis mittels Videokonferenz

Eine gesetzliche Grundlage für den Einsatz der Videokonferenztechnik wurde nur für Zeugen-, Sachverständigen- und Parteivernehmungen geschaffen, nicht hingegen für den Augenscheins- und Urkundenbeweis. Bei einer Videokonferenz ist jedoch mit Hilfe von Peripheriegräten wie einer Dokumenten- und Objektkamera auch die Aufnahme, Übermittlung und Wiedergabe von kleineren, auch dreidimensionalen Augenscheinsobjekten und Urkunden im Rahmen der bestehenden Verbindung denkbar.
§ 128a Abs. 2 ZPO ermöglicht es, den Personalbeweismitteln zu gestatten sich bei ihrer Vernehmung an einem anderen Ort unter zeitgleicher Übertragung von Bild und Ton aufzuhalten. Der von § 128a Abs. 2 Satz 1 ZPO in der Rechtsfolge vorgesehene Gestattungsbeschluss zieht dann kraft Gesetzes gem. § 128a Abs. 2 Satz 2 ZPO die Bild- und Tonübertragung, mithin die Videokonferenz nach sich. Die Norm ermöglicht somit eine verfahrensrechtliche Videokonferenz für Personalbeweismittel zu initiieren.
Es stellt sich hinsichtlich des Augenscheins- und Urkundenbeweises die Frage, ob § 128a Abs. 2 ZPO in analoger Anwendung auch die Initiation einer Videokonferenz für diese Strengbeweismittel zulässt. Eine davon abzugrenzende Frage ist die der verfahrensrechtlichen Zulässigkeit eines Augenschein- und

---

421 Vgl. BVerwGE 62,6: Wonach der telefonische Verzicht auf eine mündliche Verhandlung jedenfalls dann unwirksam sein soll, wenn der Inhalt der Erklärung streitig ist.
422 So schon *Heckel*, in: VBlBW 2001, 1 (3); Musielak/*Stadler*, § 128a Rn. 4.

Urkundenbeweises anlässlich, also bei Gelegenheit einer ohnehin stattfindenden Videokonferenz.

a) Analoge Anwendung des § 128a Abs. 2 ZPO für den Augenscheins- und Urkundenbeweis

Analogiebildungen sind auch im Verfahrensrecht grundsätzlich statthaft[423]. Voraussetzung ist jedoch, dass das Gesetz eine Regelungslücke enthält und Sinn und Zweck des § 128a ZPO eine Analogie geboten erscheinen lassen[424]. Von Hans Elze stammt die heute noch gebräuchliche Definition: *„Eine Lücke im Gesetz ist eine planwidrige Unvollständigkeit innerhalb des Gesetzes“*[425].
Der Gesetzgeber hat nur die Bild- und Tonübertragung mit Personen geregelt, weil ihm die Videokonferenz als Kommunikationsform vorschwebte[426]. Ob die Außerachtlassung des Augenschein- und Urkundenbeweises jedoch eine Lücke im Sinne einer planwidrigen Unvollständigkeit verursacht, ist damit nicht gesagt. Bestimmte Fälle bleiben bewusst ungeregelt, weil ein Regelungsbedarf nicht besteht oder nur die im Tatbestand konkret bezeichneten Fälle im Sinne einer spezialgesetzlichen Ausnahmeregelung erfasst sein sollen. Hiervon ist bei § 128a Abs. 2 ZPO als neue und lediglich ergänzende Kommunikationsform im gerichtlichen Verfahren auszugehen[427]. Der Sinn und Zweck einer gerichtlichen Videokonferenz liegt in der Verfahrensbeschleunigung und der Kostensenkung[428]. Urkunden und auch kleinere für eine Dokumenten- und Objektkamera geeignete Augenscheinsobjekte können dem Gericht kostengünstig im Vorfeld einer Beweisaufnahme zugesandt werden. Auch die Zusendung einer Fotografie eines Originalobjekts ist nach geltendem Recht möglich[429]. Auf die zeitliche Übereinstimmung mit der Beweisaufnahme kommt es bei Urkunden und Augenscheinsobjekten gerade nicht an, so dass der Vorteil einer zeitgleichen Bild- und Tonübertragung, den die Videokonferenz bietet und § 128a ZPO fordert, bei diesen Beweismitteln nicht zum tragen käme.

Schließlich kann dem Gesetzgeber nicht unterstellt werden, er habe die übrigen Strengbeweismittel der Zivilprozessordnung schlichtweg übersehen und daher versehentlich in § 128a Abs. 2 ZPO nicht geregelt. Dementsprechend muss von einer willentlichen Nichtregelung ausgegangen werden. Eine analoge Anwendung des § 128a Abs. 2 ZPO als Grundlage für die Initiierung einer Videokonferenz zur Erhebung des Augenscheins- und Urkundenbeweises ist somit mangels planwidriger Regelungslücke ausgeschlossen.

---

423 BGHZ 46, 198; NJW-RR 1994, 1407; Zöller/*Vollkommer*, Einleitung Rn. 97.
424 Vgl. stellvertretend für alle: BGH NJW 1987, 1408 (1408).
425 *Elze*, Lücken im Gesetz, Diss. 1913, S. 12.
426 Vgl. BT-Drucks. 14/6036, S. 116.
427 Insoweit zutreffend *Stadler*: Musielak/*Stadler*, § 128a Rn. 5.
428 Vgl. BT-Drucks. 14/6036, S. 116.
429 Vgl. BGH NJW-RR 1987, 1237.

b) Augenscheins- und Urkundenbeweis anlässlich einer Videokonferenz nach allgemeinen Regeln

Eine von der entsprechenden Anwendung des § 128a Abs. 2 ZPO abzugrenzende Frage ist es, wie es sich mit diesen Strengbeweismitteln anlässlich einer ohnehin durchgeführten Videokonferenz verhält.

aa) Augenscheinsbeweis

Der Beweis durch Augenschein wird durch eine unmittelbare Sinneswahrnehmung des Gerichts, eine Kenntnisnahme von der äußeren Beschaffenheit einer Sache eines Menschen oder eines Vorganges geführt[430]. Augenscheinsobjekt kann jeder Gegenstand sein, bei dem eine sinnliche Wahrnehmung in Betracht kommt, insbesondere die streitige Sache selbst. Aber auch materiell mittelbare Objekte, wie zum Beispiel ein Foto über das streitige Objekt ist selbst Augenscheinsobjekt[431].

Der Beweis des Augenscheins wird gem. § 371 Abs. 1 ZPO durch die Bezeichnung des Gegenstandes des Augenscheins und durch die Angabe der zu beweisenden Tatsache angetreten. Dieser Beweisantritt ist als Verfahrenshandlung gem. § 128a Abs. 1 ZPO auch bei einer Videokonferenz möglich. In diesem Zusammenhang stellt sich vielmehr die Frage, ob ein am Übertragungsort befindliches Objekt in Augenschein genommen, der Beweis also erhoben werden kann.

In der Praxis dürfte diese Frage insbesondere bei kurzfristig zur Videokonferenz mitgebrachten Augenscheinsobjekten von erheblicher Bedeutung sein. Wollte man eine Inaugenscheinnahme geeigneter Objekte bei einer Videokonferenz generell ablehnen[432], müsste die Beweisaufnahme in einem neuerlichen Termin vorgenommen werden und die Partei müsste dementsprechend die Zurückweisung des Beweisangebotes wegen Verspätung befürchten (vgl. § 296 ZPO).

Stadler[433] sieht den „Tele-Augenschein“[434] wohl generell, das heißt auch bei Gelegenheit einer Videokonferenz, als unzulässig an. Der Gesetzgeber habe von einer dem § 128a Abs. 2 ZPO entsprechenden Regelung Abstand genommen, weil die Filterwirkung durch das technische Medium eine zu große Beeinträchtigung des Beweiswertes darstelle.

---

430 Baumbach/Lauterbach/Albers/*Hartmann*, Übers § 371, Rn. 3 m.w.N.

431 Vgl. Musielak/*Stadler*, § 371 Rn. 6.

432 So wohl *Stadler*: Musielak/*Stadler*, § 128a Rn. 5.

433 Musielak/*Stadler*, § 128a Rn. 5: eine Unterscheidung zwischen Initiierungsgrund und Gelegenheit wird jedoch nicht vorgenommen.

434 Begriff geprägt von *Heckel*, in: VBlBW 2001, 1 (3).

Dieser undifferenzierten Auffassung kann nicht gefolgt werden. Die willentliche Nichtregelung des Augenscheinsbeweises anlässlich einer Videokonferenz kann grundsätzlich auf zwei Gesichtspunkten beruhen: Ersterer ist in der Tat der von Stadler angesprochene Ausnahmecharakter einer Regelung nur für die dort genannten Tatbestandsvoraussetzungen. Ein anderer ist jedoch die fehlende Notwendigkeit einer speziellen Regelung. So liegt es hier, wenn bei geeigneten Objekten ein „Tele-Augenschein" schon nach den allgemeinen Verfahrensvorschriften zulässig wäre. Das die allgemeinen Regeln der Augenscheinseinnahme, die §§ 371 ff. ZPO, im Fall einer stattfindenden Videokonferenz anwendbar sind und auch bei einer Videokonferenz die Beweiserhebung zulassen, soll im Folgenden aufgezeigt werden.

(1) Anwendbarkeit der allgemeinen Regeln des Augenscheinbeweises

Es wurde bereits erläutert, dass der § 128a Abs. 2 ZPO auch nach Ansicht des Verfassers insoweit eine Ausnahmeregelung ist, als dass die Initiierung einer Videokonferenz durch einen Gestattungsbeschluss nur unter den in § 128a ZPO genannten Tatbestandsvoraussetzungen in Betracht kommt. Wird jedoch eine Videokonferenz aufgrund des § 128a ZPO durchgeführt, hängt die Erhebung des „Tele-Augenscheins" nicht mehr von § 128a ZPO, sondern von den allgemeinen Regeln gem. §§ 371 ff. ZPO ab.

Dieses soll anhand eines Vergleichs mit dem Fall der Zeugenvernehmung via Videokonferenz verdeutlicht werden: Auch bei einer Zeugenvernehmung nach § 128a Abs.2 ZPO ist lediglich die Pflicht zum „Erscheinen" i.S.d. § 380 ZPO dahingehend modifiziert, das dieser auch am „anderen Ort" nachgekommen werden kann. Im Übrigen sind die allgemeinen Regeln zur Zeugenvernehmung anwendbar[435]. Bei der Inaugenscheinnahme besteht naturgemäß keine Pflicht zum Erscheinen. Ein spezieller Regelungsbedarf bestand für den Augenscheinsbeweis anlässlich einer Videokonferenz somit nicht.

Dieses lässt sich auch anhand weiterer Regelungsmotive nachweisen: Der Gesetzgeber ging davon aus, dass die Vernehmung von Zeugen und Sachverständigen via Videokonferenz gegen den Grundsatz der Unmittelbarkeit verstoßen würde und es daher einer speziellen gesetzlichen Grundlage zu dessen rechtmäßiger Durchführung bedurfte[436]. Weiterhin wurde verbreiteten Bedenken gegen den Beweiswert von Zeugenaussagen via Videokonferenz durch eine gesetzliche Ausgestaltung der Wind jedenfalls insofern aus den Segeln genommen, als dass dieses nicht per se zur Unzulässigkeit der Videovernehmung

---

[435] Vgl. BT-Drucks. 14/6036, S. 120: wonach unter Vernehmung i.S.d. Absatzes 2 nicht nur die Befragung, sondern darüber hinaus alle damit im Zusammenhang stehenden Handlungen, wie etwa die Ermahnung zur Wahrheit, die Belehrung zu etwaigen Zeugnisverweigerungsrechten und auch die Beeidigung erfasst sind.

[436] BT-Drucks. 14/6036, S. 119.

führt[437]. Nicht zuletzt konnte durch die spezialgesetzliche Regelung ein Persönlichkeitsschutz durch ein Aufzeichnungsverbot und Einwilligungsvorbehalte bzw. Freiwilligkeit integriert werden.

Sämtliche der vorgenannten Regelungsmotive treffen bei einer Augenscheinseinnahme nicht zu. Augenscheinsobjekt konnten auch schon nach bisherigem Recht sachentfernte Objekte wie z.B. ein Foto über das Originalobjekt sein[438]. Mangels Gegenständlichkeit (z.B. in Form eines Videobandes) wird man die Bildwiedergabe auf dem Wiedergabemedium im Gerichtssaal, obwohl sinnlich wahrnehmbar, nicht selbst als Augenscheinsobjekt klassifizieren können. Jedoch hatte der Gesetzgeber anlässlich der Zulassung von Bild- und Tonträgern als Augenscheinsobjekte[439] keinen Anlass die Beweisunmittelbar als beeinträchtigt anzusehen.
Der Beweiswert einer zweidimensionalen und medial vermittelten Wiedergabe des am „andern Ort“ vorgelegten Objekts ist entgegen den Ausführungen Stadlers[440] nicht derart umfassend beeinträchtigt, dass der Gesetzgeber deshalb von einer Berücksichtigung des Augenscheinsbeweises in § 128a Abs. 2 ZPO abgesehen hat. Das Gegenteil ist der Fall. Die Beeinträchtigung ist ersichtlich derart gering einzustufen, dass es einer gesonderten Regelung nicht bedurfte um Bedenken bezüglich des Beweiswertes zu relativieren. Sämtliche aussagepsychologischen und technisch bedingten Probleme bei der Gewinnung eines persönlichen Eindrucks, die bei Aussagepersonen auf den Beweiswert negativ einwirken können[441], liegen bei einer Inaugenscheinnahme von Objekten nicht vor. Die Dokumenten- und Objektkamera kann dank einer niedrigeren Bildwiederholungsrate hochauflösende Bilder von dem Objekt aufnehmen, welches sich wiederum bei der Wiedergabe positiv hinsichtlich der Qualität auswirkt. Schließlich bedürfen Objekte des Augenscheins in der Regel keines Persönlichkeitsschutzes. Zwar können auch Personen hinsichtlich ihrer Existenz und Substanz Augenscheinsobjekt sein[442], jedoch ist die Verwertung von Abbildungen dieser, die unter Verletzung des Persönlichkeitsrechtes entstanden sind, ohnehin unzulässig[443]. Zudem ist eine unmittelbare Aufnahme des Personenabbildes von Peripheriegeräten des Übertragungsortes ohne deren Kenntnis und Zustimmung schwer vorstellbar.

---

437 Vgl. Musielak/*Stadler*, § 128a Rn. 6.

438 So auch Stadler: Musielak/*Stadler*, § 128a Rn. 5.

439 MüKo-ZPO-*Damrau*, § 371 Rn. 4; *Thomas*/Putzo/*Reichold*, § 371 Rn. 6; BGH NJW 1982,277 (Tonband).

440 Musielak/*Stadler*, § 128a Rn. 5.

441 Siehe 3. Kapitel III. 2. b).

442 Zöller/*Greger*, § 371 Rn. 1.

443 Baumbach/Lauterbach/Albers/*Hartmann*, Übers. § 371 Rn. 17 m.w.N.

Die Motive, die den Gesetzgeber veranlasst haben, den Einsatz der Videotechnik für Zeugen-, Sachverständigen, und Parteivernehmungen speziell zu regeln, liegen bei der Inaugenscheinnahme nicht vor. Dementsprechend spricht nichts dagegen, die allgemeinen Regelungen zur Augenscheineinnahme auch für laufende Videokonferenzen heranzuziehen.

(2) Zulässigkeit des „Tele-Augenscheins" nach den allgemeinen Regeln

Die Beweisaufnahme hat nach Maßgabe der §§ 355 ff. ZPO zu erfolgen[444], womit sie grundsätzlich vor dem Prozessgericht durchzuführen ist. Maßgeblich für die Zulässigkeit einer Beweiserhebung durch Inaugenscheinnahme eines Objektes am Übertragungsort ist somit die Einhaltung des Unmittelbarkeitsgrundsatzes. An späterer Stelle dieser Untersuchung wird sich ausführlich mit dem Grundsatz der Unmittelbarkeit bei Durchführung von Videokonferenzen beschäftigt werden[445]. Um Wiederholungen zu vermeiden sei hier lediglich das gefundene Ergebnis in Anwendung auf den Augenscheinsbeweis vorweggenommen: Der Grundsatz der Beweisunmittelbarkeit des § 355 Abs. 1 ZPO ist bei einer direkten Bildübertragung in den Sitzungssaal gewahrt. Allein das Dazwischentreten einer Dokumenten- und Objektkamera, Datenübertragung und Wiedergabemedien macht die Beweisaufnahme nicht zu einer formell mittelbaren. Ebenso wie die Vorlage eines Fotos über bestimmte örtliche Gegebenheiten der Unmittelbarkeit genügt[446], verhält es sich auch bei der Bildübertragung mittels Videokonferenztechnik. Anstelle einer Fotokamera und Abzug tritt eine Dokumenten- und Objektskamera sowie das Übertragungs- und Wiedergabemedium zwischen Originalobjekt und Kenntnisnahme durch das Gericht. Auswirkungen hat diese „materielle" Mittelbarkeit nur für den Beweiswert bei der freien Beweiswürdigung (§ 286 ZPO) und nicht auf den Grundsatz der Beweisunmittelbarkeit[447]. Der „Tele-Augenschein" entspricht somit dem zivilprozessualen Unmittelbarkeitsgrundsatz nach § 355 Abs. 1 ZPO und ist damit grundsätzlich zulässig.

Ein besonderes Verfahren ist zur Beweisaufnahme nicht erforderlich, da sie nur bei Gelegenheit der Videokonferenz durchgeführt wird. Sie kann damit ohne Beweisbeschluss (§ 358 ZPO) durch formlose Anordnung nach § 273 Abs. 1 ZPO durchgeführt werden. Ist die Inaugenscheinnahme durch mediale Übermittlung des Augenscheinobjektes nicht oder nur eingeschränkt möglich, ist die

---

444 Stein/Jonas/*Chr. Berger*, § 371 Rn. 4.

445 3. Kapitel II.

446 Vgl. BGH NJW RR 1987, 1237.

447 Eine materielle Unmittelbarkeit, also das Gebot des sachnächsten Beweismittels gibt es nach ganz h.M. im Zivilprozess nicht: Stein/Jonas/*Schuhmann*, § 355 Rn. 21; Müko-ZPO-*Musielak*, § 355 Rn. 1; *Stadler*, in: ZZP 110, 137 (145); Musielak/*Stadler*, § 355 Rn. 5; a.A. *Rohwer*, Materielle Unmittelbarkeit der Beweisaufnahme-Ein Prinzip der StPO wie der ZPO?, Diss. 1972, S. 47ff.

Anordnung mangels Geeignetheit nicht „erforderlich“ i.S.d. § 273 Abs. 1 ZPO. Die Inaugenscheinnahme muss in diesem Fall grundsätzlich in einem herkömmlichen Termin nachgeholt werden.

*(3) **Zusammenfassung und Ergebnis***

§ 128a Abs. 2 ZPO regelt nur die zivilprozessuale Videokonferenz hinsichtlich der Zeugen-, Sachverständigen und Parteivernehmung. Er ist als Ausnahmevorschrift für die Initiierung von Videokonferenzen abschließend. Insoweit besteht Einigkeit. Bei Gelegenheit einer Videokonferenz kann jedoch nach der hier vertretenen Auffassung in geeigneten Fällen der Augenscheinsbeweis nach den allgemeinen gesetzlichen Bestimmungen erhoben werden. Der besonderen Voraussetzungen des § 128a Abs. 2 ZPO bedarf es dementsprechend nicht.

Das gefundene Ergebnis entspricht auch dem Grundsatz der Prozessökonomie und der vom Gesetzgeber angestrebten Etablierung von Videokonferenzen. Wäre eine Inaugenscheinnahme bei einer Videokonferenz generell ausgeschlossen, müsste die Partei mit einem kurzfristig beschafften Augenscheinsobjekt trotz Genehmigung zur Videokonferenz am Gerichtsort erscheinen. Dieses kann auch rechtspolitisch nicht gewollt sein.

bb) Urkundenbeweis

Hinsichtlich der Anwendbarkeit der allgemeinen Regeln zum Urkundenbeweis gilt das beim Augenscheinsbeweis Gesagte entsprechend. Fraglich ist jedoch, ob mit einer am „anderen Ort“ befindlichen Urkunde bei einer Videokonferenz der Urkundenbeweis geführt werden kann.

Der Beweiserhebung beim Urkundenbeweis muss der Beweisantritt vorausgehen. Der Antritt des Urkundenbeweises gestaltet sich unterschiedlich, je nachdem, ob sich die Urkunde in den Händen des Beweisführers (§ 420 ZPO), des Gegners (§ 421 ZPO), eines Dritten (§ 428 ZPO), einer öffentlichen Behörde oder eines öffentlichen Beamten (§ 432 ZPO) oder auch des erkennenden Gerichts selbst befindet.

Hat der Beweisführer selbst die Urkunde in den Händen oder kann er sie ohne Mitwirkung des Gerichts beschaffen, so erfolgt der Beweisantritt durch Vorlegung der Urkunde. Eine Urkunde muss grundsätzlich in Urschrift, also im Original (vgl. §§ 131,134 ZPO) vorgelegt werden. Darüber hinaus lässt § 435 ZPO für öffentliche Urkunden auch die Vorlegung einer öffentlich beglaubigten Abschrift zu.

Im Hinblick auf die Videokonferenzen drängt sich die Frage auf, ob der Urkundenbeweis auch vom „anderen Ort“ aus angetreten werden kann. In Betracht kommt eine Übertragung der Urschrift mit Hilfe einer Dokumentenkamera oder die Zusendung einer Fernkopie der Urschrift. Es sei klargestellt, dass es im Folgenden nicht um die Urkundeneigenschaft einer Fernkopie[448] oder des von einer Dokumentenkamera[449] aufgenommenen Bildes geht, sondern nur um die „Vorlage“ einer existierenden Urkunde vom Übertragungsort aus.

Der Begriff der Urschrift steht im Gegensatz zum Entwurf und zur Abschrift oder Fotokopie[450]. Die Vorlage des Originals ist somit nicht durch eine Fernkopie mittels Telefaxes zu ersetzen. Wird allerdings das Original mittels Dokumentenkamera in den Gerichtssaal übertragen, ist die Klassifizierung als Kopie nicht eindeutig, da das Original zwar körperlich sichtbar ist, jedoch nur medial übertragen wird.

Um dieses zu beurteilen hilft ein Blick auf den Zweck der grundsätzlichen Vorlagepflicht im Original. Ein wesentlicher Grund liegt in der nach § 419 ZPO notwendigen Feststellung der Fehlerfreiheit von privaten und öffentlichen Urkunden und der Echtheit[451].
Nach § 419 ZPO kann die Beweiskraft mangelhafter Urkunden jedoch nach freier Überzeugung des Gerichts aufgehoben oder gemindert werden. Dieses setzt jedoch die Möglichkeit der Feststellung von äußeren Mängeln der Urkunde voraus, welche z.B. in einer Überklebung[452], Radierung, unterschiedlicher Schriftfarben oder ein Fehlen der nach § 125 BGB erforderlichen festen Verbindung aller Teile der Urkunde zu sehen ist[453]. Derartige äußere Mängel sind lückenlos und eindeutig nur bei Vorlage des physischen Originals zu beurteilen. Bei einer Wiedergabe der von einer Dokumentenkamera aufgenommenen Bilder der Urkunde sind manche Mängel, ebenso wie bei einer Kopie, nicht oder nur eingeschränkt erkennbar.
Die Echtheit einer Urkunde ist ebenfalls für die Beweiskraft entscheidend. Insbesondere bei Privaturkunden hat sich der Gegner des Beweisführers gem. § 439 ZPO zur Echtheit zu erklären. Dieses kann nur bei Vorlage des Originals von ihm verlangt werden. Die in § 441 ZPO zum Echtheitsbeweis vorgesehene Schriftvergleichung kann nur bei Vorlage des Originals mit hinreichender Sicherheit vorgenommen werden.

Der Urkundsbeweis mit der Folge der in den §§ 415 ff. ZPO beschriebenen Beweiskraft kann demnach nicht vom „anderen Ort“ aus bei einer Videokonferenz angetreten werden. Um dennoch den Urkundenbeweis bei einer mündlichen

---

[448] Vgl. hierzu umfassend: *Zoller*, Die Mikro-, Foto- und Telekopie im Zivilprozeß, NJW 1993, 429ff.

[449] Zur Urkundseigenschaft eines digitalen Dokuments siehe: *Geis*, Die digitale Signatur, NJW 1997, 3000 (3001).

[450] Stein/Jonas/*Leipold*, § 435 Rn. 5.

[451] Vgl. BGH NJW 80, 1047 (1048).

[452] VGH Kassel NJW 1990, 467.

[453] Vgl. Baumbach/Lauterbach/Albers/*Hartmann*, § 419 Rn. 2.

Verhandlung mittels Videokonferenz antreten zu können, muss der Beweisführer für die rechtzeitige Übersendung der Urschrift an das Gericht Sorge tragen.

Unabhängig von der Frage des wirksamen Beweisantrittes sei erwähnt, dass das Gericht die Möglichkeit hat, die Telekopie oder die Dokumentenkameraübertragung
nach freiem Ermessen als reinen Tatsachenvortrag zu würdigen (§ 286 ZPO)[454], oder die Verhandlung zum Zwecke der Übersendung nach § 227 ZPO zu vertagen[455].

5. Anordnung des persönlichen Erscheinens der Parteien

Die Option des Gerichts, dass persönliche Erscheinen der Parteien anzuordnen, wird durch die neue Videokonferenzmöglichkeit nicht berührt[456]. Es stellt sich jedoch die Frage, ob das Gericht der Partei gem. § 128a ZPO gestatten kann, dieser Pflicht auch durch Zuschaltung von einem anderen Ort aus zu genügen[457]. Das persönliche Erscheinen der Partei soll nach § 141 Abs. 1 Satz 1 ZPO zur Aufklärung des Sachverhalts oder nunmehr zudem gem. § 278 Abs. 3 Satz 1 ZPO insbesondere zur gütlichen Streitbeilegung angeordnet werden. Der Wortlaut des „persönlichen Erscheinens" legt zwar eine körperliche Anwesenheit nahe, dieses spricht jedoch angesichts des erst nachfolgend eingeführten § 128a ZPO nicht gegen eine Gestattungsbefugnis. Es ist vielmehr auf den Sinn und Zweck der Vorschriften abzustellen.

a) § 141 Abs. 1 Satz 1 ZPO

Die Anordnung des persönlichen Erscheinens nach § 141 Abs. 1 Satz 1 ZPO soll nur ergehen, wenn dieses zur Aufklärung des Sachverhalts geboten erscheint. Demzufolge dient die Vorschrift der formlosen Anhörung der Partei zur Aufklärung des Sachverhalts[458]. Die Befragung ist jedoch nicht Beweisaufnahme im Sinne einer Parteivernehmung, weil sie nicht der Aufklärung eines streitigen Sachverhalts dient, sondern dem besseren Verständnis dessen, was die Partei behaupten und beantragen will[459]. Regelungszweck ist also im Rahmen einer Verfahrensförderung die bessere Aufklärung des Gerichts durch einen persönlichen Eindruck von der Partei und ihrer Sicht[460].

---

[454] BGH NJW 1990, 1170; Baumbach/Lauterbach/Albers/*Hartmann*, § 420 Rn. 5 m.w.N.; *Zoller*, in: NJW 1993, 429 (433); *Tirlsch*, Die Pflicht zur Vorlage von Urkunden im deutschen und englischen zivilprozessrecht, Diss. 1994, S. 42.

[455] Stein/Jonas/*Leipold*, § 420, Rn. 3.

[456] *Kroiß*, Das neue Zivilprozeßrecht, 2001, S. 24.

[457] Bejahend: Zöller/*Greger*, § 128a Rn. 2.

[458] Stein/Jonas/*Leipold*, § 141 I, Rn. 1.

[459] Zöller/*Greger*, § 141 Rn. 1; Schellhammer, Zivilprozess: Gesetz- Praxis- Fälle, 8.Auflage (1999), Rn. 502.

[460] Baumbach/Lauterbach/Albers/*Hartmann*, § 141, Rn. 2; *Hofrath*, Beweisgebühr nach § 613 ZPO n.F. – Zusätzliche Anhörung zur elterlichen Sorge, JurBüro 1999, 7 (8).

Die Ziele, die mit einem persönlichen Erscheinen angestrebt werden, können weitgehend auch mittels Videokonferenz erreicht werden. Das persönliche Gespräch ist auch via wechselseitiger Bild- und Tonübertragung möglich. Lediglich der persönliche Eindruck kann durch eine Videokonferenz beeinträchtigt werden[461]. Demgemäß ist nicht ersichtlich, warum eine Partei nicht auch über eine Videokonferenz als persönlich erschienen i.S.d. § 141 ZPO angesehen werden kann. Das Gericht kann es der Partei also grundsätzlich im Rahmen eines Gestattungsbeschlusses ermöglichen, ihrer auferlegten Verpflichtung per Videokonferenz nachzukommen. Sollte es dem Gericht im besonderen Maße auf den persönlichen Eindruck der Partei zur Sachverhaltsaufklärung ankommen, der voraussichtlich nur durch eine physische Anwesenheit gewonnen werden kann, kann dieses im Rahmen der Gestattungsentscheidung berücksichtigt werden. Gleiches gilt, wenn sich die neutrale Atmosphäre des gerichtlichen Sitzungszimmers voraussichtlich positiv auf den Wahrheitswillen der Partei auswirken wird[462].

Die grundsätzliche Möglichkeit via Videokonferenz persönlich als erschienen zu gelten, darf jedoch nicht zu einer Erweiterung des in § 141 Abs. 1 ZPO enthaltenden Merkmales der „Erforderlichkeit" führen. Es ist auch weiterhin zu berücksichtigen, dass das persönliche Erscheinen erheblichen Aufwand für die Partei bedeuten kann und die Prozessbevollmächtigung auch zu dem Zwecke zugelassen ist, den Parteien das eigentliche unmittelbare Betreiben des Prozesses weitgehend abzunehmen[463]. Das Gericht darf sich nicht darauf zurückziehen, die Partei könne ja einen Antrag und ihr Einverständnis zu einer Videokonferenz abgeben. Abgesehen davon, dass die Anordnung zeitlich vor dem Antrag und den Einverständniserklärungen der Parteien zu ergehen hat, würde ansonsten ein faktischer Druck die Videokonferenz der Freiwilligkeit berauben.

Die Gestattung der Videokonferenz nur zum Zwecke der formlosen Anhörung der Partei wird entsprechend der förmlichen Vernehmung gem. § 128a Abs. 2 ZPO zu erfolgen haben[464]. Führt die Naturpartei jedoch den Prozess selbst, hat sie also nicht nur zum Zwecke der formlosen Anhörung zu erscheinen, erfolgt die Gestattung gem. § 128a Abs. 1 ZPO.

b) § 278 Abs. 3 Abs. 1 ZPO

Die Anordnung des persönlichen Erscheinens nach § 278 Abs. 3 Satz 1 ZPO setzt lediglich eine Güteverhandlung voraus. Das Erscheinen dient damit der Streitbeilegung durch ein vom Gericht zu leitendes versachlichtes Gespräch.

---

461 Siehe hierzu: 3. Kapitel III. 2. b).

462 MüKo-ZPOReform-Peters, §128a Rn. 5; vgl. Allgemein zum Einfluss auf den Wahrheitswillen: 3. Kapitel III. 2. a).

463 Stein/Jonas/*Leipold*, § 141 I Rn. 1.

464 A.A. MüKo-ZPOReform-*Peters*, §128a Rn. 4.

Persönliche Eindrücke des Gerichts sind irrelevant, weshalb diese „Schwachstelle“ der Videokonferenz der Zuschaltung nicht entgegensteht. Jedoch kann die Atmosphäre der Güteverhandlung, des vernunftortientierten Gespräches von Angesicht zu Angesicht, und die damit verbundenen Bereitschaft zum gegenseitigen Nachgeben durch eine Videozuschaltung gestört werden[465]. Da das Gericht dieses bei seiner Ermessensausübung berücksichtigen kann, ist dennoch kein Grund für eine generelle Ablehnung der Parteizuschaltung zur Güteverhandlung ersichtlich.

Die Gestattung der Videokonferenz zum Zwecke der Güteverhandlung erfolgt unmittelbar nach § 128a Abs. 1 ZPO, da die Partei zur Wahrnehmung ihrer Interessen als Prozessbeteiligter vor Gericht zu erscheinen hat.

6. Sitzungspolizei

Die sitzungspolizeilichen Befugnisse sind in den §§ 176 - 183[466] GVG geregelt. Im Zusammenhang mit einer Videokonferenz gilt es zu untersuchen, ob und inwieweit diese Befugnisse auch am „anderen Ort“ gelten.

a) Geltung am „anderen Ort“

Ob sitzungspolizeiliche Befugnisse auch am jeweiligen Übertragungsort gelten, kann aufgrund der unterschiedlichen Ausgestaltung der Ermächtigungsnormen nicht pauschal[467], sondern nur im Hinblick auf die einzelnen sitzungspolizeilichen Befugnisse beantwortet werden.

aa) Allgemeine Anordnungen und Maßnahmen

Nach § 176 GVG obliegt die Aufrechterhaltung der Ordnung in der Sitzung dem Vorsitzenden. Dieses ist gewissermaßen die Generalklausel der Sitzungspolizei. Sie dient der Sicherung der äußeren Ordnung des Verhandlungsablaufs und soll damit die Voraussetzungen für eine ruhige, ernsthafte und sachliche Prüfung und Erörterung des Streitgegenstandes schaffen[468]. § 176 GVG ist Rechtsgrundlage für präventive Anordnungen und Maßnahmen zur Aufrechterhaltung der Ordnung. Die Grenzen der Befugnisse werden durch die §§ 177, 178 GVG vorgezeichnet.

---

465 Dies wurde im Ergebnis auch bei Umfrage des baden-württembergischen Justizministeriums bei den Landesjustizverwaltungen und Verbänden vorgebracht: *Geiger*, in: ZRP 1998, 365 (366).

466 Z.T. wird auch § 175 Abs. 1 GVG der Sitzungspolizei zugerechnet: *Hofmann*, Sitzungspolizei im Strafprozeß , Diss. 1971, S. 45.

467 So aber *Stadler*, in: Musielak/*Stadler*, § 128a Rn. 2, wonach sitzungspolizeiliche Maßnahmen ohne Begründung nur innerhalb des Sitzungssaals als möglich angesehen werden; a.A. Schultzky, in: NJW 2003, 313 (316/317), der sitzungspolizeiliche Maßnahmen pauschal für zulässig erachtet.

468 BVerfG NJW 1979, 1400 (1401) m.w.N.

Die Sitzungsgewalt nach § 176 GVG umfasst im Gegensatz zum Öffentlichkeitsprinzip nach § 169 Abs. 1 GVG auch den „anderen Ort“ bei Durchführung einer Videokonferenz[469]. Ausgangspunkt dieser Beurteilung ist der Passus „in der Sitzung“. Der Normzweck gebietet die sitzungspolizeilichen Befugnisse auf all die Bereiche auszudehnen, von denen unmittelbare Störungen für den Verhandlungsablauf ausgehen können. Bisher war damit in erster Linie der Sitzungsort, d.h. der räumliche Bereich innerhalb dessen die Sitzung stattfindet sowie auf die zum Sitzungssaal gehörenden Räume, wie z.B. das Beratungszimmer, gemeint[470]. Daneben erstreckte sich die Sitzungsgewalt aber auch auf die dem Sitzungssaal unmittelbar angrenzenden Vorräume und Zugänge, sofern die Störung von dort direkt auf die Verhandlung einwirkt[471]. Erfasst ist also der optische und akustische räumliche Bereich der Sitzung, d.h. alle für die Verhandlung erforderlichen Räumlichkeiten[472].
Hierher gehört auch der „andere Ort“ unabhängig davon, dass er nicht Verhandlungsort i.S.d. § 219 ZPO ist. Durch die Videokonferenz ist dieser einem den Sitzungssaal unmittelbar angrenzenden Raum gleichzustellen[473].

Heckel[474] verneint offenbar die Geltung der Sitzungspolizei am „anderen Ort“ aus rein praktischen Gründen. Weil sitzungspolizeiliche Maßnahmen des Vorsitzenden bei der „Gegenstelle“ des zugeschalteten Prozessbeteiligten ausscheiden würden, dürften auch sitzungspolizeiliche Anordnungen dort nicht gelten. Bei einer von dort ausgehenden Störung müsse die Verbindung abgebrochen werden.
Diese Ansicht vermengt offensichtlich Fragen der Geltung der Befugnisse nach § 176 GVG und Fragen der Durchsetzung. Ebenso wie der Bestand eines materiellen Rechts nicht von seiner Durchsetzbarkeit abhängt, kann auch eine Anordnung bei fehlender Durchsetzungsmöglichkeit getroffen werden. Überdies stimmt die Einschätzung Heckels, so wie sie hier verstanden wird, nicht. Es gibt durchaus allgemeine sitzungspolizeiliche Maßnahmen die nicht an eine Vollstreckung im Sitzungssaal anknüpfen. So ist eines der am häufigsten

469 So auch *Seibel*, in: AO-StB 2001, 147 (150).
470 MüKo-ZPO-*Wolf*, § 176 GVG Rn. 5.
471 BGH NJW 1998, 1420; BVerfG NJW 1996, 310; a.A. *Kissel*, § 169 Rn. 10, mit dem Argument der notwendigen Abgrenzung zwischen Hausrecht und Sitzungspolizei; dagegen Löwe/Rosenberg/*Schäfer*/*Wickern*, § 176 Rn. 6.
472 *Hofmann*, S. 48 m.w.N.; *Haischmann*, Die richterliche Sitzungspolizei, Diss. 1967, S. 16f.: außerhalb eines Raumes und ohne Absperrung, z.B. bei einem Ortstermin beschränkt sich die Gerichtsstätte auf den Bereich der Rufweite des Gerichts.
473 Von der grundsätzlichen Geltung der Sitzungspolizei am Übertragungsort geht im Strafverfahren auch das Bundesministerium der Justiz aus, wenngleich auf die Erschwernis der Maßnahmen hingewiesen wird: Vgl. Handreichung des BMJ, S. 47.
474 *Heckel*, Die Videokonferenz im Verwaltungsprozess, VBlBW 2001, 1 (4).

gebrauchten Mittel der Sitzungspolizei die Abmahnung störenden Verhaltens[475]. Dieses reicht oftmals schon aus, um eine Störung zu beseitigen. Ebenso wird der Anordnung, den Sitzungssaal - bzw. hier den Übertragungsort - zu verlassen, oft freiwillig nachgekommen, so dass es keiner Vollstreckung bedarf. Die Unterbrechung der Sitzung, mit der Folge der technischen Trennung der Verbindung, ist ebenfalls ein vollstreckungsfreies Mittel[476].

In zeitlicher Hinsicht beginnt die Sitzung am „anderen Ort", und damit die sitzungspolizeilichen Befugnisse nach der Generalklausel des § 176 GVG, mit der Herstellung der Verbindung zum Gerichtssaal, wenn sich dort das verhandlungsbereite Gericht versammelt hat oder gem. § 220 ZPO die Sache aufgerufen wurde.

bb) Freiheitsbeschränkende Maßnahmen

Freiheitsbeschränkende Maßnahmen zur Aufrechterhaltung der Ordnung können gem. § 177 GVG angeordnet und zwangsweise durchgesetzt werden, wenn der Aufforderung den Sitzungssaal zu verlassen gem. § 176 GVG nicht freiwillig gefolgt wird[477]. Vorgesehen ist die Entfernung aus dem Sitzungszimmer, die Ordnungshaft und ein Festhalten, welches jeweils höchstens 24 Stunden dauern darf[478].

Bezüglich der Maßnahmen des § 177 GVG am „anderen Ort" ergeben sich zweierlei Probleme. Zum einen stellt sich die Frage des räumlichen Geltungsbereiches dieser Befugnis, da jedenfalls bei der Maßnahme des Entfernens nur auf das „Sitzungszimmer" Bezug genommen wird. Zum anderen ist die Durchsetzbarkeit zweifelhaft, da am „anderen Ort" in der Regel das dafür erforderliche Personal nicht vorgehalten wird.

Unter „Sitzungszimmer" ist hier nicht der Begriff im Sinne des § 219 ZPO zu verstehen. Der sitzungspolizeiliche Charakter des § 177 GVG spricht für eine weite Auslegung des Begriffs. So wird bei Sitzungen außerhalb eines Raumes, z.B. bei einer Ortsbesichtigung, der Ausschluss von der Teilnahme an der Verhandlung mit der Entfernung aus dem Sitzungszimmer gleichgesetzt[479]. Dieses macht deutlich, dass § 177 GVG die Befugnis enthält, Personen aus dem räumlichen (akustischen und optischen) Bereich der gerichtlichen Tätigkeit zu entfernen um einen störungsfreien Verhandlungsablauf zu sichern. Bei einer

---

475 *Kissel*, § 176 Rn. 23.

476 *Kissel*, § 176 Rn. 33; Musielak/*Stadler*, § 128a Rn. 2; Auch *Heckel* spricht die Verbindungsunterbrechung unter Verkennung des sitzungspolizeilichen Charakters an: VBlBW 2001, 1 (4).

477 Löwe/Rosenberg/*Schäfer*/*Wickern*, § 177 GVG Rn. 22; *Hofmann*, S. 57.

478 Auch für Ordnungshaft h.M. KK-*Mayr*, § 177 Rn. 6; *Kissel*, § 177 Rn. 5; Löwe/Rosenberg/Schäfer/Wickern, § 177 Rn. 2.

479 Löwe/Rosenberg/*Schäfer*/*Wickern*, § 177 GVG Rn. 23; *Kissel*, § 177 Rn. 2.

audio-visuellen Videoübertragung ist der „andere Ort“ in die Gerichtsverhandlung einbezogen und damit auch als „Sitzungszimmer“ i.S.d § 177 GVG zu verstehen[480].

Heckel[481], der sitzungspolizeiliche Maßnahmen am „anderen Ort“ ablehnt, ist insoweit Recht zu geben, als eine zwangsweise Durchsetzung dort in der Regel mangels Personals nicht sofort vorgenommen werden kann. Grundsätzlich ist zwar die Zuhilfenahme der Polizei zulässig, jedoch müsste diese zum einen erst angefordert werden und zum anderen müsste diese, um in den Bereich des Übertragungsortes zu gelangen, einen vom Hausrecht geschützten Bereich durchqueren. Verweigert der Hausrechtsinhaber den Durchgang, fehlt es an einer Rechtsgrundlage den Durchgang zu erzwingen. Sitzungspolizeiliche Befugnisse erstrecken sich nicht auf diesen räumlichen Bereich. Wenn die Vollstreckung der Maßnahme jedoch nicht unmittelbar veranlasst werden kann, ist die Maßnahme regelmäßig unverhältnismäßig. Die Ordnungshaft ist zur Aufrechterhaltung der Ordnung in der Sitzung nur geeignet, wenn sie während deren Dauer vorgenommen wird[482]. Da eine Vollstreckung während der Sitzung am anderen Ort in der Regel nicht durchführbar sein wird, sind die Maßnahmen nach § 177 GVG nicht geeignet, die Störung abzuwehren[483].
Heckel muss jedoch widersprochen werden, wenn er aus diesem Umstand den Schluss der fehlenden räumlichen Geltung des § 177 GVG für den Bereich des „anderen Ortes“ zieht. Auf § 177 GVG fußende Maßnahmen am „anderen Ort“ sind lediglich grundsätzlich unverhältnismäßig und damit unzulässig. Dieses ist auch nicht ein rein akademischer Unterschied. In besonders gelagerten Fällen, wie z.B. der Durchführung der Videokonferenz unter Amtshilfe eines anderen Gerichts an dem dortigen Gerichtsort steht das Personal zur Vollstreckung durchaus zur Verfügung und Anordnungen nach § 177 GVG können vollstreckt werden.
Im Ergebnis bleibt damit festzuhalten, dass Anordnungen nach § 177 GVG grundsätzlich möglich sind, jedoch regelmäßig mangels Durchsetzbarkeit unverhältnismäßig sein werden.

cc) Ahndung wegen Ungebühr

§ 178 GVG hat im Gegensatz zu §§ 176, 177 GVG repressiven Charakter und dient der Ahndung von ungebührlichem Verhalten[484]. Die Strafen dienen aufgrund ihrer spezial- und generalpräventiven Wirkung zumindest auch der

---

480 A.A. -am Wortlaut haftend- *Heckel*, in: VBlBW 2001, 1 (4).
481 *Heckel*, in: VBlBW 2001, 1 (4).
482 Vgl. Wiezorek/Schütze/*Schreiber*, § 177 Rn. 9; Kissel § 177 Rn. 5; MüKo-ZPO-*Wolf*, § 177 Rn. 9; *Rehbinder*, in: MDR 1963, 640 (641, FN 4).
483 Zur Notwendigkeit der sofortigen Vollstreckung: Kissel, § 179 Rn. 2.
484 *Rehbinder*, in: MDR 1963, 640 (641).

Aufrechterhaltung der Ordnung in der Verhandlung[485]. Die Verhängung einer Strafe nach § 178 GVG muss „in der Sitzung" erfolgen. Darunter ist die Verhandlung zu verstehen, gleichgültig an welchem Ort sie stattfindet[486]. Bezüglich der räumlichen Geltung des § 178 GVG kann auf das zu § 176 GVG Ausgeführte verwiesen werden.
Ordnungsmittel gem. § 178 GVG können auch gegen Parteien, Zeugen, Sachverständige oder bei der Verhandlung nicht beteiligte Personen verhängt werden. Da es sich um repressive Maßnahmen handelt, ist ihre Vollstreckung nicht noch innerhalb der Sitzung erforderlich[487], eine Durchsetzungsproblematik wie bei Maßnahmen nach § 177 GVG besteht daher nicht.

dd) Strafverfolgung

Die in § 183 GVG normierte Verpflichtung des Gerichts zur Aufnahme und Weiterleitung von Straftatbeständen gilt auch für Straftaten, die am „andern Ort" begangen werden. Der Passus „in der Sitzung" bezieht den Übertragungsort ein[488].
Die vorläufige Festnahme ist gem. § 183 Satz 2 GVG nur in geeigneten Fällen zu verfügen. Da das hierzu erforderliche Personal grundsätzlich am „anderen Ort" nicht verfügbar sein wird, handelt es sich bei dort begangenen Straftaten grundsätzlich nicht um einen geeigneten Fall. Eine Verfügungsbefugnis gegenüber anderen Personen, denen die vorläufige Festnahme nach § 127 Abs. 1 StPO auch möglich ist, besteht nicht. Sie kann jedoch als ein Weniger zur Verfügung angeregt werden.

b) Verhältnis zum Hausrecht

Die sitzungspolizeiliche Befugnis des Vorsitzenden bzw. des Spruchkörpers geht dem Hausrecht am „anderen Ort" während einer Videokonferenzschaltung uneingeschränkt vor. Dieses ist nicht nur in Gerichtsgebäuden anerkannt[489], sondern entspricht auch der allgemeinen Meinung für Verhandlungen außerhalb der für Gerichtsverhandlungen gewidmeten Örtlichkeiten bei einem Ortstermin[490]. Die sitzungspolizeilichen Befugnisse sollen die Verfahrensdurchführung sichern und auf diese Weise die störungsfreie Realisierung staatlicher Funktionen ermöglichen[491]. Zudem darf die richterliche Unabhängigkeit nicht vom jeweiligen Hausrechtsinhaber untergraben werden. In der Quintessenz darf das

485 I.Ü. ist der Schutzzweck des § 178 GVG umstritten: siehe *Rehbinder*, in: MDR 1963, 640 (641); *Kissel*, § 178 Rn. 6ff m.w.N.
486 So schon: RGSt 47, 322.
487 Vgl. *Kissel*, § 179, Rn. 3 und Rn. 4.
488 Siehe Begründung zu § 176 GVG: 2. Kapitel III. 6. a) aa).
489 BGH NJW 1982, 947; 1972, 1144; *Kissel*, § 176 Rn. 3 m.w.N.
490 Vgl. BGH NStZ-RR 2000, 366 (366).
491 *Engeln*, Das Hausrecht und die Berechtigung zu seiner Ausübung, Diss. 1989, S. 129.

Gericht bei der Wahrnehmung seiner hoheitlichen Aufgaben nicht auf die Zustimmung des Hausrechtsinhabers angewiesen sein.
Dogmatisch betrachtet wird das Hausrecht durch den Besitzschutz des Bürgerlichen Gesetzbuches gewährt[492]. Die Störung der tatsächlichen Sachherrschaft durch sitzungspolizeiliche Anordnungen ist durch die §§ 176 ff. GVG gedeckt, womit sie keine verbotene Eigenmacht i.S.d. § 858 Abs. 1 BGB darstellen.

7. Auslandsbezug

Ein wesentliches Merkmal der Kommunikation via Videokonferenz ist die kostengünstige und schnelle Überwindung von Entfernungen. Dieses macht sie besonders attraktiv für eine Zuschaltung von Personen, die sich im Ausland aufhalten, was auch die Praxis im Strafprozess bestätigt. Seit dem Inkrafttreten des § 247a StPO am 01.12.1998 ist es zu mehreren Entscheidungen des Bundesgerichtshofes gekommen, bei denen es im Rahmen von Revisionen überwiegend darum ging, dass die Unerreichbarkeit von Auslandszeugen gem. § 244 Abs. 3 Satz 2 StPO nur vorliegt, wenn eine Videovernehmung nicht in Betracht kommt[493].

a) Völkerrechtliche Grundlagen

Die Rechtsgrundlage des § 128a ZPO für eine zivilgerichtliche Videokonferenz besteht nur im räumlichen Geltungsbereich der ZPO, also dem Hoheitsgebiet der Bundesrepublik Deutschland. Nur in diesen Grenzen steht Gerichten die Staatsfunktion der rechtsprechenden Gewalt aus Art. 20 Abs. 2 Satz 2 GG zu.
Die Achtung der territorialen Integrität der Staaten verbietet alle Staatshandlungen im Ausland, durch die in die Gebietshoheit eines Territorialstaates ohne dessen Einwilligung eingegriffen wird[494]. Die Gerichtsgewalt eines Staates ist auf sein Hoheitsgebiet beschränkt. Richter dürfen auf fremden Territorium weder Urteile fällen noch Gerichtsverhandlungen, in denen nur der Sach- und Streitstand erörtert wird, abhalten. Nach kontinentaleuropäischer Auffassung ist auch die Beweiserhebung hoheitliche Tätigkeit, da das Gericht die Beweisaufnahme selbst durchführt[495]. Damit ist auch jede Form der Beweisaufnahme, insbesondere die Vernehmung von Parteien, Zeugen, Sachverständigen auf fremdem Staatsgebiet durch dort anwesende deutsche Richter völkerrechtlich verboten.

Selbstverständlich ist es auch Ausdruck der Souveränität der Staaten, über die vorgenannten völkerrechtlichen Grundsätze zu disponieren. Gerichtsverhandlungen und Beweisaufnahmen können auf fremdem Staatsgebiet durchgeführt

---

492 *Engeln*, S. 45.
493 BGHSt 45, 188-197 (1 StR 286/99); BGHSt 46, 73-81 (4 StR 647/99); NStZ 2000, 385-386 (1 StR 657/99); NStZ 2001, 160 (3 StR 216/00).
494 *Geimer E.*, Internationale Beweisaufnahme, Diss. 1998, S. 11.
495 *Geimer E.*, S. 11.

werden, wenn eine entsprechende Einwilligung des betroffenen Staates vorliegt. Diese kann aufgrund eines völkerrechtlichen Vertrages oder einer ad-hoc-Bewilligung erfolgen. Auch im Falle der Zustimmung des ausländischen Staates bedarf das deutsche Gericht der Genehmigung der Bundesregierung, da die Pflege auswärtiger Beziehungen (Art 32 Abs. 1 GG) tangiert ist[496].
In der Staatenpraxis herrschen jedoch Rechtshilfeverträge, wie z.B. das Haager Übereinkommen über die Beweisaufnahme im Ausland in Zivil- und Handelssachen (HBÜ; BGBl. 1977, II S. 1472), das Haager Übereinkommen über den Zivilprozeß (HZPÜ; BGBl. 1958, II S. 577) oder die am 01.01.2004 in Kraft tretende Verordnung über die Zusammenarbeit der Mitgliedsstaaten auf dem Gebiet der Beweisaufnahme in Zivil- und Handelssachen (EuBVO; EG-Abl. L 174, S. 1) vor. Internationale Rechtshilfe ermöglicht es einem Staat jedoch nicht selbst auf fremdem Territorium tätig zu werden, sondern nur den ausländischen Staat um Vornahme der gerichtlichen Maßnahme zu ersuchen. So versteht § 2 Abs. 1 ZRHO[497] unter der internationalen Rechtshilfe in Zivilsachen „jede gerichtliche oder behördliche Hilfe in einer bürgerlichen Rechtsangelegenheit, die entweder zur Förderung eines inländischen Verfahrens im Ausland oder zur Förderung eines ausländischen Verfahrens im Inland geleistet wird". Allerdings begründet Art. 17 HBÜ die völkerrechtliche Verpflichtung, die Beweisaufnahme durch einen Beauftragten des Gerichts zu dulden[498]. Art. 17 EuBVO sieht sogar die Beweisaufnahme durch ein ausländisches Gericht in einem Mitgliedsstaat vor. Damit wird die vorgenommene begriffliche Unterscheidung jedoch nicht aufgeweicht, denn es handelt sich dabei nicht um Rechtshilfe im engeren Sinne, sondern um supranationale Sonderabreden in einem Abkommen, dass weitgehend die Rechtshilfe regelt. Gleiches gilt im Übrigen für die Beweiserhebung durch einen deutschen Konsul (Art. 15 HÜB).

Ob eine Videokonferenz mit Auslandsbezug völkerrechtlich relevant ist und auf welchem Wege eine Durchführung erfolgen kann, soll im Folgenden untersucht werden.

b) Videokonferenzen mit im Ausland befindlichen Parteien

Wie bereits ausgeführt sind alle Fälle, in denen fremde Staatsorgane in einem anderen Staat hoheitliche Maßnahmen vornehmen völkerrechtlich grundsätzlich

---

[496] Ausführlich: *Geimer E.*, S.119ff; *Geimer R.*, Internationales Zivilprozeprecht, 4. Auflage (2001), Rn. 2347.

[497] Rechtshilfeordnung für Zivilsachen; abgedruckt in Bülow/Böckstiegel/Geimer/Schütze, Internationaler Rechtsverkehr in Zivil- und Handelssachen, 3. Band, Loseblatt (1973), GI Ziff. 900.

[498] Allerdings muss für jeden Einzelfall – soweit der betreffende Vertragsstaat nicht die Erklärung nach Art. 17 Abs. 2 HBÜ abgegeben hat – vorher von der zuständigen Behörde des Staates, dessen Hoheitsgebiet durch die Beweisaufnahme des deutschen Gerichts tangiert wird, eine Genehmigung erteilt worden sein, (Quelle: *Geimers E.*, S. 17 FN. 27).

unzulässig. Eine Gerichtsverhandlung ist als solche selbst dann unzulässig, wenn es nicht zu Beschlüssen oder Urteilen kommt, sondern nur der Sach- und Streitstand auf fremden Territorium erörtert wird[499].
Bei der Zuschaltung einer Person nach § 128a Abs. 1 ZPO aus dem Ausland, würde die Gerichtsverhandlung zumindest teilweise unmittelbar im Hoheitsgebiet eines anderen Staates durchgeführt[500]. Dass der Gerichtsort weiterhin nur der Sitzungssaal ist, ändert daran nichts, denn der im Ausland weilende Teilnehmer an der Videokonferenz ist nach § 128a Abs. 1 ZPO dann als anwesend i.S.d. §§ 330, 331 Abs. 1 ZPO anzusehen. Damit ist aber zugleich verbunden, dass er Teilnehmer der mündlichen Verhandlung ist. Ein solcher Auslandsbezug bedarf der Zustimmung des betreffenden Staates und der Genehmigung der Bundesregierung nach Art 32 Abs. 1 GG. Ansonsten sind Verhandlungen nach § 128a Abs. 1 ZPO mit Auslandsbezug nicht möglich, weil damit Gerichtsbarkeit auf ausländischem Territorium ausgeübt würde[501]. Diesbezügliche völkerrechtliche Verträge bestehen nicht[502].

c) Videokonferenzen mit im Ausland befindlichen Personalbeweismitteln

Bei der Frage der Zulässigkeit der Beweisaufnahme mit Auslandsbezug muss zunächst zwischen innerstaatlichem Recht und dem Völkerrecht differenziert werden. Bei einer derartigen Unterscheidung darf jedoch nicht aus dem Blickfeld geraten, dass auch innerstaatliches Recht den völkerrechtlichen Grundsätzen Rechnung tragen soll.

aa) Innerstaatliche Zulässigkeit

Die Zivilprozessordnung unterscheidet zwischen der Beweisaufnahme im Ausland und der Herbeischaffung von Beweismitteln aus dem Ausland dahingehend, als dass nur ersteres eine spezielle Normierung erfahren hat (§§ 363, 364, 369 ZPO).
Für die Beweisaufnahme im Ausland sieht § 363 ZPO den Weg der internationalen Rechtshilfe bzw. die Inanspruchnahme eines Bundeskonsuls vor. Entweder sind die ausländischen Behörden bzw. Gerichte (Absatz 1) oder der Bundeskonsul um Beweisaufnahme zu ersuchen, sofern diese Möglichkeit durch Staatsverträge oder einer ad-hoc- Zustimmung ermöglicht ist (Absatz 2). Die Norm trägt damit den völkerrechtlichen Grundsätzen der grundsätzlichen Unzulässigkeit hoheitlicher Tätigkeit auf fremdem Staatsgebiet Rechnung.

---

[499] *Ipsen*, Völkerrecht, 4. Auflage (1999), § 23 Rn. 6, S. 245.
[500] So für § 91a FGO: *Seibel*, in: AO-StB 2001, 147 (150).
[501] Zöller/*Greger*, § 128a, Rn. 6; Musielak/*Stadler*, § 128a Rn. 8, allerdings auch für Personalbeweismittel.
[502] Schultzky, in: NJW 2003, 313 (315).

Die Beschaffung von Beweismitteln aus dem Ausland ist dagegen in der Zivilprozessordnung nicht explizit geregelt. Die §§ 363, 364 ZPO schränken die Entscheidungsfreiheit der deutschen Gerichte hinsichtlich der Herbeischaffung von Beweismitteln aus dem Ausland aber auch nicht ein[503]. Diese Vorschriften normieren nur das Vorgehen, wenn das Gericht eine Beweisaufnahme im Ausland für richtig hält, nicht aber die Frage, ob eine solche stattfinden muss[504]. Das Gericht kann sich vielmehr auch dafür entscheiden das Beweismittel zu „importieren"[505]. Inwieweit dieses die Souveränität des ausländischen Staates beeinträchtigt, hängt von der jeweiligen Maßnahme ab.

Zur Beurteilung der Frage, ob eine Beweisaufnahme mittels Videokonferenz mit einem im Ausland gelegenen „anderen Ort" nach der ZPO zulässig ist, muss zunächst eine Einordnung nach der vorstehenden Unterscheidung vorgenommen werden.

Die Beweisaufnahme findet im Ausland statt, wenn der Beweis dort erhoben wird[506]. Maßgeblich ist insoweit, wo die hoheitliche Handlung der Beweiserhebung vorgenommen wird. Aus deutscher Sicht findet die Beweisaufnahme – wie sonst auch in Kontinentaleuropa – grundsätzlich durch das Prozessgericht statt (§ 355 Abs. 1 ZPO). Dieses befindet sich bei einer Videovernehmung am Gerichtsort, mithin im Inland. Wie noch darzustellen sein wird, genügt auch die Videovernehmung diesem Unmittelbarkeitsgrundsatz[507]. Das Prozessgericht nimmt die Aussagen unmittelbar am Gerichtsort zur Kenntnis. Daraus folgt, dass es sich bei einer mediatisierten Vernehmung einer im Ausland befindlichen Beweisperson um eine Maßnahme der Beweisbeschaffung und nicht etwa um eine Beweisaufnahme im Ausland handelt[508].
Dieses Ergebnis wird durch die deckungsgleiche Problematik bei der schriftlichen Befragung von ihm Ausland befindlichen Beweispersonen (vgl. entsprechend § 377 Abs. 3 ZPO) bestätigt. Auch dabei äußert sich die Beweisperson im Ausland und das Gericht nimmt unmittelbar im Innland von deren Inhalt Kenntnis. Ordnet das Prozessgericht eine schriftliche Beantwortung der Beweisfrage nach § 377 Abs. 3 ZPO gegenüber einem im Ausland befindlichen Zeugen an, dann wird der Beweis anerkannter Maßen vom im Innland befindlichen Prozessgericht selbst erhoben, so dass es sich auch dort nicht um eine

503 OLG Schleswig RiW 1989, 910 = IPRspr. 1988/183.
504 Geimer R., Rn. 2380.
505 Geimer R., Rn. 2380; vgl. MüKo-ZPO-*Musielak*, § 363 Rn. 1.
506 MüKO-ZPO-*Musielak*, § 363 Rn. 2.
507 3. Kapitel II.
508 Vgl. für § 377 Abs. 3 ZPO: *Daoudi*, Exterritoriale Beweisbeschaffung im deutschen Zivilprozessrecht, Diss. 2000, S. 123f.

Beweisaufnahme im Ausland i.S.v. § 363 ZPO handelt[509]. Die Beweisaufnahme ist dabei nämlich nicht die Abfassung der schriftlichen Aussage des Zeugen, sondern entweder die Einführung in die Verhandlung durch Verlesung bzw. durch Bezugnahme oder Kenntnisnahme und anschließenden Verwertung durch das Gericht im Verfahren ohne mündliche Verhandlung[510]. Entsprechendes gilt auch für eine telefonische Befragung[511].

Der innerstaatlichen Zulässigkeit einer grenzüberschreitenden Videovernehmung steht auch der Wortlaut des § 128a Abs.2 ZPO nicht entgegen. § 128a ZPO ist von seinem Wortlaut ebenso wenig auf innerstaatliche Zeugen beschränkt wie z.B. die schriftliche Beweisaufnahme nach § 377 Abs. 3 ZPO[512].

Im Ergebnis bleibt festzuhalten, dass der Videokonferenz mit im Ausland befindlichen Beweispersonen aus zivilprozessualer Sicht keine Bedenken entgegensteht.

bb) Völkerrechtliche Relevanz

Aber auch bei der Beschaffung von Beweismitteln aus dem Ausland können sich völkerrechtliche Probleme ergeben. Bei der Beweisbeschaffung aus dem Ausland ist die Frage, ob und unter welchen Voraussetzungen die Souveränität des fremden Staates verletzt wird, weitaus schwieriger zu beantworten als bei Beweisaufnahmen im Ausland selbst.

So ist es nicht verwunderlich, dass die völkerrechtliche Zulässigkeit einer schriftlichen Zeugenbefragung in der Bundesrepublik Deutschland höchst umstritten ist. Aufgrund der schon aufgezeigten Parallelen mit einer Videokonferenz ist dieser Streit auch für die hier zu untersuchende völkerrechtliche Zulässigkeit von grenzüberschreitenden Videovernehmungen maßgebend und soll daher im Folgenden dargestellt werden.

(1) Freiwillige schriftliche Äußerung einer im Ausland befindlichen Beweisperson

Zeugen und Sachverständige können nach innerdeutschem Recht gem. §§ 377 Abs. 3 Satz 1, 411 ZPO zur schriftlichen Abgabe ihrer Aussage aufgefordert werden. Will man dieses auf im Ausland befindliche Beweispersonen anwenden, ist zu beachten, dass das Völkerrecht hoheitliches Handeln auf fremdem

---

509 Vgl. Zöller/*Geimer*, § 363 Rn. 5 m.w.N; *Vassilaki*, Anmerkung zu BGH, Urteil v. 15.9.1999 – 1 StR 286/99, JZ 2000, S. 474f.; Daoundi, S. 123f.

510 *Stadler*, Schriftliche Zeugenaussage und pre-trial discovery im deutschen Zivilprozeß, ZZP 110 (1997), 137 (144ff.).

511 *Geimer R.*, Rn. 2385; Zöller/*Geimer*, § 363 Rn. 5.

512 *Geimer E.*, S. 114; Zur Zulässigkeit einer Ladung mit Auslandsbezug gem. § 377 Abs. 3: *Daoudi*, S. 121 ff.

Staatsgebiet grundsätzlich verbietet, so dass eine Ausübung von Zwang auf die Beweisperson ebenso völkerrechtswidrig ist wie die Auferlegung einer Pflicht. Beschreitet das Gericht also den Weg der schriftlichen Befragung kann dieses nur auf freiwilliger Basis seitens der Beweisperson erfolgen. Als Ausgleich dafür bietet dieser Weg die Möglichkeit einer unmittelbaren Befragung durch das Prozessgericht.

Die herrschende ältere Rechtsprechung[513] und ein Teil der Literatur[514] hält eine unmittelbare schriftliche Befragung von Zeugen im Ausland von deutschen Gerichten auch auf freiwilliger Basis für völkerrechtlich unzulässig.

Der BGH hat in einer Entscheidung[515] aus dem Jahre 1984 mit einem kurzen Passus zu den Souveränitätsinteressen des anderen Staates unter Hinweis auf den insoweit gleich lautenden § 39 Satz 3 ZRHO[516] ausgeführt, eine unmittelbare Einholung einer schriftlichen Zeugenauskunft komme völkerrechtlich nicht in Betracht, denn auch darin könne der ausländische Staat einen unzulässigen Eingriff in seine Hoheitsrechte sehen. Das OLG Hamm[517] hat diese Position ebenso aufgegriffen wie Teile der Literatur[518]. Ergänzend wird ausgeführt, mit der Aufforderung an den auswärtigen Zeugen werde das Gericht selbst im Ausland tätig und auf die Tatsache, dass insoweit Zwangsmaßnahmen nicht bestehen und nicht angedroht werden, komme es nicht an[519].

Inzwischen wird in der herrschenden Literatur[520] aber auch in der Rechtsprechung[521] zu Recht vermehrt die Auffassung vertreten, dass ein direktes Vorgehen gemäß § 377 Abs. 3 ZPO (ohne Inanspruchnahme internationaler Rechtshilfe) völkerrechtlich eine zulässige Maßnahme zur Beweisbeschaffung aus dem Ausland sei.

---

513 BGH NJW 1984, 2039; OLG Hamm NJW-RR 1988, 703.

514 *Stürner*, Anmerkung zu BGH, Urteil v. 9.4.1986 – IV b ZR 27/85, JZ 1987, 44 (45); Musielak/*Stadler*, § 363 Rn. 10; Thomas/Putzo/*Reichold*, § 363 Rn. 4.

515 BGH, Urt. V. 10.5.1984 – III ZR 29/83, abgedruckt in NJW 1984, S. 2039- 2040.

516 Rechtshilfeordnung für Zivilsachen; abgedruckt in: Bülow/Böckstiegel/Geimer/Schütze, Internationaler Rechtsverkehr in Zivil- und Handelssachen, GI Ziff. 900.

517 OLG Hamm NJW-RR 1988, 703 (703).

518 MüKo-ZPO-*Damrau*, § 363 Rn. 2; Musielak/*Stadler*, § 363 Rn. 10.

519 Musielak/*Stadler*, § 363 Rn. 10; selbiges vertritt *Stadler* auch für Videokonferenzen: Musielak/*Stadler*, § 128a Rn. 8.

520 *Mann*, Prozesshandlungen gegenüber ausländischen Staaten und Staatsorganen, NJW 1990, 618 (619).; Daoudi, S. 125; Müko-ZPO-*Damrau*, § 377 Rn. 5; Stein/Jonas/*Chr. Berger*, § 363 II Rn. 14; *Geimer R.*, Rn. 2384; Zöller/*Geimer*, § 363 Rn. 5; *Schack*, Internationales Zivilverfahrensrecht, 3. Auflage (2002), Rn. 721.

521 OLG Frankfurt a.M. NJW-RR 1996, 575.

Es könne für die Frage der Völkerrechtswidrigkeit nicht auf die Ansicht eines einzelnen Staates ankommen, sondern maßgeblich könne allein das Völkerrecht selbst sein.
Da der Auslandszeuge durch die Bitte entsprechend § 377 Abs. 3 ZPO nicht verpflichtet werde, schriftlich auszusagen, sondern nur um deren freiwillige Mithilfe gebeten werde, könne darin kein hoheitliches Handeln gesehen werden[522]. Zudem sei eine schriftliche Aussage weniger belastend als das Erscheinen im Ausland aufgrund (unzulässiger) Ladung oder Vernehmung im Wege der Rechtshilfe[523]. Wenn der BGH meint, die Einholung einer schriftlichen Auskunft sei unzulässig, weil auch darin der ausländische Staat einen unzulässigen Eingriff in seine Hoheitsrechte sehen könne, so könne das allenfalls dann richtig sein, wenn die Erstattung der Auskunft angeordnet oder befohlen würde. Wenn das Gericht dem Zeugen jedoch lediglich den Streitpunkt mitteilt und es ihm überlasse, ob er die ihm gestellten Fragen beantworten will oder nicht, so könne von einer Souveränitätsverletzung keine Rede sein[524]. Die schriftliche Vernehmung enthalte ein Angebot an den Zeugen, eine Reise in den Gerichtsstaat oder förmliche Beweisaufnahme durch Inanspruchnahme der Rechtshilfe des ausländischen Staates zu umgehen[525].
Entscheidend ist meiner Ansicht nach ein weiters Argument. Nach der der alten Fassung des § 377 ZPO war bei einer schriftlichen Zeugenaussage die Beweisfrage „unter eidesstattlicher Versicherung ihrer Richtigkeit" zu beantworten (§ 377 Abs. 3 ZPO in der Fassung vom 2.3.1974)[526]. Die Rechtsprechung[527] zur Völkerrechtswidrigkeit der schriftlichen Aussage einer im Ausland befindlichen Beweisperson beruht ersichtlich auf der Befürchtung, dass die Abgabe der eidesstattlichen Versicherung in die Hoheitsrechte des fremden Staates unzulässig eingreift. Diese Befürchtung ist nunmehr überholt, da eine solche Pflicht seit der Gesetzesänderung vom 17.12.1990[528] nicht mehr besteht. Der Bitte um freiwillige Abgabe der schriftlichen Erklärung ohne eine eidesstattliche Versicherung entsprechend § 377 Abs. 3 ZPO fehlt somit nunmehr jeglicher Anschein einer hoheitlichen Handlung in einem fremden Staat.

Der Hinweis auf § 39 Satz 3 ZRHO ist, da es sich um eine bloße Verwaltungsvorschrift handelt, weder für das Verständnis einer unmittelbaren schriftlichen

---

522 *Schack*, Rn. 721; Stein/Jonas/*Chr. Berger*, § 363 II Rn. 14.
523 Stein/Jonas/*Chr. Berger*, § 363 II Rn. 14.
524 *Mann*, in: NJW 1990, 618 (619).
525 Vgl. *Daoundi*, S. 125.
526 Musielak/*Huber*, § 377 Rn. 7; so trotz Gesetzesänderung vom 17.12.1990 (BGBl. I 2847) immer noch vertreten von *Hartmann*, in: Baumbach/Lauterbach/Albers/*Hartmann* § 363 Rn. 2.
527 Gemeint sind: BGH NJW 1984, 2039 und OLG Hamm NJW-RR 1988, 703.
528 BGBl. I 2847.

Befragung als völkerrechtswidrig ausschlaggebend noch bindet es das mit der Sache befasste Prozessgericht[529].

Im Ergebnis bleibt damit festzuhalten, dass ein schriftliches Auskunftsersuchen freiwilliger Art nach § 377 Abs. 3 ZPO keine völkerrechtliche Relevanz aufweist und mithin zulässig ist.

(2) Videovernehmung mit einer im Ausland befindlichen Beweisperson

Die Auseinandersetzung mit der Frage völkerrechtlichen Relevanz von schriftlichen Aussagen im Ausland befindlicher Zeugen und Sachverständigen gem. §§ 377 Abs. 3, 411 ZPO lässt sich auf die grenzüberschreitenden Videokonferenzen übertragen[530]. Ein Unterschied zwischen diesen beiden Beweisbeschaffungsmethoden besteht augenscheinlich lediglich in der Form der Kommunikation. Während das Gericht bei einer schriftlichen Zeugenvernehmung die freiwillig zu beantwortende Beweisfrage zu Papier bringt, wird sie bei der Videovernehmung in Wort und Bild übermittelt. In diesem Zusammenhang ist noch einmal ausdrücklich darauf hinzuweisen, dass Vernehmungen mittels Videokonferenztechnik im Gegensatz zur schriftlichen Zeugenbefragung nach § 377 Abs. 3 ZPO auch im Inland nicht angeordnet oder mit Zwang durchgesetzt werden können. Die Teilnahme an einer Videokonferenz ist für den Zugeschalteten aufgrund der fehlenden Anordnungsbefugnis in § 128a ZPO immer freiwillig. Hoheitsgewalt in Form einer Ladung zur Videokonferenz wird insofern schon nicht im Inland ausgeübt.

(a) Völkerrechtliche Unzulässigkeit

Autoren und Gerichte, die in der schriftlichen Befragung eine Verletzung fremder Gebietshoheiten sehen, werden auch geneigt sein, dieses für eine Videokonferenz anzunehmen.

So zieht Seibel[531] zur Klärung der völkerrechtlichen Zulässigkeit von grenzüberschreitenden Videovernehmungen eine Analogie zur schriftlichen und fernmündlichen Vernehmung, die seiner Ansicht nach ohne Einwilligung des betreffenden Staates unzulässig sind.

Vassilaki[532] stützt ihre Ausführung, ein Verstoß gegen die Gebietshoheit setze keinen direkten physischen Hoheitsakt eines fremden Staatsorgans auf dem betreffenden Staatsgebiet voraus, es reiche vielmehr aus, dass die außerhalb vorgenommenen Handlungen im betreffenden Staat als hoheitlich angesehen

---

529 BGH NJW 1983, 2769; Bülow/Böckstiegel/Geimer/Schütze, Vorbemerkung zur ZRHO, GI Ziff. 900; *Schack*, Rn. 177.

530 *Seibel*, in: AO-StB 2001, 147 (151).

531 *Seibel*, in: AO-StB 2001, 147 (151).

532 *Vassilaki*, in: JZ 2000, 474 (475).

werde, ebenfalls auf den vom BGH 1984 für die schriftliche Aussage entwickelten Souveränitätsverständnisses.

Stadler[533] stellt wie bei der schriftlichen Beweisaufnahme wiederum allein auf die grenzüberschreitende Maßnahme des Gerichts ab. Ob das Prozessgericht dabei selbst in Deutschland bleibe, sei in Anbetracht der Auslandswirkung unbeachtlich.

Auch der 1. Strafsenat des BGH hat im Zusammenhang mit § 247a StPO in einem Revisionsurteil ausgeführt, dass für die Videokonferenzen mit dem Ausland ausländische Rechtshilfe in Anspruch zu nehmen sei[534]. Der Senat wies bezüglich der Einordnung der Videovernehmung als hoheitliches Handeln im Ausland darauf hin, dass auch die in das Ausland hineinreichende Maßnahme, abgesehen von Akten ohne rechtsgestaltende Wirkung, die souveräne Gleichheit der Staaten verletze[535].

Nach dem vorgenannten Verständnis einer grenzüberschreitenden Videovernehmung wäre für dessen Durchführung die Zustimmungen des anderen Staates und der Bundesregierung (Art. 32 Abs. 1 GG) einzuholen.

Die Inanspruchnahme internationaler Rechtshilfe zur Durchführung von Videokonferenzen mit im Ausland befindlichen Beweispersonen kommt grundsätzlich nicht in Betracht, da § 128a Abs. 2 ZPO die unmittelbare Vernehmung durch das Prozessgericht vorsieht[536]. Die Zuhilfenahme von ausländischen Gerichten oder Behörden könnte sich allenfalls auf die Zurverfügungstellung eines Videokonferenzraumes und die Ladung der Aussageperson beziehen. Da eine Ladung zu einem Videokonferenztermin schon nach innerdeutschem lex fori nicht in Betracht kommt, scheidet ein diesbezügliches Rechtshilfeersuchen jedoch von vornherein aus.
In Kraft befindliche Rechtshilfeabkommen erfassen daher die Videokonferenz zur Beweisaufnahme durch das inländische Prozessgericht selbst auch nicht[537]. Auch die im EU-Raum[538] ab 1.4.2004 geltende VO (EG) Nr. 1206/2001 vom 28.5.01, Abl (EG) L 174 vom 27.6.01[539] sieht kein spezielles Verfahren für

533 Musielak/*Stadler*, § 128a Rn. 8.

534 BGH, Urteil v 15.9.1999 – 1 StR 286/99 = JZ 2000, 474ff. = BGHSt 45, 188= NJW 1999, 3788.

535 BGH NJW 1999, 3788 (3789).

536 Insoweit zumindest missverständlich *Greger*, in; Zöller/*Greger*, § 128 Rn. 6, der die Regelungen der Internationalen Rechtshilfe für Anwendbar erklärt.

537 Musielak/*Stadler*, § 128a Rn. 8; *Schmidt-Troje*, Videokonferenz im Finanzgericht, BB 2002, Heft 24, I.

538 Gem. Art. 1 Abs. III VO (EG) Nr. 1206/2001 mit Ausnahme Dänemarks.

539 Abgedruckt in: Baumbach/Lauterbach/Albers/Hartmann, § 363 Anh. IV.

freiwillige Videokonferenzen zur unmittelbaren Beweisaufnahme durch das ersuchende Gericht vor. Art. 10 Abs. 4 selbiger Verordnung sieht lediglich die Möglichkeit vor, Videokonferenztechnik für die Vernehmung durch das ersuchte Gerichte selbst zum Einsatz zu bringen. Stadler[540] schlägt in diesem Zusammenhang vor, von deutscher Seite eine besondere Form der Erledigung des Rechtshilfeersuchens im Ausland in der Weise zu beantragen (Art. 9 Abs. 2 i.V.m. Art. 8 HBÜ), dass die Vernehmung durch das ersuchte Gericht nach Deutschland übertragen wird. Das ausländische Rechtshilfegericht könne dann im Rahmen seines eigenen Prozessrechts auch Mitgliedern des deutschen Gerichts die Stellung eigener Fragen gestatten. In Art. 17 VO (EG) Nr. 1206/2001 ist zwar nunmehr auch die unmittelbare Beweisaufnahme durch das ersuchende Gericht vorgesehen, allerdings nur unter Anwesenheit eines Gerichtsangehörigen oder einer anderen Person in dem ausländischen Staat[541]. In Abs. IV Satz 3 wird auch allgemein die Förderung von Videokonferenzen zur Beweisaufnahme statuiert, ohne dieses jedoch näher zu präzisieren oder auszugestalten[542]. Über eine allgemeine Förderungsverpflichtung enthält dieses keine Verpflichtung der Mitgliedsstaaten grenzüberschreitende Videokonferenzen zu gestatten. In der Zukunft scheint dennoch durch Art. 17 VO (EG) Nr. 1206/2001 i.V.m. § 128a Abs. 2 ZPO die gesetzliche Grundlage im Rahmen der Rechtshilfeabkommen für die grenzüberschreitende freiwillige Beweisaufnahme mittels Videokonferenz geschaffen.

(b) Völkerrechtliche Zulässigkeit

Die hier vertretene völkerrechtliche Zulässigkeit der freiwilligen schriftlichen Aussage von Zeugen und Sachverständigen führt aufgrund der aufgezeigten Parallelen dazu, dass die Souveränität der Staaten durch eine Videovernehmung nicht als berührt anzusehen ist.

Auch der mediale Transfer des Prozessgerichts in das Ausland stellt keine Verletzung der insoweit maßgeblichen territorialen Integrität der anderen Staaten dar, weil dieses im Vergleich zu dem postalischen Wege keine Neuerungen bringt, die eine andere rechtliche Einordnung rechtfertigen. Die Kommunikation per Videokonferenz ermöglicht zwar eine zeitlich unmittelbare Kommunikation, was für die Bewertung hinsichtlich etwaiger im Ausland getätigter Hoheitsakte jedoch unerheblich ist. Dieses gilt jedenfalls dann, wenn nicht versucht wird unmittelbar etwa durch die Anordnungen der Videokonferenz Hoheitsgewalt auszuüben. Diese Gefahr besteht aufgrund der schon aufgezeigten Rechtslage im Inland nicht. Eine Videovernehmung erfolgt auch im Inland nur auf freiwilliger Basis. Eine Androhung oder Anordnung von Zwang im Ausland, welches als unzulässige Ausübung von Hoheitsgewalt verstanden werden muss, kommt daher aufgrund innerstaatlicher Regelungen von vornherein nicht in Betracht.

540 Musielak/*Stadler*, § 128a Rn. 8.

541 Insofern handelt es sich jedoch begrifflich nicht mehr um Rechtshilfe.

542 Musielak/*Stadler*, § 128a Rn. 8.

Während der Durchführung der videogestützten Auslandsvernehmung darf jedoch, anders als bei inlandländischen Videokonferenzen keine Hoheitsgewalt, beispielsweise durch sitzungspolizeiliche Maßnahmen, ausgeübt werden.

Ohne völkerrechtliche Bedenken ist dementsprechend in England erstmals eine eidliche Vernehmung eines im Ausland[543] lebenden aussagebereiten Zeugen im Wege der Videokonferenz ohne Einschaltung ausländischer Rechtshilfe erlaubt worden[544].

In der Literatur wurde die Frage der Videokonferenzen bisher aufgrund fehlender innerstaatlicher Regelungen kaum behandelt[545]. Wo sich allerdings Äußerungen finden, wird der Videovernehmung ganz überwiegend keine völkerrechtliche Relevanz zugesprochen[546].
Es soll nicht unerwähnt bleiben, dass es sich dabei um Autoren handelt, die auch in einer schriftlichen Zeugen- oder Sachverständigenaussage keine Verletzung der Gebietshoheit eines ausländischen Staates sehen.

Berger[547] beurteilt, neben anderen, die richterliche Einvernahme eines im Ausland weilenden Zeugen im Wege der Videokonferenz als völkerrechtlich unbedenklich, obwohl er im Zusammenhang mit der schriftlichen Beantwortung der Beweisfrage auf die bisherigen Bedenken der Rechtsprechung hinweist.

Ist eine grenzüberschreitende Videovernehmung ohne völkerrechtliche Relevanz, dann ist sie damit zugleich ohne Zustimmung des jeweiligen ausländischen Staates und der Bundesregierung zulässig. Einer Inanspruchnahme internationaler Rechtshilfe bedarf es nicht.

(c) Stellungnahme

Der Argumentation für die völkerrechtliche Zulässigkeit der freiwilligen schriftlichen Zeugen- oder Sachverständigenaussage folgend, verletzt auch eine Videokonferenz nicht die Gebietshoheit der Territorialstaaten.

Die Ansichten Seibels und Vassilakis stützen sich auf die abzulehnende Auffassung des Bundesgerichtshofes[548] zur Völkerrechtswidrigkeit einer schriftlichen Befragung, welche ohne eine Einwilligung des betreffenden Staates durchge-

---

543 Vereinigte Staaten von Amerika, Stadt New York.

544 Garcin v. Amerindo Investment Advisors Ltd (1991) 4 All ER 655 (Ch.D.) - (Quelle: *Schack*, Rn. 724).

545 Vgl. Musielak/*Stadler*, § 363 Rn. 10.

546 *Geimer R.*, Rn. 2385a; Stein/Jonas/*Chr.Berger*, § 363 II Rn. 16; Hinweis von *Schack*, in: *Schack*, Rn. 724; a.A. Musielak/*Stadler*, § 128a Rn. 8.

547 Stein/Jonas/*Chr.Berger*, § 363 II Rn. 16; vgl. Hinweis von *Schack*, in: *Schack*, Rn. 724.

548 BGH, Urt. v. 10.5.1984 – III ZR 29/83, abgedruckt in: NJW 1984, 2039-2040.

führt wurde. Soweit Stadler auf das allein maßgebliche Agieren des inländischen Prozessgerichts im Ausland abstellt, ist dem ebenso wie bei der schriftlichen Zeugenaussage entgegenzuhalten, dass nicht jede gerichtliche Handlung eine Ausübung von Hoheitsgewalt darstellt. Die bloße Bitte um Mitwirkung erfüllt dieses Merkmal nicht.

Die Entscheidung des 1. Strafsenats des Bundesgerichthofes[549] zur internationalen Durchführung einer Zeugenvernehmung mittels Videokonferenz ist eine Erklärung, inwiefern die Videovernehmung als Maßnahme in das Ausland hineinreiche, ebenso schuldig geblieben wie die Antwort darauf, inwiefern einer Videovernehmung rechtsgestaltende Wirkung zukommt.
Im Übrigen muss die Allgemeingültigkeit des Urteils zumindest für das Zivilverfahren in Frage gestellt werden. Der konkrete strafprozessuale Fall war dadurch gekennzeichnet, dass der Zeuge nicht bereit war, vor dem erkennenden Gericht zu erscheinen. Der Bundesgerichtshof hatte offenbar im Hinterkopf, dass nach Zurückweisung auch eine freiwillige Videovernehmung mit dem Zeugen scheitern würde. So führte der Bundesgerichtshof auch aus, dass zum Zwecke einer audiovisuellen Vernehmung der Zeuge nach dem Recht der Vereinigten Staaten sogar grundsätzlich auch für ausländische Verfahren mittels „sub poena ad testificandum“ gezwungen werden könne, vor der dortigen Justiz zu erscheinen. Der Weg über die Rechtshilfe war demnach im konkreten Fall schon aus diesem Grunde geboten. Im Gegensatz zum Zivilprozess gewährt die Strafprozessordnung dem Gericht in § 247a StPO die Befugnis, eine Videovernehmung anzuordnen. Die Anwendung von Zwang als Ausübung von Hoheitsgewalt stand in dem strafprozessualen Fall somit zur Diskussion, während dieses im Zivilverfahren schon durch inländisches Recht ausgeschlossen ist.

Gegen die Annahme einer völkerrechtlichen Relevanz von Videokonferenzen des Gerichts mit einer im Ausland befindlichen Beweisperson spricht zudem, dass § 128a Abs. 2 ZPO keine Anordnungskompetenz des inländischen Gerichts vorsieht, die etwa eine Ladung zur Videokonferenz erlaubt. Selbst im Inland erfolgt die Durchführung der Videokonferenz auf freiwilliger Basis. Insofern fehlt Befürchtungen eines Verstoßes gegen die insoweit maßgebliche Gebietshoheit fremder Territorialstaaten schon aufgrund des innerdeutschen Rechts die Legitimation. Durch die freiwillige Teilnahme einer im Ausland befindlichen Beweisperson an einer Videokonferenz mit dem Prozessgericht ist die Souveränität ausländischer Staaten weder berührt, noch kann ein derartiger Anschein erweckt werden. Die Befragung ohne Zwang, Androhung oder Pflichtenbeleh-

---

549 BGH, Urteil v 15.9.1999 – 1 StR 286/99 = JZ 2000, 474ff. = BGHSt 45, 188= NJW 1999, 3788.

rung ist mangels hoheitlichen Charakters nicht geeignet die Souveränität ausländischer Staaten zu berühren.

Das Verständnis einer unmittelbaren Beweisaufnahme mittels Videokonferenz als völkerrechtswidrig kann den EU-Mitgliedsstaaten auch nicht durch die EuBVO[550] unterstellt werden. In Art. 17 Abs. IV Satz 3 der Verordnung heißt es zwar: *„Die Zentralstelle oder die zuständige Behörde fördert den Einsatz von Kommunikationstechnologie, wie Video- und Telekonferenzen"*, damit ist aber keine Aussage – auch keine mittelbare - über die völkerrechtliche Relevanz einer grenzüberschreitenden freiwilligen Videovernehmung getroffen. Der Rat der Europäischen Union hat der Vorschrift die Erwägung zugrunde gelegt, dass das ausländische Gericht die von der Zentralstelle oder der zuständigen Behörde des ersuchten Mitgliedstaates festgelegten Bedingungen zu beachten hat[551]. Die Formulierung zur Videokonferenz lässt somit lediglich auf eine Verpflichtung der Zentralstelle oder zuständigen Behörde zur diesbezüglichen Unterstützung schließen, wenn die Videokonferenz nach inländischem Recht per Zwang durchgeführt werden kann und dieses auch im Ausland erfolgen soll, mithin die Inanspruchnahme der internationalen Rechtshilfe notwendig ist.

cc) Ergebnis

§ 128a Abs. 2 ZPO eröffnet die Möglichkeit, Beweispersonen die sich im Ausland aufhalten, unmittelbar durch das Prozessgericht mittels Videokonferenz zu vernehmen und zwar ohne zuvor die Zustimmung des betroffenen Staates oder des Bundes einholen zu müssen. Völkerrechtliche Grundsätze verbieten ein solches Vorgehen ebenso wenig wie die Zivilprozessordnung selbst.

---

550 VO (EG) Nr. 1206/2001 (EG-ABl. L 174, S.1).

551 EG -ABl. L 174, S. 2 Nr. (15); vgl. Art. 17 Abs. IV Satz1 VO (EG) Nr. 1206/ 2001.

3. KAPITEL: DIE VIDEOKONFERENZ IM SPANNUNGSFELD DER PROZESSMAXIMEN

I. VEREINBARKEIT DES § 128A ZPO MIT DEM GRUNDSATZ DER MÜNDLICHKEIT

1. Grundlagen

Der generalklauselartig in § 128 Abs. 1 ZPO statuierte Mündlichkeitsgrundsatz besagt, dass die Parteien eines Rechtsstreits (vor dem angerufenen Gericht)[552] mündlich verhandeln müssen und das das Gericht nur den mündlichen Vortrag seiner Entscheidung zugrunde legen darf[553].

Er gilt unmittelbar nur für die Parteien. Für den Zeugenbeweis und die Parteivernehmung ergibt sich die Geltung des Mündlichkeitsprinzips aus §§ 394, 451 ZPO wonach diese zu „vernehmen" sind; für den Sachverständigen aus § 411 ZPO, wonach nur ausnahmsweise eine schriftliche Begutachtung vorgenommen werden darf[554].

Den Gegensatz zum Mündlichkeitsprinzip bildet das Prinzip der Schriftlichkeit[555], bei dessen Geltung allein aufgrund des Akteninhalts entschieden wird.

2. Realisierung bei der Durchführung einer Videokonferenz

Die Verhandlung und Vernehmung mittels Videokonferenz wird zum Teil als Durchbrechung des Mündlichkeitsgrundsatzes angesehen, ohne dass dieses jedoch näher begründet würde[556].

Soweit der Mündlichkeitsgrundsatz in Abgrenzung zum Schriftlichkeitsprinzip besagt, dass das Gericht seiner Entscheidung den mündlichen Vortrag und nicht nur den Akteninhalt zugrunde legen darf, wird er durch die Videotechnik offensichtlich nicht beeinträchtigt. Problematisch ist lediglich, ob die mediatisierte Kommunikation noch dem Mündlichkeitsprinzip entspricht. Im herkömmlichen Sinne versteht man unter Mündlichkeit intuitiv mehr als die bloße Mitteilung der

---

552 Dieser Passus statuiert den Grundsatz der Verhandlungsunmittelbarkeit.

553 Baumbach/Lauterbach/Albers/*Hartmann*, § 128 ZPO Rn. 7; BAG NJW 1996, 2749.

554 Vgl. *Reichel*, Die Unmittelbarkeit der Beweisaufnahme in der Zivilprozeßordnung, Diss. 1971, S. 50, welcher in Fn. 41 auf die Motive zum Entwurf der Zivilprozessordnung (S. 256) verweist; *Hegler*, Mündlichkeit und Unmittelbarkeit im Prozeß, Rechtsgang I (1913), S. 385 (388); *Pantle*, Die Beweisunmittelbarkeit im Zivilprozeß, 1991, S. 17 f.; nach anderer Ansicht leitet sich die Notwendigkeit mündlicher Anhörung und Befragung von Zeugen, Sachverständigen und Parteien nicht direkt aus dem Mündlichkeitsprinzip, sondern aus dem Gebot der Unmittelbarkeit her: so *Arens*, Mündlichkeitsprinzip und Prozessbeschleunigung im Zivilprozeß, 1971, S. 18; darauf Bezug nehmend *Stadler*, in: ZZP 110. Band (1997) S. 143 f.; insofern ist eine Kollision mit dem Mündlichkeitsprinzip durch § 128a Abs. 2 ZPO ausgeschlossen.

555 *Hegler*, in: Rechtsgang I (1913), 192 (196).

556 *Seibel*, in: AO-StB 2001, 147 (149)- für die Videokonferenz im finanzgerichtlichen Verfahren; *Fölster*, ZPO-Reform: Der Ball rollt wieder, ZRP 2001, 237.

Sachinformation mittels Sprache[557]. Mündlichkeit bedeutet zwischenmenschliche Kommunikation über die Sprache hinaus durch ein komplexes kommunikatives Netz. Während auf der Sachebene das Wort vorherrscht finden sich im Übrigen vermehrt die nonverbalen Kommunikationsmittel wie Gesten, Gebärden und Stimmlage[558].
Ob dennoch der Kerngehalt des Grundsatzes der Mündlichkeit bei der Verhandlung oder Vernehmung mittels Videokonferenztechnik erhalten bleibt, soll im Folgenden unter Heranziehung klassischer Auslegungsmethoden untersucht werden.

a) Grammatische Auslegung

Legt man den Wortsinn der Mündlichkeit zugrunde, scheint eine Videokonferenz, d.h. die technische Übertragung von Wörtern (und Bildern), dem Mündlichkeitsprinzip zu genügen. Mündlichkeit bedeutet in Abgrenzung zum Begriff der Schriftlichkeit nur, dass man sich des gesprochenen Wortes zu bedienen hat. Allein nach dieser Betrachtung scheint selbst ein Telefongespräch dem Mündlichkeitsprinzip zu genügen.

b) Historische Auslegung

Historisch betrachtet hat sich das Mündlichkeitsprinzip sicherlich unter der Vorstellung einer gemeinsamen Besprechung bei persönlicher Anwesenheit entwickelt, und wurde auch mit dieser Vorstellung in die Zivilprozessordnung aufgenommen[559]. Die technische Entwicklung konnte und musste der Gesetzgeber nicht vorausahnen. Unabhängig von der Unerheblichkeit des subjektiven Gesetzgeberwillens[560] ist es ständige Praxis, geltendes Recht im Rahmen der Auslegung veränderten Verhältnissen anzupassen. Paradebeispiel für den Umgang mit technischem Fortschritt ist die angepasste Auslegung des Schriftlichkeitserfordernisses bei bestimmenden Schriftsätzen. Gem. § 126 Abs. 1 BGB ist eigentlich eine Unterzeichnung mittels eigenhändiger Namensunterschrift oder notariell beglaubigten Handzeichens erforderlich, dennoch wird die Fernübertragung durch Telex, Telefax oder Computerfax im Rahmen des Prozessrechts mit Hinweis auf den Sinn und Zweck der Schriftlichkeit zugelassen[561].
Es sei im Zusammenhang historischer Betrachtung des Mündlichkeitsprinzips angemerkt, dass der Gesetzgeber des § 128a ZPO den Grundsatz der Mündlichkeit nicht als durch die Videokonferenz durchbrochen ansieht. In der

---

557 *Hendel*, Wider den Niedergang der Kultur der mündlichen Verhandlung im Zivilprozeß, DRiZ 1992 , 91(93).
558 *Hendel*, in: DRiZ 1992, 91 (93).
559 Zum Mündlichkeitsprinzip in der am 1.10.1879 in Kraft getretenen RZPO: Vgl. *Kip*, Das sogenannte Mündlichkeitsprinzip, 1952, S. 55
560 Palandt/*Heinrichs*, Einl. Rn. 34.
561 Stellvertretend für alle: GmS-OGB NJW 2000, 2340f. m.w.N.

Beschlussempfehlung des Rechtsausschusses wird von einer „mündlichen Verhandlung per Videokonferenz" gesprochen[562]. Zwar heißt es dort auch, dass „*der Grundsatz des § 128 Abs. 1 ZPO, nach dem die Parteien über den Rechtsstreit vor dem erkennenden Gericht mündlich verhandeln, im Interesse der Prozessökonomie durchbrochen*" ist[563], jedoch ist damit ersichtlich nur ein Grundsatz, nämlich der ebenfalls in § 128 Satz 1 ZPO normierte Grundsatz der Unmittelbarkeit gemeint.

c) Teleologische Auslegung

Maßgeblich für die Problematik, ob der Mündlichkeitsgrundsatz durch die Videokonferenz durchbrochen wird, ist letztlich eine am Sinn und Zweck der Mündlichkeit[564] orientierte Betrachtung. Wie alle Verfahrensvorschriften verfolgt auch das Mündlichkeitsprinzip keinen Selbstzweck. Die Verfahrensvorschriften im Allgemeinen sollen die einwandfreie Durchführung des Rechtsstreits unter Wahrung der Rechte aller Beteiligten sicherstellen und nicht behindern[565]. Das Mündlichkeitsprinzip im speziellen ist Mittel zur Herstellung der Verfahrenstransparenz für die Öffentlichkeit und konzentrierter und gründlicher Durchführung des Verfahrens zu Gunsten der Wahrheitsfindung[566]. Sofern diese Zwecke durch die Zulassung von Videokonferenzen nicht beeinträchtigt werden, besteht kein Anlass eine Kollision mit dem Mündlichkeitsprinzip anzunehmen.

aa) Transparenz des Verfahrens für die Öffentlichkeit

Die grundsätzliche Öffentlichkeit von Gerichtsverfahren ist in § 169 Satz 1 GVG statuiert und darüber hinaus in Art. 6 Abs. 1 der Europäischen Menschenrechtskonvention (EMRK) verankert. Öffentlichkeit bedeutet, dass die Gerichtsverhandlung beliebigen unbeteiligten Personen ohne besondere Schwierigkeiten zugänglich ist, damit sie die sich vor Gericht abspielenden Vorgänge verfolgen können[567]. Da sich der Bürger überzeugen kann, dass das Gerichtsverfahren fair ausgestaltet ist, dient das Öffentlichkeitsprinzip dazu das Misstrauen gegen die Gerichte abzubauen bzw. gar nicht erst aufkommen zu lassen. Die „Kontroll- und Vertrauensfunktion"[568] der Öffentlichkeit ist jedoch nur gewährleistet, wenn der im Gericht anwesende Bürger die Gerichtsverhandlung auch inhaltlich mitverfolgen kann, die Gerichtsverhandlung also für ihn wahrnehmbar

---

[562] BT-Drucksache 14/ 6036, zu Nummer 18a, S. 120.

[563] BT-Drucksache 14/ 6036, zu Nummer 18a, S. 119.

[564] Vgl. ausführlich: *Fezer*, Die Funktion der mündlichen Verhandlung im Zivilprozeß und Strafprozeß, 1970, S. 31ff.

[565] GmS-OGB NJW 2000, S. 2340 (2341).

[566] *Baumgärtel*, Das Mündlichkeitsprinzip und die hierzu bestehenden Refomversuche, insbesondere das Stuttgarter Modell, JR 1973, 309 (310).

[567] So schon: RGZ 157, 341 (345); *Rosenberg/Schwab/Gottwald*, § 23 IV 1, S. 119.

[568] *Klein*, Grundsätze der Öffentlichkeit und Mündlichkeit im Zivilprozess im Spannungsfeld zum Recht auf informationelle Selbstbestimmung, Diss. 1995, S. 16 m.w.N.

ist[569]. Dieses ermöglicht nur eine mündlich ausgestaltete Verhandlung, womit das Mündlichkeitsprinzip Funktionsvoraussetzung für eine effektive Ausübung öffentlicher Kontrolle ist[570].
Es soll nicht unerwähnt bleiben, dass aufgrund der zahlreichen Ausnahmen vom Mündlichkeitsprinzip in der Zivilprozessordnung, insbesondere durch die Möglichkeit der Bezugnahme auf Schriftsätze (§§ 137 Abs. 3, 297 Abs. 2 ZPO)[571], einem eventuellen Zuschauer die Zusammenhänge oft im Verborgenen bleiben. Ein Rest an Kontrolle bleibt jedoch auch im Zivilprozess allein durch die faktische Zugänglichkeit erhalten[572].

Dieser Kontrollfunktion der Öffentlichkeit wird eine mündliche Verhandlung mittels Videokonferenztechnik ohne weiteres gerecht, wenn der Ort der Übertragung weiterhin ein öffentlicher Gerichtssaal bleibt und die Projektionsfläche auch für Zuschauer einzusehen ist[573].

bb) Beschleunigung des Verfahrens

Das Mündlichkeitsprinzip dient der Beschleunigung und Konzentration des Verfahrens[574]. Im Gegensatz zum schriftlichen Verfahren kann ein Aneinander-vorbei-reden durch direkte Rede und Gegenrede in der mündlichen Verhandlung vermieden werden. Auch eine richterliche Aufklärung bzw. rechtliche Erörterung gem. § 139 ZPO, der seit dem 01.01.2002 eine erhöhte Bedeutung zukommt[575], und eine eventuell vermittelnde Initiative des Richters können sofort berücksichtigt werden.
Die Möglichkeit, eine Verhandlung ohne die körperliche Anwesenheit aller Beteiligten mittels Videokonferenz durchzuführen, beschränkt Vorgenanntes nicht, sondern ermöglicht darüber hinaus weitergehende Möglichkeiten der Prozessbeschleunigung[576]. § 128a ZPO ist unter anderem zu diesem Zweck eingeführt worden[577].

---

569 So schon *Hegler*, in: Rechtsgang I (1913), S. 200 m.w.N.; *Rosenberg/Schwab/Gottwald*, § 80 III 2, S. 441; *Fezer*, S. 37.

570 *Hendel*, in: DRiZ 1992, 91 (92); MüKo-ZPO-*Wolf*, § 169 GVG Rn. 2.

571 Dieses bezeichnet *Hegler*, in: Rechtsgang I (1913), S. 196, als „abgeschwächte Mündlichkeit".

572 Vgl. *Kissel*, § 169 Rn. 1; *Klein*, S. 17 m.w.N.

573 *Heckel*, in: VBlBW 2001, 1 (FN 3); zu recht wird sogar eine optische Wahrnehmung für entbehrlich befunden: vgl. Schultzy, in: NJW 2003, 313 (315); Zöller/*Greger*, § 128a Rn. 4; *Kissel*, § 169 Rn. 52.

574 Stein/Jonas/*Leipold*, § 128 Anm. I; Baumbach/Lauterbach/Albers/*Hartmann*, Anm. 1 B vor § 128; *Baumgärtel*, in: JR 1973, 309 (309).

575 Vgl. zur Änderung: *Hartmann*, in: NJW 2001, 2577 (2582); *Kroiß*, S. 36.

576 Hartmann, in: NJW 2001, 2577 (2582); zur Beschleunigungswirkung: 2. Kapitel I. 4. a) aa).

577 BT-Drucks. 14/6036, S.116.

cc) Wahrheitsfindung

Der durch die Mündlichkeit verfolgte Zweck der Wahrheitsförderung[578] ist von demjenigen der Verfahrensbeschleunigung nicht trennungsscharf abzugrenzen. Die Mündlichkeit fördert im Gegensatz zur Schriftlichkeit durch einen dialektischen Prozess die Wahrheitsfindung und damit eine gerechte Entscheidung[579]. „Rede und Gegenrede", „Frage und Antwort" und „Aussprache" fördern die Aufklärung des Sachverhalts, da ein Aneinandervorbeireden vermieden werden kann, Wesentliches und Unwesentliches getrennt, Widersprüche und Lücken im Vortrag beseitigt, Behauptungen klargestellt und Streitpunkte auch nach der rechtlichen Seite erörtert werden können[580]. Für das Gericht entsteht durch die Mündlichkeit ein lebensnaher unmittelbarer Eindruck der zu beurteilenden tatsächlichen Vorgänge[581].
Die Kommunikation via Videokonferenz wird immer ein Aliud zur herkömmlichen face-to-face Kommunikation bleiben. Hierüber kann nicht ernsthaft Streit bestehen[582]. Neben einem der allgemeinen Lebenserfahrung entspringendem nicht zu fassendem Gefühl, lässt sich der Unterschied durch die fehlende Möglichkeit des Einsatzes aller fünf Sinne oder die Zweidimensionalität der Videokonferenzdarstellung festmachen. Dennoch bleibt der wesentliche Kerngehalt der Kommunikation, der Austausch von Sachargumenten mittels Sprache und nonverbaler optischer Ausdrucksmittel bei einer Videokonferenz erhalten. Insofern können die genannten Vorteile der Mündlichkeit für die Wahrheitsfindung auch bei einer audiovisuellen Kommunikation via Videokonferenz nutzbar gemacht werden.

Unter einem anderen Aspekt kann die Videokonferenzmöglichkeit die Wahrheitsfindung im Verhältnis zur herkömmlichen Verhandlung jedoch auch weitergehend fördern. Es kann durch die kosten- und zeitsparende Möglichkeit der Videozuschaltung unter Umständen erreicht werden, dass sich auch Parteien zuschalten lassen, die ansonsten den Aufwand des persönlichen Erscheinens scheuen würden[583]. Hierdurch kann die Sachaufklärung zusätzlich gefördert werden, auch wenn das Gericht aus Zumutbarkeitsgesichtspunkten von der Anordnung des persönlichen Erscheinens gem. § 141 Abs. 1 ZPO abgesehen hat.

---

578 Zur sog. Wahrheitseffektivität der mündlichen Verhandlung: *Fezer*, S.3; dagegen: *Grunsky*, Grundlagen des Verfahrensrechts, 2. Auflage (1974), S. 186f., der der Mündlichkeit einen Gerechtigkeitsbezug abspricht; *Hendel*, in: DRiZ, 1992, 91 (92): Dieser spricht im selben Zusammenhang von Akzeptanz.

579 Stein/Jonas/*Leipold*, § 128 I Rn. 6; Baumgärtel, in: JR 1973, 309 (310).

580 Vgl. *Fezer*, S. 31f m.w.N.; Stein/Jonas/*Leipold* § 128 I Rn. 6.

581 *Klein*, S. 23; Stein/Jonas/*Leipold*, § 128 I Rn. 6; *Fezer*, S. 31f..

582 So auch das Ergebnis einer diesbezüglichen Umfrage des baden-württembergischen Justizministeriums in den Landesjustitverwaltungen und Verbänden 1996: *Geiger*, in : ZRP 1998, 365 (366).

583 Vgl. zu diesem Ansatz: *Heckel*, in: VBlBW 2001, 1 (2).

d) Ergebnis

Im Ergebnis lässt sich somit festhalten, dass die Bild- und Tonübertragung den Grundsatz der Mündlichkeit zumindest im Kerngehalt nicht beeinträchtigt[584].

II. Vereinbarkeit des § 128a ZPO mit dem Grundsatz der Unmittelbarkeit

1. Grundlagen

Das Prinzip der Unmittelbarkeit ist von dem der Mündlichkeit zu unterscheiden[585]. Es ist für die Parteien als so genannte Verhandlungsunmittelbarkeit in § 128 Abs. 1 ZPO und für die Beweismittel als so genannte Beweisunmittelbarkeit in § 355 Abs. 1 Satz 1 ZPO geregelt. Zwar gehen diese beiden Grundsätze oft Hand in Hand, wie es auch in § 128 Abs. 1 ZPO vorgesehen ist, bedingen sich aber nicht. Es ist eine Unmittelbarkeit ohne Mündlichkeit möglich, wie z.B. eine schriftliche Beweisaufnahme durch das erkennende Gericht (vgl. §§ 377 Abs. 3, 411 ZPO)[586] oder Vernehmung eines Taubstummen durch Schrift. Umgekehrt ist auch eine Mündlichkeit ohne Unmittelbarkeit denkbar, wie z.B. eine Zeugenvernehmung durch den beauftragten oder ersuchten Richter (vgl. § 375 ZPO) oder bezüglich der Partei das mündliche Geständnis zu Protokoll der Geschäftsstelle (vgl. § 288 ZPO).

Der Grundsatz der Unmittelbarkeit kann im Zivilprozess in zweifacher Weise verstanden werden[587]. Zum einen auf das Urteil und zum anderen auf die Verhandlung der Parteien und die Beweisaufnahme bezogen.
Bezogen auf das Urteil bedeutet Unmittelbarkeit, dass nur die Richter entscheiden, die an der maßgeblichen mündlichen Verhandlung mitgewirkt haben (vgl. § 309 ZPO)[588], denn nur wer das gesamte Verfahren miterlebt hat, selbst die Vorträge der Parteien gehört und der Beweisaufnahme beigewohnt hat, ist auch in der Lage, die Verantwortung für ein Urteil zu tragen[589]. Insofern ergeben sich

---

[584] So auch *Heckel*, in: VBlBW 2001, 1f.; Lagodny in seinen Vortrag „Videovernehmung im Strafverfahren- nur Risiken und Nebenwirkungen?" auf der 12. Alsberg-Tagung in Berlin vom 21. bis 23.10.1999: siehe Mitteilung von Michalke, in: NJW 2000, 2004.

[585] Nach *Fezer*, S. 35, macht dieses heute keine Probleme mehr; a.A. *Rosenberg/Schwab/Gottwald*, § 83 I, S. 449.

[586] *Stadler* in ZZP 110 (1997), S. 144;a.A. Stein/Jonas/*Chr. Berger*, § 377 Rn. 36; Baumbach/Lauterbach/Albers/*Hartmann*, § 377 Rn. 8; im Ergebnis auch *Pantle*, S. 22 , jedoch nach eigenen Angaben entgegen der Logik.

[587] Im Strafprozess kommt eine dritte Bedeutung, die materielle Unmittelbarkeit des Beweises hinzu, vgl. §§ 250, 251 StPO, also das Gebot das sachnächste Beweismittel heranzuziehen; a.A. *Rohwer*, S. 47 ff., die die materielle Unmittelbarkeit auch im Zivilprozeß annimmt.

[588] Stein/Jonas/*Leipold*, vor § 128 Rn. 111.

[589] *Rosenberg/Schwab/Gottwald*, § 83 II, S. 449 f.

durch die Zulassung einer Videokonferenz keine neuen Gesichtspunkte, die zu der Besorgnis einer Kollision mit dem Unmittelbarkeitsprinzip Anlass geben[590]. Bezogen auf die Verhandlung der Parteien und die Beweisaufnahme bedeutet die Unmittelbarkeit, dass diese unmittelbar vor dem erkennenden Gericht zu erfolgen haben, also unter Ausschaltung von Zwischengliedern[591]. Dieses wird allgemein auch als formelle (oder subjektive) Unmittelbarkeit bezeichnet[592].

2. Realisierung bei der Durchführung der Videokonferenz

Bezüglich der formellen Unmittelbarkeit kommt eine Durchbrechung durch den Einsatz der Videokonferenztechnik in Betracht und soll daher im Folgenden untersucht werden. Eine Durchbrechung des Unmittelbarkeitsgrundsatzes bei der Durchführung von Videokonferenzen wird nicht nur in weiten Teilen der Literatur[593], sondern auch vom Gesetzgeber[594] selbst angenommen.

Die formelle Unmittelbarkeit wird im Schrifttum im Detail keineswegs einheitlich definiert. Im Kern wird um die Frage gestritten, welche Art von Zwischengliedern zwischen Aussage bzw. Vorbringen und Kenntnis des erkennenden Gerichts die Unmittelbarkeit entfallen lasse. Zum Teil wird ein „sachliches“[595], zum Teil nur ein „personelles“[596] Zwischenglied für ausreichend erachtet. Genau diese Frage ist für die Bedenken hinsichtlich der Videokonferenz insofern entscheidend, als dass die Zwischenschaltung von Aufnahmegeräten, Datenübertragung und Wiedergabemedien ein die formelle Unmittelbarkeit durchbrechendes Zwischenglied zwischen der Aussage oder dem Vorbringen und der Kenntnisnahme durch das erkennende Gericht sein könnte. Diese Frage soll daher näher untersucht werden. Nicht entscheidend ist es dagegen, ob nur eine richterliche Mittelsperson die (formelle) Unmittelbarkeit

---

590 So auch: Musielak/*Stadler*, § 128a Rn. 3.

591 So vorsichtig Stein/Jonas/*Leipold*, vor § 128 Rn. 111.

592 *Rohwer*, S. 9; *Pantle*, S. 6; *Stadler*, in: ZZP 110. Band (1997), S. 144; *Weth*, Der Grundsatz der Unmittelbarkeit der Beweisaufnahme, JuS 1991, 34 (35), Stein/Jonas/*Schuhmann*, § 355 Rn. 3.

593 *Seibel*, in: AO-StB 2001, 147 (149), für die Videokonferenz im finanzgerichtlichen Verfahren; *Fölster*, in: ZRP 2001, 237; *Reuschle*, Einführung in Zivilprozessreform (Beck-sche Textausgabe), 2001, Seite X; zu diesbezüglichen internationalen Bedenken: Vorläufigen Generalbericht der International Association of Procedural Law zum Thema „Die Anwendung moderner Technologien im Zivilprozeß und anderen Verfahren (http://ruessmann.jura.uni-sb.de/grotius/generalb.htm (Stand 23.01.02) unter VII.); a.A. *Heckel*, in: VBlBW 2001, 1 (3), für den Verwaltungsprozess.

594 BT-Drucks. 14/ 6036, S.119; a.A. Dieckmann, in: DB 2002, Heft 21, I.

595 Deutlich: *Pantle*, S. 22f.; vorsichtig: Stein/Jonas/*Leipold*, vor § 128 Rn. 111, welcher nur - aber allgemein- von Zwischenglied spricht.

596 Beispielhaft: *Stadler*, in: ZZP 110 ,S. 145; *Reichel*, S. 57; *Rosenberg/Schwab/Gottwald*, §83 I, S. 449; Baumbach/Lauterbach/Albers/*Hartmann*, § 128 Rn. 1; Müko-ZPO-*Lüke*, Einl. Rn. 251; Thomas/*Putzo*, Einl. I Rn. 8.

entfallen lässt[597], oder jedes „personelles" Zwischenglied[598], da es sich bei der Videoübertragung allenfalls um ein „sachliches" Zwischenglied handelt.

a) Kollision bei Schriftlichkeit

Augenscheinlich wurden die unterschiedlichen Auffassungen bisher bei schriftlichen Personalbeweisen (Beweisunmittelbarkeit)[599] bzw. schriftlichem Parteivortrag (Parteiunmittelbarkeit)[600].

aa) Meinungsstand

Zahlreiche namhafte Kommentarliteratur[601] und auch vereinzelt die Rechtsprechung[602] sieht die Unmittelbarkeit der Beweisaufnahme durch eine schriftliche Zeugenaussage zugunsten der Prozessbeschleunigung als durchbrochen an, ohne auch nur Begründungsansätze zu liefern.

Dieser Ansicht folgt auch Pantle[603], der dieses entgegen der Logik[604] für sinnvoll hält, da eine richterliche Mittelsperson bei der kommissarischen Vernehmung dem Schriftstück bei der schriftlichen Zeugenaussage insofern gleichzustellen sei, als dass bei beiden das Prozessgericht keinen persönlichen Eindruck von der Aussageperson gewinne. Das die formelle Unmittelbarkeit durchbrechende Zwischenglied liege nicht in einer Mittelsperson sondern in einer papierenen Scheidewand.

Diese Ansicht ist keinesfalls neu und wurde schon im 19. Jahrhundert von v. Kries[605] propagiert. Aber schon er stieß auf Widerstand. So hat insbesondere Hegler[606] aber auch Maas[607] auf die strikte Trennung von Mündlichkeit und Unmittelbarkeit hingewiesen. Ein schriftlicher Vortrag - gleiches muss für eine schriftliche Aussage gelten - verstoße evident gegen den Mündlichkeitsgrund-

---

597 *Rosenberg/Schwab/Gottwald*, § 83 I, S. 449; Müko-ZPO-*Lüke*, Einl. Rn. 251; Thomas/*Putzo*, Einl. I Rn. 8.

598 Baumbach/Lauterbach/Albers/*Hartmann*, § 128 Rn. 1.

599 Ausführlich: *Pantle*, S. 8 ff.

600 *Reichel*, S. 45.

601 Baumbach/Lauterbach/Albers/*Hartmann*, § 377 Rn. 8; Zöller/*Greger*, § 377 Rn. 7; Musielak/*Huber*, § 377 Rn. 4; Stein/Jonas/*Chr.Berger*, § 377 V, Rn. 36; MüKo-ZPO-*Damrau*, § 377 Rn. 7, der nicht nur bei der Verwertung einer vor der Anordnung des Gerichts gefertigten schriftlichen Aussage die Unmittelbarkeit als durchbrochen ansieht.

602 LG Gießen MDR 1996, 200.

603 *Pantle*, S. 22.

604 Er bezeichnet die Ansicht, wonach die Unmittelbarkeit bei einer schriftlichen Zeugenvernehmung gewahrt bleibt, im logischen Sinne nicht für falsch: *Pantle*, S. 22.

605 *v. Kries*, Das Prinzip der Unmittelbarkeit im Beweisverfahren der deutschen Prozeßordnungen, ZStW Bd. 6 (1886), S. 100.

606 *Hegler*, in: Rechtsgang I (1913) S.213.

607 *Maas*, Der Grundsatz der Unmittelbarkeit in der Reichsstrafprozeßordnung, Strafrechtliche Abhandlungen, Heft 77 (1907), 1 (5 f.).

satz, gegen den Unmittelbarkeitsgrundsatz aber nur dann, wenn eine richterliche Mittelsperson zwischen das Schriftstück und dem Prozessgericht trete[608]. Nur dann nämlich komme eine neue Subjektivität dazwischen, nicht jedoch wenn das Schriftstück dem Prozessgericht unmittelbar zugehe. Schon Hegler[609] wandte sich dagegen, bei der Frage der Unmittelbarkeit darauf abzustellen, ob das entscheidende Gericht die Person, welche die Erklärung abgibt, dabei unmittelbar sinnlich wahrnehmen kann ist oder nicht[610].

Aber auch im „neueren"[611] einschlägigen[612] Schrifttum[613] wird überwiegend eine Durchbrechung des Unmittelbarkeitsgrundsatzes durch einen schriftlichen Parteivortrag bzw. einen schriftlich erbrachten Personalbeweis abgelehnt und vielmehr eine Durchbrechung der Verhandlungs- bzw. Beweismündlichkeit bejaht. Argumentiert wird neben der Prozessbeschleunigung insbesondere mit dem Sinn der formellen Unmittelbarkeit, der Gefahr des Verfälschens des Parteivortrages bzw. der Aussage vorzubeugen[614].
Ein Verfälschen des Parteivortrages oder der Aussage sei nur bei einem Dazwischentreten einer dritten Person, die ihre Subjektivität einfließen lasse, zu befürchten. Wenn das erkennende Gericht erst durch die Vermittlung des Prozessstoffes bzw. dem Ergebnis einer Beweisaufnahme durch den Bericht eines Richters aus zweiter Hand Kenntnis nehmen könne, werde die ursprüngliche Aussage subjektiviert[615]. Bei etwas „sachlichem", wie dem Schriftstück, bestehe diese Gefahr nicht. Die Gefahr, dass sich die Partei oder Aussageperson in dem Schriftstück falsch ausdrücken kann, bestehe zwar, könne sich aber ebenso leicht bei der mündlichen Rede realisieren[616]. Ansonsten könnte ebenso gut das gesprochene Wort ein die Unmittelbarkeit ausschließendes Zwischenglied darstellen. Schrift und Sprache seien lediglich Formen der Kommunikation.
Das die formelle Unmittelbarkeit ausschließende Zwischenglied kann danach nur personaler Art sein.

bb) Stellungnahme

Die strikte Unterscheidung von Mündlichkeits- und Unmittelbarkeitsprinzip, die nach überwiegender Ansicht vorgenommen werden kann und soll, spricht gegen

608 *Hegler*, in: Rechtsgang I (1913) S. 213.
609 *Hegler*, in: Rechtsgang I (1913) S. 214f.
610 So aber auch schon vor Pantle: *Maas*, 1 (1).
611 Gemeint ist die 2. Hälfte des 20. Jahrhunderts.
612 Gemeint sind im Gegensatz zur Kommentarliteratur Ansätze mit Begründungen.
613 *Kip*, S. 65; *Reichel*, S. 45, 54; *Blomeyer*, Zivilprozeßrecht, 2. Auflage (1985), S. 121; *Stadler*, in: ZZP 110 (1997), S. 144 ff; Indirekt: *Weth*, in: JuS 1991, 34 (35), der § 377 Abs. 3 in seiner Liste nicht als Ausnahme zum Unmittelbarkeitsprinzip erwähnt; a.A. *Pantle*, S. 22f.
614 *Koukouselis*, Die Unmittelbarkeit der Beweisaufnahme in der Zivilprozeßordnung, S. 10; *Kip*, S. 65.
615 Vgl. *Blomeyer*, S. 121.
616 *Kip*, S. 65.

eine Durchbrechung der Unmittelbarkeit durch Schriftstücke. Während Leonardt[617] noch beide Grundsätze weitgehend gleichsetzte, ist die strikte Unterscheidung ein Verdienst des letzten Jahrhunderts, den es zu erhalten gilt. Dass eine schriftliche Aussage bzw. ein schriftlicher Vortrag gegen das Mündlichkeitsprinzip verstößt, ist offenkundig. Dieses der Unmittelbarkeit zuzuschreiben vermag nur insoweit nachvollziehbar zu sein, als dass das Mündlichkeitsprinzip bei Beweismitteln zum Teil auf den Grundsatz der Unmittelbarkeit zurückgeführt wird[618]. Dabei wird die heute herrschende und meiner Ansicht nach auch richtige Dogmatik[619], nämlich die Unterscheidung von formeller und materieller Unmittelbarkeit außer Acht gelassen. Die Geltung des Mündlichkeitsprinzips für den Personalbeweis ist eine Konsequenz nur der materiellen Unmittelbarkeit[620], d.h. hier der Pflicht das Beweismittel und die Beweiserhebungsmethode zu wählen, welche den höchsten Beweiswert haben, mithin der persönlich anwesenden Zeugen oder Sachverständigen[621]. So führt auch Arens[622] im Zusammenhang mit der Geltung des Mündlichkeitsgrundsatzes bei dem Personalbeweis aus, dass es für die Beweiswürdigung entscheidend sei, die Zeugen und Sachverständigen zu hören und von ihnen einen persönlichen Eindruck zu gewinnen, der für die Bewertung ihrer Ausführungen von Bedeutung sein kann, und dass das Gericht die sofortige Möglichkeit hat, durch geeignete Fragen Unklarheiten der Aussage aufzuhellen.

Eine materielle Unmittelbarkeit, die in der Strafprozessordnung (§§ 250, 251 StPO) oder in manchen ausländischen Zivilprozessordnungen[623] enthalten ist, und die Heranziehung des sachnächsten Beweismittels aufgrund des potentiell höheren Beweiswertes gebietet, kennt die deutsche Zivilprozessordnung nach ganz herrschender Meinung nicht[624]. Dieses widerspräche dem Verhandlungs- und Beibringungsgrundsatz, der das Vorbringen von Tatsachen und Beweismitteln grundsätzlich den Parteien überlässt. Die Parteien haben es in der Hand das Gericht durch übereinstimmenden Vortrag oder ein Geständnis an einen be-

---

617 *Leonardt*, Die bürgerliche Process-Ordnung, 3. Auflage (1861), S. 79.

618 *Arens*, S.18; *Stadler*, in: ZZP 110. Band (1997), 137 (144).

619 Ausführlich dargestellt bei: *Rohwer*, S. 9 ff., Musielak/*Musielak*, Einl. Rn. 48;

620 Vgl. *Stadler*, in: ZZP 110. Band (1997), 137 (144 Fn. 32).

621 Damit sich das Gericht einen persönlichen Eindruck bilden kann.

622 *Arens*, S. 18.

623 Wie z.B. in der Form der englischen oder US-amerikanischen „best evidence rule“ (vgl. *Stadler*, in: ZZP 110, S. 145 Rn. 40), was die oben genannten internationalen Bedenken zur Kollision einer Videokonferenz mit dem Unmittelbarkeitsprinzip mit der Lage in Deutschland nicht vergleichbar sein lässt.

624 Stein/Jonas/*Schuhmann*, § 355 Rn. 21; MüKo-ZPO-*Musielak*, § 355 Rn. 1; *Stadler*, in: ZZP 110 , 137 (145); Musielak/*Stadler*, § 355 Rn. 5, *Prütting/Weth*, Die Vertretung einer Gewerkschaft im Betrieb – Geheimverfahren zum Nachweis der Voraussetzungenl, DB 1989, 2273 (2276); a.A. *Rohwer*, S. 47ff; dagegen ausführlich: *Pantle*, S. 28ff.

stimmten Sachverhalt zu binden, selbst wenn dieser nicht der Wahrheit entspricht[625].
Dem Verhandlungs- und Beibringungsgrundsatz entspricht es demzufolge als ein Weniger zur Unwahrheit auch, dass sich die Parteien mit einem schlechteren Beweismittel zufrieden geben dürfen. Sie entscheiden über Auswahl und Angebot der Beweismittel[626]. Der möglicherweise geringere Beweiswert einer medialen Aussage ist erst im Rahmen der freien Beweiswürdigung (§ 286 ZPO) zu berücksichtigen[627].

Insofern ist es im Zivilprozess verfehlt von einer Durchbrechung des Unmittelbarkeitsgrundsatzes zu sprechen, wenn man die Beweismündlichkeit als Ausfluss der materiellen Unmittelbarkeit meint. Ein nicht existierender Grundsatz kann nicht durchbrochen werden. Vielmehr ist die Beweismündlichkeit, die sich aus den §§ 394 Abs. 1, 411 Abs. 1 ZPO ergibt, der Ausdruck den die materielle Unmittelbarkeit im Zivilprozess gefunden hat.

Demnach vermag nur die Zwischenschaltung einer Mittelsperson - ob nun richterlich oder nicht - die formelle Unmittelbarkeit zu durchbrechen. Ein Schriftstück dagegen vermag dieses als „sachliches" Zwischenglied nicht.

b) Konsequenz für die Videokonferenz

Unter der soeben herausgearbeiteten Prämisse wird der Unmittelbarkeitsgrundsatz auch nicht durch das Zwischenglied der Videokonferenz durchbrochen. Sie ist ebenfalls nur „sachlich", da die aufgenommenen und übertragenen Daten nicht durch die Subjektivität eines Dritten beeinflusst werden können. Das Gericht nimmt die Bild- und Tonübertragung unmittelbar war.
Hinzu kommt, dass selbst Pantle, welcher bei der Schriftlichkeit eine Durchbrechung annimmt, im Ergebnis die formelle Unmittelbarkeit als gewahrt ansieht, wenn das erkennende Gericht die Aussageperson sinnlich wahrnehmen, also sehen und hören kann[628]. Dieses ist bei der Videokonferenz durch die Bild- und Tonübertragung gewährleistet.

3. Ergebnis

Die Zuschaltung per Bild- und Tonübertragung von Prozessbeteiligten und Beweismitteln wird der formellen Unmittelbarkeit gerecht, da das erkennende Gericht ohne Einschaltung einer Mittelsperson von dem Vortrag der Parteien bzw. den Aussagen der Zeugen, Sachverständigen und Parteien Kenntnis nimmt.

---

625 Eine Ausnahme besteht nur bei evidenter Unwahrheit gem. § 138 Abs. 1 ZPO.

626 Stein/Jonas/*Schuhmann*, § 355 Rn. 4, 21; auch die Gestattung einer Videokonferenz gem. § 128a Abs. 1 und Abs. 2 ZPO ist nur bei dem Einverständnis der Parteien möglich und entspricht somit dem Verhandlungs- und Beibringungsgrundsatz.

627 Vgl. BVerwG, Beschluss vom 20.5.1988- 4 B 84.88.

628 *Pantle*, S. 24.

Allein das Dazwischentreten von Aufnahmegeräten, Datenübertragung und Wiedergabemedien macht die Verhandlung bzw. Beweisaufnahme nicht zu einer formell mittelbaren.

III. Der Grundsatz der freien Beweiswürdigung

Auch im Zivilprozess soll grundsätzlich die wahre Rechtslage festgestellt werden, wofür die Aufklärung des dem Rechtsstreit zugrunde liegenden Sachverhalts unumgänglich ist. Nach § 286 Abs. 1 Satz 1 ZPO hat das Gericht grundsätzlich[629] nach freier Überzeugung zu entscheiden, ob eine tatsächliche Behauptung für wahr oder für unwahr zu erachten ist.

Wie Edinger[630] richtig bemerkt, ist die mündliche Verhandlung mehr als ein bloßer optischer und akustischer Eindruck. Der persönliche Kontakt, die Atmosphäre einer Gerichtsverhandlung, die Stimmung, die durch eine unmittelbare Begegnung entsteht sind Faktoren, die bei einer Videokonferenz verloren gehen. Ohne diese Faktoren lässt sich leichter die Unwahrheit sagen. Eine Kamera lässt sich leichter belügen als der unmittelbar in Person gegenübersitzende Richter[631].

In diesem Zusammenhang gilt es zu untersuchen, ob die Durchführung einer Videokonferenz die richterliche Überzeugungsbildung erschwert. Die Frage ist, ob der Wahrheitswert des Parteivortrages und der Aussagen von Personalbeweismitteln durch die Videokonferenz beeinträchtigt wird. Dabei ist zwischen den Auswirkungen auf den Willen zur Wahrheit und denen auf die Beweiswürdigung des Gerichts zu unterscheiden.

1. Wahrheitswert des Parteivortrages

a) Wahrheitswille der Partei

Eine Partei unterliegt gem. § 138 Abs. 1 ZPO der Pflicht zur Wahrheit[632]. Sie darf nicht wider besseres Wissen behaupten oder bestreiten[633]. Dieses ist keine Leerformel[634]. Der Grundsatz von Treu und Glauben gebietet es dem Gericht trotz des Beibringungsgrundsatzes sowohl den streitigen als auch den unstreitigen Tatsachenvortrag der Parteien auf ihren Wahrheitsgehalt hin zu überprüfen[635]. Das Gericht soll nicht in die unwürdige Lage versetzt werden, ein Urteil auf einem erkannt falschen Sachverhalt zu stützen. Offensichtlich Unwah-

---

629 Ausnahmen sind Fälle der gesetzlichen Vermutung oder Beweisregeln.

630 *Edinger*, Gerichtsverfahren per Videokonferenz?, DRiZ 1996, 290.

631 Musielak/*Stadler*, § 128a Rn. 7; *Heckel*, in: VBlBW 2001, 1 (4).

632 Gemeint ist nur die subjektive Wahrheit.

633 *Schellhammer*, Rn. 1276.

634 Ein Verstoß gegen die Wahrheitspflicht kann strafrechtlich relevant sein: Prozessbetrug, Teilnahme an Aussagedelikt; Infolge einer Straftat kann ein Restitutionsgrund vorliegen.

635 Vgl. Baumbach/Lauterbach/Albers/*Hartmann*, § 138 Rn. 63.

res darf unabhängig davon, ob der Gegner dieses bestreitet, nicht berücksichtigt werden. Zudem bildet das Gericht seine Überzeugung gemäß § 286 ZPO auch unter Berücksichtigung des Wahrheitsverstoßes[636].

Der schon angesprochene Verlust der Atmosphäre bei persönlicher Anwesenheit im Sitzungssaal durch eine Videokonferenz darf bezüglich des Wahrheitswillens der Parteien nicht überbewertet werden.

In der Praxis wird ohnehin meist nur auf das schriftlich vorgetragene Bezug genommen (§ 137 Abs. 3 ZPO), und es dürfte noch leichter fallen, die Unwahrheit schriftlich zu verfassen als sie vor einer Kamera von sich zu geben. Im Übrigen ist das persönliche Erscheinen der Partei in der mündlichen Verhandlung grundsätzlich nicht erforderlich. Etwas anderes gilt für den Fall, dass die persönliche Anwesenheit der Partei zur Sachverhaltsaufklärung geboten erscheint (§ 141 ZPO) oder für eine Güteverhandlung (§ 278 Abs. 3 ZPO). Bei der Güteverhandlung geht es gem. § 278 Abs. 1 ZPO um die gütliche Beilegung eines Rechtsstreits oder einzelner Streitpunkte, kann also hinsichtlich der Frage des verminderten Wahrheitswillens bei einer Videokonferenz außer Acht gelassen werden. Die Auswirkungen einer Videokonferenz auf den Wahrheitswillen einer Partei bei der formlosen Anhörung sind mit denen von Personalbeweismitteln des Strengbeweises zu vergleichen, weshalb zwecks Vermeidung von Wiederholungen auf die dortigen Ausführungen verwiesen wird[637].

Den Prozessbevollmächtigten wird aufgrund ihrer Stellung als Organ der Rechtspflege (§ 1 BRAO) besonderes Vertrauen hinsichtlich ihres Wahrheitswillens entgegengebracht. Daher soll auch hier nicht unterstellt werden, sie würden sich durch die Videotechnik zum Tatsachenvortrag wider besseres Wissen verleiten lassen.

b) Würdigung des Parteivorbringens

Wenn die Partei per Videokonferenz zugeschaltet ist und nicht nur auf die Schriftsätze Bezug nimmt, darf streitiger Tatsachenvortrag vom Gericht nicht losgelöst, quasi als Beweismittel, aufgrund von Glaubhaftigkeits- oder Glaubwürdigkeitserwägungen gewürdigt werden.

§ 286 Abs. 1 Satz 1 ZPO, der dem Gericht aufgibt, bei der Beweiswürdigung den gesamten Inhalt der Verhandlungen zu berücksichtigen, erlaubt es zwar, den Parteivortrag – z.B. widersprüchlichen, oft abgeänderten Vortrag oder das Verhältnis der Partei zur Wahrheitspflicht[638]- bei der Überzeugungsbildung zu berücksichtigen, gestattet aber nicht, schlicht danach zu entscheiden, welche

---

636 *Jauernig*, § 26 III, S. 100.

637 3. Kapitel III. 2. a).

638 Vgl. *Jauernig*, § 49 V 1, S. 200.

Parteibehauptungen dem Gericht mehr oder weniger glaubhaft erscheinen[639]. Anderenfalls wären die Regeln über Beweismittel und Beweiserhebung weitgehend sinnlos.

Etwas anderes gilt, wie schon erwähnt, für offensichtlich Unwahres. Hierfür sorgt der auch im Zivilprozess geltende Grundsatz von Treu und Glauben[640]. Es ist nicht Zweck der Zivilprozessordnung, der ungerechten Sache zum Sieg zu verhelfen[641]. Es ist jedoch ausgeschlossen, dass aufgrund des durch die Videoübertragung unter Umständen getrübten äußeren Erscheinungsbildes der Partei etc. eine Tatsache, die offensichtlich unwahr ist, nicht als solche erkannt wird. Es ist gerade Merkmal der Evidenz, dass sie auch von einem getrübten Blick wahrgenommen wird.

2. Beweiswert von Aussagen der Personalbeweismittel

Der Personalbeweis unterliegt der freien Beweiswürdigung durch das Gericht gem. § 286 Abs. 1 Satz 1 ZPO. Das Gericht kann durch einen Personalbeweis die Überzeugung erlangen, dass eine streitige Tatsachenbehauptung wahr ist. In diesem Rahmen wirkt sich ein möglicherweise geringerer Beweiswert des Personalbeweises via Videokonferenz aus.

a) Wahrheitswille von Personalbeweismitteln

Zeugen und Sachverständige unterliegen bei ihrer Vernehmung der Pflicht zur Wahrheit, wie sich schon aus der Strafbarkeit einer Falschaussage gem. §§ 153 ff. StGB ergibt. Auch die Partei trifft bei ihrer Vernehmung die Wahrheitspflicht (vgl. § 451 i.V.m. § 395 Abs. 1 ZPO wonach sie zur Wahrheit zu ermahnen sind), obwohl für Parteien nur der Meineid gem. § 154 unter Strafe gestellt ist.

Bei einer Videokonferenz entfallen das psychologische Moment des Erscheinens im Gerichtssaal und der persönliche Kontakt zum Gericht und den übrigen Beteiligten. Hinzu tritt unter Umständen, dass sich die Aussageperson in der räumlichen Sphäre einer Partei, z.B. dem Büro des ihn vertretenen Rechtsanwalts aufhält. Die Hemmschwelle zu lügen nimmt dadurch ab. Es ist zudem leichter gegenüber einer Kamera falsch auszusagen als gegenüber einem körperlich anwesendem Gericht[642]. Die Praxis zeigt, dass insbesondere viele Zeugen, die sich vorgenommen haben die Unwahrheit zu sagen, unter dem Eindruck des Gerichts und der Parteiöffentlichkeit sich eines besseren besinnen[643]. Auch zu einem spontanen Widerruf der Zeugenaussagen kommt es bei apparativen

---

639 Stein/Jonas/*Leipold*, § 141 I Rn. 2 m.w.N.

640 BVerfG NJW 97, 1433; Baumbach/Lauterbach/Albers/*Hartmann*, Einl. III Rn. 54.

641 Vgl. VersR 82, 341; Baumbach/Lauterbach/Albers/*Hartmann*, Einl. III Rn. 54.

642 *Edinger*, in: DRiZ 1996, 290; *Heckel*, in: VBlBW 2001, 1(4); Musielak/*Stadler*, § 128a Rn. 7.

643 Vgl. Baumbach/Lauterbach/Albers/*Hartmann*, § 377 Rn. 8.

Hilfsmitteln schwerlich, weil ein persönlicher Kontakt weniger gut herzustellen ist[644]. Weithin ist bei einer Videovernehmung hinsichtlich des Wahrheitswillens zu berücksichtigen, dass die Beweisperson durch die für sie unter Umständen ungewöhnliche Konfrontation mit der Kamera im Vergleich zu einer persönlichen Befragung vermehrt verunsichert oder gehemmt sein kann[645]. Immerhin wird durch das Aufzeichnungsverbot gem. § 128a Abs. 3 Satz 1 ZPO verhindert, dass für den Zeugen unangenehme Aussagen auch noch konserviert werden, was zweifelsohne dem Wahrheitswillen nachteilig beeinflussen würde.

Zu der abgesunkenen Hemmschwelle zur Falschaussage treten bei einer Videokonferenz erweiterte Möglichkeiten einer mittelbaren Einflussnahme auf die Aussageperson z.B. durch einen „Zuflüsterer“ oder „Teleprompter“[646]. Zwar ist auch bei der herkömmlichen Vernehmung eine Einflussnahme auf die Aussage durch eine entsprechende vorherige Präparation und Instruktion der Aussageperson möglich, jedoch werden die Täuschungsmöglichkeiten durch die Übertragung von einem anderen Ort aus erhöht. So kann nunmehr auch auf unerwartete Fragen des Gerichts oder der Gegenpartei reagiert werden, wenn der instruierte Zeuge im Sitzungssaal nicht mehr weiter wüsste. Diese Einflussnahmemöglichkeit kann bis zu einem bestimmten Grad jedoch durch geeignete Maßnahmen, wie z.B. der Kameraaufstellung, Bildausschnitt und technische Kontrollmechanismen minimiert werden, ein erhöhtes Manipulationsrisiko wird jedoch hinzunehmen sein.

Es soll nicht unerwähnt bleiben, dass sich die Videoaussage im Einzelfall auch positiv auf den Wahrheitsfähigkeit auswirken könnte, da die ansonsten durch die Gerichtsatmosphäre bedingte Stresssituation bei einer Videovernehmung weniger schwerwiegend sein dürfte und im Einzelfall bei einer wahrheitswilligen Aussageperson stressbedingte Ausdrucks und Erinnerungslücken schließen helfen kann. Die fehlende persönliche Konfrontation mit den Parteien kann auch mehr „Mut zur Wahrheit“ bedeuten[647].

---

644 *Arntzen*, Video- und Tonbandaufnahmen als Ersatz für richterliche Vernehmungen von Kindern zu Sexualdelikten?, in ZRP 1995, 241 (241); Abschlussbericht zum Projekt Virtuelles Verwaltungsgericht, S. 20, wonach die Spontaneität einer Äußerung von Zeugen oder Naturparteien durch die Videokonferenz beeinträchtigt wird.

645 Musielak/*Stadler*, § 128a Rn. 7.

646 *Hartmann*, in: NJW 2001, 2577 (2583); Baumbach/Lauterbach/Albers/*Hartmann*, § 128a Rn. 2; Musielak/*Stadler*, § 128a Rn. 6.

647 Musielak/*Stadler*, § 128a Rn. 7.

b) Beweiswürdigung

Ob ein ergiebiges Beweismittel geeignet ist das Gericht von einer streitigen Tatsache zu überzeugen, richtet sich nach der Glaubhaftigkeit der Aussage und der Glaubwürdigkeit der Aussageperson[648].

Für die Beurteilung der Glaubhaftigkeit einer Aussage wird nur der Inhalt der Aussage herangezogen[649], während für die Glaubwürdigkeit neben Persönlichkeitsmerkmalen, individueller Entwicklungsstand, Motivlage, Geschichte der Aussage und der besonders wichtigen Analyse des Aussageinhalts auch das Verhalten der Aussageperson, dem „persönlichen Eindruck" Bedeutung zukommt[650]. Aus dem Auftreten, der Reaktion, Mimik und Gestik einer Aussageperson, wie z.B. stottern oder hilflose Blicke zu einem der Anwälte könnten Rückschlüsse auf seine Glaubwürdigkeit gezogen werden. Dieses betrifft jedoch nur die Fälle der bewussten Falschaussage. Bei Gutgläubigkeit der Aussageperson kann sein äußeres Verhalten ihn denklogisch nicht der Lüge überführen.

Bei einer Videovernehmung kann die Glaubwürdigkeitsbeurteilung demnach hinsichtlich des Merkmales des äußeren Verhaltens und dem darauf fußenden persönlichen Eindruck des Gerichts beeinträchtigt sein. Es soll daher unter dem Gesichtspunkt des „persönlichen Eindrucks" untersucht werden, ob die Glaubwürdigkeit des Zeugen, Sachverständigen und der Partei bei ihrer Vernehmung in einem zur herkömmlichen Vernehmung vergleichbaren Maße beurteilt werden kann.

Es sei angemerkt, dass bei Sachverständigen die Glaubwürdigkeit normalerweise unproblematisch zu bejahen ist[651]. Immerhin werden sie durch das Gericht (§ 404 Abs. 1 ZPO) oder einvernehmlich durch die Parteien (§ 404 Abs. 4 ZPO) bestimmt. Der Schwerpunkt der Glaubwürdigkeitsbeurteilung liegt bei dem wichtigen Beweismittel des Zeugen, aber auch der Partei.

Unger[652] vertrat schon 1984 die Ansicht, dass alles was vornehmlich Psychologen zur Urteilsbildung über die Glaubwürdigkeit eines Zeugen heranzuziehen pflegen, über ein Bildschirmtelefon so gut wahrnehmbar sei, wie bei körperlicher Präsenz des Zeugen. Die Ausdruckspsychologen gehen davon aus, dass

---

648 *Schneider*, Beweis und Beweiswürdigung, 5. Auflage (1994), Rn. 1097

649 *Eisenberg*, Beweisrecht in der StPO, 3. Auflage (1999), Rn. 1882.

650 Vgl. Grobschema der Zusammenstellung von Glaubwürdigkeitskriterien: *Undeutsch*, Beurteilung der Glaubhaftigkeit von Aussagen in Forensische Psychologie (=Handbuch der Psychologie, 11. Band, 1967), S. 26 (127ff.).

651 Vgl. *Anders/Gehle*, Das Assessorexamen im Zivilrecht, 6. Auflage (1999), Rn. 323.

652 *Unger*, in: NJW 1984, 415 (416).

jede Person mit ihren Gefühlen und Eigenschaften über ihren Ausdruck – gemeint ist ihre Gestik, Mimik, Stimmqualität und Sprache – in Erscheinung tritt und damit für andere wahrnehmbar wird[653]. Dabei gibt es verschiedene nonverbale, also nicht vom Inhalt des Gesagten abhängige Ausdrucksmedien. Das Gesicht in Physiognomie und Mimik, die Kopf- und Körperhaltung, die unwillkürliche und die bewusste Bewegung (Pantomimik, Gestik), die von der Durchblutung abhängige Farbe und Spannung der Haut, die Stimme[654]. Da bei Bildschirmtelefonen nicht der gesamte Körper übertragen wurde, war die Ansicht Ungers nicht nur sehr optimistisch, sondern falsch.

Heute allerdings bestehen die technischen Möglichkeiten alle Aspekte, die den „persönlichen Eindruck" ausmachen, zu erfassen. Bildausschnitt, Farb- und Stimmechtheit können gewährleistet werden. Auch die Wahrnehmung durch das Gericht wird bei einem Beamer samt Leinwand, welches die lebensgroße Wiedergabe gewährleistet, nicht beeinträchtigt; kann sogar bei überlebensgroßer Wiedergabe noch gesteigert werden. Allein die Qualität wird auf unbestimmte Zeit nicht an die tatsächliche Präsenz heranreichen, sich jedoch im fast schon unmerklichen Bereich bewegen. Was jedoch nicht ausreichend simuliert werden kann, ist die ungezwungene Beobachtung außerhalb der eigentlichen Vernehmung.

Nach Schneider[655] darf das äußere Verhalten einer Aussageperson während einer Vernehmung aber ohnehin nicht zu wichtig genommen werden, vielmehr begründe dieses bei ungenügendem Sachverstand gar eine Gefahr für die Wahrheitsfindung. Jemand, der vor Gericht auszusagen hat, ist fast immer befangen und innerlich erregt. Tonfall, Blick, Errötungen, Tränen usw. lassen daher häufig nur ganz unsichere Schlüsse auf die Glaubwürdigkeit zu.
Untersuchungen über die Persönlichkeit eines Menschen haben in der Tat ergeben, dass aus dem persönlichen Eindruck kaum zuverlässige Urteile hergeleitet werden können[656]. Ob aus Mienen, Gesten, Stimme, Gang, Gebärden, Haltung, Haarschnitt oder gar Kleidung Rückschlüsse auf die Glaubwürdigkeit gezogen werden können ist äußerst zweifelhaft[657].

---

653 Eingehend: *Kirchhoff*, Über pragmatische und semantische Handlungen, Jahrbuch der Psychologie, Psychotherapie und med. Anthropologie, 10. Jahrgang (1963), S. 104 (109ff.).

654 *Heitl*, Allgemeine Pathologie des Ausdrucks unter besonderer Berücksichtigung des Gesichtsausdrucks, Handbuch der Psychologie, Bd. 5 „Ausdruckspsychologie" 1972, S. 311; vgl. auch *Heinrich*, Ausdruck und Eindruck, Diss. Phil. (1995), S. 5.

655 *Schneider*, Rn. 895.

656 *Guilford*, Persönlichkeit, 6. Auflage (1974), S. 274.

657 *Schneider*, Rn. 896.

So warnt Schneider auch davor, den persönlichen Eindruck überzubewerten:

> *„Die Kontrolle an Hand objektiver Umstände oder anderer Beweismittel und das logische Durchdenken einer Aussage sind für die Wahrheitsfindung von wesentlich größerer Bedeutung als der persönliche Eindruck“*[658].

Dennoch sieht auch er die Notwendigkeit die Aussageperson zu beobachten, um die Aussage im Rahmen der gesamten Kommunikation, also auch der so genannten paralinguistischen Phänomenen (Tonfall, Sprechgeschwindigkeit, Lachen, Weinen, Pausieren, Bewegung, Haltung usw.), wahrzunehmen. Um daraus Rückschlüsse ziehen zu können sei jedoch, von Offenkundigem einmal abgesehen, spezielle Sachkunde[659] erforderlich[660].

Auch der Bundesgerichtshof[661] will das Abstellen auf den „persönlichen Eindruck“ erst angewandt wissen, wenn alle übrigen Kriterien der Beweiswürdigung ausgeschöpft sind. In diesem Sinne finden sich in Urteilsbegründungen zur Glaubwürdigkeitsbeurteilung auch fast nie Ausführungen zum „persönlichen Eindruck“[662].

Es bleibt festzuhalten, dass für die Glaubwürdigkeitsbewertung in der Rechtswirklichkeit die Bedeutung des „persönlichen Eindrucks“ nicht überschätzt werden darf. Persönlichkeitsmerkmale, individueller Entwicklungsstand, Motivlage, Geschichte der Aussage und die Analyse des Aussageinhalts sind weitaus wichtigere Indizien.

Unter Berücksichtigung vorgenannter Gesichtspunkte kann im Ergebnis die anfangs aufgeworfene Frage, ob eine zur herkömmlichen Vernehmung vergleichbare Beurteilung der Glaubwürdigkeit durch den „persönlichen Eindruck“ auch einer Bild- und Tonübertragung möglich ist, unter dem Vorbehalt einer optimalen technischen Umsetzung[663] mit der Einschränkung des begrenzten Beobachtungszeitraumes während der Vernehmung bejaht werden[664]. Aus-

658 *Schneider*, Rn. 898, m.w.N.

659 Zum Umfang siehe: Handbuch der Psychologie, Bd. 5: Ausdruckspsychologie, 2. Auflage (1972).

660 *Schneider*, Rn. 897.

661 BGH NJW 95, 966: Für widersprüchliche Zeugenaussage in den Instanzen.

662 So behauptet zumindest: *Schneider*, Rn. 901.

663 Siehe hierzu: 5. Kapitel.

664 So auch im Abschlussbericht zum Projekt Virtuelles Verwaltungsgericht, S. 19, in dem die Erwartung des eingeschränkten persönlichen Eindrucks dahingehend konkretisiert wurde, dass es dabei vielmehr um den Einwand eines veränderten Kommunikationsverhalten handele und ohne Auswirkung auf die Glaubwürdigkeitsprüfung ist; a.A. *Stadler*, in: Musielak/Stadler, § 128a Rn. 9.

druckspsychologische Feinheiten, wie z.B. die Spannung der Haut, sind durch eine Videoübertragung unter Umständen nicht mehr so gut wahrnehmbar, aber für den Durchschnittsrichter dürfte dieses auch bei einer persönlichen Anwesenheit zum einen nur schwer feststellbar sein und zum anderen kaum Rückschlüsse auf die Glaubwürdigkeit zulassen[665].

3. Folgen für die Ermessensentscheidung der Gestattung von Videokonferenzen

Das Gericht muss sämtliche vorgenannten Erwägungen, insbesondere die Auswirkung der Videokonferenz auf den Wahrheitswillen, bei der Ermessensausübung hinsichtlich der Gestattung einer Videokonferenz gegen die Vorteile für die Prozessbeschleunigung und Kostensenkung im Einzelfall abwägen[666]. Das Gewicht des „persönlichen Eindrucks" sollte dabei jedoch nicht überschätzt werden.

IV. Grundsatz der Öffentlichkeit

1. Grundlagen

§ 169 Satz 1 GVG statuiert den Grundsatz der öffentlichen Verhandlung vor dem erkennenden Gericht. Als Hauptzweck des Öffentlichkeitsprinzips gilt die Kontrolle des Verfahrensgangs durch die Allgemeinheit[667]. Aufgabe der Öffentlichkeit der Verhandlung ist es, eine wesentliche Bedingung des öffentlichen Vertrauens zur Rechtsprechung der Gerichte zu gewährleisten; mithin zu verhindern, dass die gesamte Tätigkeit des Gerichts hinter verschlossenen Türen in ein Dunkel gehüllt und dadurch Missdeutungen und Argwohn ausgesetzt ist[668]. § 169 Satz 1 GVG meint die unmittelbare Öffentlichkeit im Sinne einer Teilnahmemöglichkeit für jedermann im Rahmen der gegebenen Möglichkeiten unter körperlicher Anwesenheit am Verhandlungsort[669]. Nicht von § 169 Satz 1 GVG garantiert ist die so genannte mittelbare Öffentlichkeit, d.h. die durch technische Errungenschaften eröffnete Möglichkeit ohne eigene körperliche Anwesenheit der Verhandlung unmittelbar zuschauen und oder zuhören zu können[670].

---

665 Vgl. *Greger*, in: ZRP 1998, 365 (367f.), wonach neuere psychologische Experimente darauf hindeuten würden, dass gerade die von ihrer Menschenkenntnis Überzeugten, nur begrenzt erfolgreich bei dem Versuch seien, Wahrheit von Lüge zu unterscheiden.

666 Siehe 2. Kapitel I. 4. a) cc).

667 BGH NJW 1977, 157.

668 RGSt 70, 109 (112); BGHSt 9, 280 (281); 23, 176 (178); Kissel, § 169 Rn. 3.

669 BGH NJW 1989, 1741.

670 Vgl. zur Begrifflichkeit: *Kissel*, § 169 Rn. 3.

2. Realisierung bei der Durchführung der Videokonferenz

a) Öffentlichkeit im Sitzungssaal

Auf den Grundsatz der Öffentlichkeit im Sitzungssaal wurde bereits im Zusammenhang mit dem Mündlichkeitsgrundsatz eingegangen. Es wurde festgestellt, dass dieser durch den Videokonferenzeinsatz nicht beeinträchtigt wird, wenn die Wiedergabemedien von den Zuschauerplätzen einsehbar und der wiedergegebene Ton zu vernehmen ist[671].

Hartmann[672] wirft ein weiteres Problem im Zusammenhang mit dem Öffentlichkeitsprinzip auf. Er ist der Meinung, dass die Öffentlichkeit nicht durch Kamera und Mikrofone faktisch auf solche Zuhörer beschränkt werden dürfe, die sich vor solcher Technik nicht scheuten. Konsequenz dieser Auffassung wäre, dass die im Sitzungssaal vorhandenen Videokonferenzkameras den Zuschauerbereich nicht erfassen dürften. Dieses dürfte sich angesichts der Notwendigkeit einer schwenkbaren Kamera und den begrenzten räumlichen Kapazitäten in einem Sitzungssaal schwierig gestalten. Die Aufnahme des Publikums kann jedenfalls nicht gänzlich ausgeschlossen werden.

Der Ansicht Hartmanns ist jedoch nicht zuzustimmen. Persönlichkeitsrechte des Publikums werden dank des Aufzeichnungsverbotes nicht berührt[673]. Allenfalls nicht justiziable Berührungsängste halten unter Umständen Einzelpersonen von der körperlichen Teilnahme an Videokonferenz unterstützten Gerichtsverhandlungen ab. Dieses ist zuzugeben, lässt den Öffentlichkeitsgrundsatz jedoch unberührt. Die Möglichkeit, dass jedermann an der Verhandlung teilnehmen kann, besteht nicht uneingeschränkt. Es ist anerkannt, dass es – über die gesetzlich geregelten Fälle hinaus – Situationen gibt, in denen die Öffentlichkeit tatsächliche Schranken findet, die hinzunehmen sind[674]. Eine tatsächliche Grenze ergibt sich z.B. aus der beschränkten Zahl der zur Verfügung stehenden Plätze in den Gerichtssälen. Ein eben solches tatsächliches Hindernis mag für manche Personen in der Angst vor Aufnahme und Abbildung bestehen. Dieses ist aber ebenso hinzunehmen wie ein voller Gerichtssaal. Der Hauptzweck der Öffentlichkeit, die Kontrolle des Verfahrensgangs durch die Allgemeinheit[675], gebietet es nicht auf die Ängste jedes einzelnen Rücksicht zu nehmen. Sie kann auch von technisch aufgeschlossenen Personen bzw. unter Überwindung der Berührungsängste ausgeübt werden. Die Allgemeinheit ist repräsentativ zu verstehen.

---

671 Siehe 3. Kapitel I. 2. c) bb).

672 Baumbach/Lauterbach/Albers/*Hartmann*, § 128a Rn.3.

673 Siehe hierzu: 2. Kapitel I. 3. b) bb) (2) (b).

674 BGH NJW 1994, 2773 (2773), m.w.N.

675 BGH NJW 1977, 157.

b) Öffentlichkeit am „anderen Ort"

Nachdem die Videokonferenz der Einhaltung des Öffentlichkeitsgrundsatzes im Gerichtssaal nicht entgegensteht, gilt es zu untersuchen, ob der bisherige räumliche Geltungsbereich durch die Einbeziehung des Übertragungsortes in die gerichtliche Tätigkeit auf diesen erweitert wird.

aa) Gebot gem. § 169 Satz 1 GVG

Wortlautgebundener Ansatzpunkt für die Frage, ob sich der Öffentlichkeitsgrundsatz auch auf die Räumlichkeiten erstreckt, von wo aus Personen zur Verhandlung zugeschaltet werden, ist der in § 169 Satz 1 GVG enthaltene Passus „Verhandlung vor dem erkennenden Gericht". Die „Verhandlung" i.S.d. § 169 Satz 1 GVG meint die gesamte mündliche Verhandlung[676]. Gem. § 219 Abs. 1 ZPO ist der Terminsort grundsätzlich die Gerichtsstelle also das Gerichtsgebäude. Da die mündliche Verhandlung aus einem oder mehreren Terminen besteht, ist der Terminsort auch für den Verhandlungsort maßgeblich. Der Grundsatz der Öffentlichkeit ist im Gerichtsverfassungsgesetz demnach nur als Öffentlichkeit im Gerichtssaal vorgesehen[677].

Diese am Gesetzestext orientierte Betrachtung findet ihre Bestätigung auch in historischer und teleologischer Hinsicht.

So heißt es schon in dem 1874 vorgelegten Entwurf eines Gerichtsverfassungsgesetzes: *„Jedermann aus dem Publikum soll Zutritt haben zu den Gerichtssälen, in denen die Gerichte Recht sprechen"*[678].

Die Kontrolle der dritten Gewalt durch die Öffentlichkeit gebietet es nicht, auch den „anderen Ort" für die Öffentlichkeit zugänglich zu machen. Die Verhandlung findet nach wie vor im Gerichtssaal statt[679]. Dort laufen alle „Beiträge" in optisch und akustisch wahrnehmbarer Weise zusammen. Die zugeschalteten Personen befinden sich lediglich körperlich außerhalb des Sitzungssaales. Die körperliche Anwesenheit auch am „anderen Ort" ist für eine Kontrolle der Justiz nicht erforderlich. Das visuelle und akustische Abbild der zugeschalteten Person reicht dafür aus[680].

§ 169 Satz 1 GVG schreibt damit keine Öffentlichkeit auch am „anderen Ort" vor[681]. Dieses hat unter anderem auch den Ausschluss eines beim Ortstermin entstehenden Problemfeldes zur Folge. Sollte der Hausrechtsinhaber des „anderen Ortes" die Anwesenheit von Zuhörern nicht gestatten, vermag dieses anders

676 MüKo-ZPO-*Wolf*, § 169 GVG Rn. 11.

677 BVerfG NJW 2001, 1633 (1635).

678 Vgl. *Hahn*, Die gesamten Materialien zu dem GVG und dem Einführungsgesetz zu demselben vom 27.1.1977, 1879, S. 173.

679 *Heckel*, in: VBlBW 2001, 1 (4).

680 So auch: Musielak/*Stadler*, § 128a Rn. 2; *Heckel*, in: VBlBW 2001, 1 (4).

681 So auch *Seibel*, in: AO-StB 2001, 147 (150) für das finanzgerichtliche Verfahren; Zöller/Greger, § 128a Rn.4; Musielak/Stadler, § 128a Rn. 2.

als in Fällen der Ortsbesichtigung keine Konfliktlage zwischen Hausrecht und Öffentlichkeitsprinzip heraufzubeschwören[682].

bb) Verbot

Wenn die Öffentlichkeit am „anderen Ort“ nicht durch § 169 Satz 1 GVG geboten ist, stellt sich weiter die Frage, ob der Hausherr in Ausübung seines Hausrechts freiwillig Zuschauer zulassen kann[683]. Dem könnte das Aufnahmeverbot des § 169 Satz 2 GVG oder das regelmäßige sitzungspolizeiliche Defizit am Übertragungsort entgegenstehen.

(1) § 169 Satz 2 GVG

Nach der eingangs getroffenen Unterscheidung zwischen unmittelbarer und mittelbarer Öffentlichkeit ist die Übertragung der Geschehnisse im Gerichtssaal an den „anderen Ort“ der mittelbaren Öffentlichkeit zuzuschreiben. Diese wurde bisher ausschließlich von § 169 Satz 2 GVG geregelt[684], welcher es unter anderem für unzulässig erklärt Ton- und Filmaufnahmen zum Zwecke der öffentlichen Vorführung von der Verhandlung zu erstellen. Insofern könnte der Gedanke aufkommen, dass nicht nur das Öffentlichkeitsprinzip am „anderen Ort“ keine Geltung beansprucht, sondern dass darüber hinaus der Publikumsverkehr zu diesem während der Durchführung der Videokonferenz von § 169 Satz 2 GVG verboten wird.

Unter Ton- und Filmaufnahmen i.S.d. § 169 Satz 2 GVG müssen auch so genannte Liveschaltungen ohne eine Aufzeichnung verstanden werden[685], wie sie auch bei Videokonferenzen vorliegen. Diese wäre jedoch nur verboten, wenn der Zuschauerkreis am „anderen Ort“ weiterhin das Tatbestandsmerkmal „öffentlich“ erfüllen würde. Eine systematische Betrachtung im Hinblick auf eine Gleichsetzung zum Öffentlichkeitsbegriff des § 169 Satz 1 GVG verbietet sich. Vielmehr ist gerade eine kontradiktorische Begrifflichkeit gemeint. Unter Öffentlichkeit i.S.d. Satzes 1 ist die theoretische Möglichkeit jedermanns zur Beiwohnung der Verhandlung im Sitzungssaal zu verstehen. Einlass in den Gerichtssaal können jedoch nur so viele Personen erhalten, wie dieser nach seiner konkreten Ausgestaltung fasst[686]. Auch wenn dieses in der Literatur vielfach als unzulässige Einschränkung der Öffentlichkeit verstanden wird[687], so ist diese

682 Zur Problematik: BGH NJW 1994, 2773; *Foth*, Anmerkung zu BGH, Beschluss v. 22.9.1978 – 3 StR 304/78 = JR 1979, S. 261-262, JR 1979, 262f. ; *Kissel*, § 169, Rn. 36, § 22 Rn. 30.

683 So *Seibel*, in: AO-StB 2001, 147 (150).

684 *Kissel*, § 169 Rn. 3.

685 Vgl. *Kissel*, § 169 Rn. 64 - zur Verletzung des § 169 Satz 2 GVG bei der Liveübertragung des Senders n-tv bei der Verkündung der Entscheidung des BVerfG im AWACS-Verfahren.

686 BGH NJW 1977, 157.

687 Kissel, § 169 Rn. 24; MüKo-ZPO-*Wolf*, § 169 GVG, Rn. 31.

Kapazitätserwägung dem Öffentlichkeitsbegriff bei richtigem Verständnis immanent. Streng genommen erfasst die Öffentlichkeit i.S.d. Satzes 1 nur eine zahlenmäßig beschränkte Anzahl.
Bei dieser Erkenntnis wird auch der Öffentlichkeitsbegriff des Satzes 2 handhabbar. Er bezieht sich auf eine zahlenmäßig unbestimmte Rezipientenzahl. So waren Grundlage für die Einführung des § 169 Satz 2 GVG unter anderem folgende Überlegung:

> *„Rundfunk- und Filmaufnahmen im Gerichtsaal gehen über die in § 169 Satz 1 GVG gewährleistete Öffentlichkeit der Hauptverhandlung weit hinaus…"*[688].

Auch das Bundesverfassungsgericht hat erst kürzlich im Zusammenhang mit § 169 Satz 2 von „Medienöffentlichkeit" in Abgrenzung zur „Saalöffentlichkeit" gesprochen[689].

Zuschauer am „anderen Ort" erweitern die Saalöffentlichkeit nicht in der angesprochenen Art und Weise, vielmehr scheinen sie mit den zusätzlichen Zuschauern vergleichbar, die bei der Auswahl eines größeren Gerichtssaals anfallen[690]. Die zusätzlichen Zuschauer sind also der Saalöffentlichkeit und nicht der Medienöffentlichkeit zuzurechnen.

Letztendlich scheitert ein Ausschluss der Öffentlichkeit am „anderen Ort" nach § 169 Satz 2 GVG aber schon an der fehlenden Intention der Videokonferenz zur öffentlichen Vorführung. Die Bild- und Tonübertragung an den Übertragungsort findet statt, um eine Partei, Bevollmächtigten oder Beistand an der Verhandlung zu beteiligen oder einen Zeugen, Sachverständigen oder die Partei zu vernehmen und nicht um die Verhandlung öffentlich vorzuführen. Wollte man das zusätzliche Publikum, entgegen der hier vertretenen Ansicht, für eine öffentliche Vorführung ausreichen lassen, wäre dieses nur ein Reflex der Übertragung zu Verfahrenszwecken.

(2) Sitzungspolizeiliches Defizit

Sitzungspolizeiliche Befugnisse bestehen grundsätzlich auch am jeweiligen Übertragungsort[691]. Deren angemessene Wahrnehmung gegenüber Zuschauern am „anderen Ort" ist in mehrfacher Hinsicht behindert. Dieses spricht gegen die Möglichkeit einer freiwilligen Zulassung von Publikum durch den Hausrechtsinhaber.

---

688 BT-Drucks. IV/178 S. 45.
689 NJW 2001, 1633 (1635).
690 Zur grundsätzlichen Zulässigkeit einer derartigen Erweiterung: *Kissel*, § 169 Rn. 26 m.w.N.
691 Siehe 2. Kapitel III. 6. a).

(a) Erkenntnisdefizit

Die Zulassung von Zuschauern am „anderen Ort“ stößt auf Bedenken, wenn eine Kontrolle des Gerichts über den ungestörten Ablaufes der Sitzung nicht mehr möglich ist[692]. Die Möglichkeiten Störungen zu erkennen sind bei einer Videokonferenz schon durch das begrenzte Sichtfeld eingeschränkt.

Beispielhaft soll kurz auf die Möglichkeiten zur Entdeckung eines Verstoßes gegen § 169 Satz 2 GVG am Übertragungsort abgestellt werden. Es ist nicht auszuschließen, dass sich insbesondere Pressevertreter erhoffen, unter Umgehung des wachsamen Auges des Spruchkörpers im Gerichtssaal durch Abfilmen der Videokonferenz am Übertragungsort das begehrte Material verschaffen zu können. Dieser Umgehungsgefahr bei gleichzeitigem Kontrollverlust kann nur durch eine auf die Zuschauer gerichtet Kamera eingeschränkt werden, die eine Bild und oder Tonaufzeichnung für das Gericht erkennbar machen würde. Dieses setzt nicht nur einen erweiterten technischen Aufwand voraus, sondern würde auch die Möglichkeiten der Videokonferenztechnik für das Verfahren beeinträchtigen. Das Gericht müsste seine Aufmerksamkeit zusätzlich den Zuschauern am „anderen Ort“ widmen; Übertragungs- und Wiedergabekapazitäten würden nicht mehr ausschließlich zu Verfahrenszwecken zur Verfügung stehen.

Eine spezifische Gefahr für den ordnungsgemäßen Verhandlungsablauf stellen auch die bereits genannten erweiterten Möglichkeiten zur mittelbaren Aussagebeeinflussung durch ein Zuflüstern oder einen Teleprompter dar[693]. Auch dieses gebietet, dass sich nur die jeweils zu übertragenen Personen im Konferenzraum aufhalten.

Allein das aufgezeigte Erkenntnisdefizit spricht gegen eine Zulassung von Zuschauern am „anderen Ort“. Hinzu tritt ein nicht unerhebliches Vollzugsdefizit.

(b) Vollzugsdefizit

Neben dem Defizit auf der Erkenntnisseite besteht mangels Personals am „anderen Ort“ nicht die Möglichkeit erkannten Ordnungsverstößen notfalls mit Zwang zu beheben. So kann z.B. zur Einhaltung des § 169 Satz 2 GVG eine Sicherstellung der benutzten oder zu benutzenden Kamera nicht vorgenommen werden. Auch freiheitsbeschränkende Maßnahmen zur Aufrechterhaltung der Ordnung gem. § 177 GVG, die einer sitzungspolizeilichen Anordnung nach § 176 GVG bei Nichtbefolgung grundsätzlich folgen können, sind am „anderen Ort“ nicht durchführbar. Ob man dieses mit Heckel[694] am Wortlaut des „Sitzungszimmers“

---

692 Vgl. MüKo-ZPO-*Wolf*, § 169 GVG, Rn. 33: im Hinblick auf das Verbot nach § 169 Satz 2 GVG.

693 Siehe 3. Kapitel III. 2. a).

694 *Heckel*, in: VBlBW 2001, 1 (4).

behaftet annimmt, oder es mit dem Mangel der zur Durchführung der Entfernung oder Abführung erforderlichen Personals begründet, ist hier unerheblich. Eine Anordnung gem. § 177 GVG, ob nun am „anderen Ort“- entgegen dem Wortlaut zulässig oder nicht- ist jedenfalls nicht vollstreckbar.

Diese Defizite bei der Sitzungspolizei sind insbesondere im Hinblick auf den zu gewährenden Schutz der Verfahrensbeteiligten[695] nicht hinnehmbar.

(c) Rechtsgrundlage zum Ausschluss

Die mittelbare Öffentlichkeit am „anderen Ort“ sollte nach Vorstehendem vom Gericht ausgeschlossen werden. Dieses bedarf jedoch einer Rechtsgrundlage, insbesondere weil einer derartigen Anordnung das Hausrecht gegenübersteht. Danach ist es dem Inhaber gestattet, in seinen Räumlichkeiten darüber zu entscheiden, wer sich darin aufhalten darf und wer nicht[696], also auch Publikum nach Belieben verkehren zu lassen. Im umgekehrten Fall einer Verweigerung des Hausrechtsinhabers Zuschauer in seinen Räumlichkeiten zu dulden, wird ein diesbezügliches Anordnungsrecht des Gerichts aufgrund des Öffentlichkeitsgrundsatzes allgemein abgelehnt[697]. Begründet wird dieses mit dem Grundrecht des Art. 13 GG, in das nicht aufgrund des Öffentlichkeitsgrundsatzes eingegriffen werden darf. Art. 13 GG ist bei einer Anordnung, kein Publikum im Übertragungsraum zu dulden, nicht betroffen, da es sich nicht um ein Eindringen in den geschützten Bereich handelt. Das Hausrecht hat seine dogmatische Grundlage jedoch nicht in Art. 13 GG sondern im Besitzschutz[698]. Angelpunkt des gesamten Besitzschutzes ist der Tatbestand der verbotenen Eigenmacht gem. § 858 Abs. 1 BGB. Widerrechtlich handelt danach, wer dem Besitzer ohne dessen Willen im Besitz stört, es sei denn die Störung ist gesetzlich gestattet. Wer dem Hausrechtsinhaber untersagt Personen in seinem geschützten Bereich zu empfangen und verweilen zu lassen, stört mithin die Ausübung der tatsächlichen Sachherrschaft. Bei einer gerichtlichen Anordnung wäre zugleich das Grundrecht der allgemeinen Handlungsfreiheit gem. Art. 2 Abs. 1 GG betroffen.

Ein den Eingriff in die allgemeine Handlungsfreiheit rechtfertigendes Gesetz bzw. eine die Besitzstörung gestattendes Gesetz könnte in der sitzungspolizeilichen Befugnis des § 176 GVG gesehen werden. Diese geht dem Hausrecht

---

695 Vgl. hierzu OLG Köln NJW-RR 1998, 1141.

696 SK-StGB-*Rudophi*, Systematischer Kommentar zum Strafgesetzbuch, 2. Besonderer Teil, Ordner 1
(Stand: Juni 2002), § 123 Rn. 1 m.w.N.

697 BGH NJW 94, 2773-2774; Anmerkung von *Foth*, in: JR 262-263 zum Beschluß des BGH v. 22.9.1978 – 3 StR 304/78 = JR 1979, S. 261-262, a.A. *Lilie*, Augenscheinseinnahme und Öffentlichkeit der Hauptverhandlung, NStZ 1993, 121 (121).

698 *Engeln*, S. 43 f. , a.A. *Jaenecke*, Einschränkung des Hausrechts des Arbeitgebers durch arbeitsrechtliche Normen, DB 1957, 380 (380).

während der Verhandlung vor[699]. Eine Anordnung setzt jedoch eine konkret zu besorgende Störung in der Verhandlung voraus. Die allgemeine Anordnung im Vorfeld, Zuschauer am anderen Ort seien nicht zuzulassen, ist unzulässig. Die Ermittlung der Gefahr würde wiederum eine Überwachung des Publikums voraussetzen, welche es gerade zu vermeiden gilt. § 176 GVG ist ein ungeeignetes Mittel, um bereits im Vorfeld Zuschauer auszuschließen.
Dem Gericht steht jedoch ein weitaus schärferes Schwert aufgrund seines Ermessensspielraums bei der Gestattung von Videokonferenzen zu. Wird nicht im Vorfeld versichert, dass keine Zuschauer im Videokonferenzraum zugelassen werden, wirkt dieses ermessensreduzierend. Die Gestattung wird dann grundsätzlich zu versagen sein. Finden sich während der Videokonferenz dennoch Zuschauer am „anderen Ort" ein, kann die Verbindung notfalls vom Gericht unterbrochen werden. Änderungen der Umstände, die zur Gestattung geführt haben, würden diese sitzungspolizeiliche Maßnahme rechtfertigen.

V. Parteiöffentlichkeit

Dieser Grundsatz besagt, dass die Parteien bei der Beweisaufnahme anwesend sein und den Zeugen oder Sachverständigen Fragen vorlegen dürfen (§§ 357 Abs. 1, 397 ZPO). Dieses Recht hat, wie allgemein anerkannt wird, für die Wahrheitsfindung große Bedeutung[700].
Im Gegensatz zur einseitigen Kommunikation über ein Telefon mit dem Vorsitzenden im separaten Vernehmungszimmer, wie sie noch bei dem sog. „Mainzer Modell" im Strafprozess vorgenommen wurde, ist das Fragerecht bei einer Videokonferenz in keiner Weise eingeschränkt. Gem. § 128a Abs. 1 Satz 2, Abs. 2 Satz 3 ZPO wird die Vernehmung von Personalbeweismitteln zwingend an den Ort, an dem sich eine Partei, ihr Bevollmächtigter oder Beistand aufhalten übertragen. Insbesondere die Regelung in Absatz 2 Satz 3 bei einer Videovernehmung eines Personalbeweismittels bei gleichzeitiger Zuschaltung einer Partei etc. ist direkte Folge der Beachtung des Grundsatzes der Parteiöffentlichkeit.
Durch die Möglichkeit der Videokonferenz wird den Parteien die Ausübung ihres Fragerechts im Gegenteil noch insofern erleichtert, als dass Entfernungen und der damit verbundene Zeit- und Kostenaufwand nunmehr erleichtert überwunden werden können. Dieses kann durchaus auch als faktische Verbesserung des Rechtsschutzes betrachtet werden[701].
An dieser Stelle sei ergänzend angemerkt, dass die Videokonferenz als neue Kommunikationsform auch zu einem veränderten Kommunikationsverhalten führen wird. So lässt sich dem Abschlussbericht zum Projekt Virtuelles Verwal-

699 Siehe 2. Kapitel III. 6. b).
700 *Hahn*, S. 305.
701 Vgl. zu diesem Gedanken: *Schmidt-Troje*, BB 2002, Heft 24, I.

tungsbericht[702] entnehmen, dass sich die nonverbale Kommunikation etwas verändert hat. Ein spontanes „Hineinreden" ist im Interesse der Verständlichkeit nicht mehr im selben Maße möglich. Der Verlust der Spontaneität führt jedoch nicht zu völlig separat laufenden Gesprächssträngen, welches Bedenken hinsichtlich der Parteiöffentlichkeit begründen könnte.

VI. Rechtliches Gehör

1. Grundlagen

Der Anspruch auf rechtliches Gehör ist in Art. 103 Abs. 1 GG verankert[703]. Das Bundesverfassungsgericht führte wiederholt zum Zwecke des Art. 103 Abs. 1 GG aus:

> *„Der Einzelne soll nicht bloßes Objekt des Verfahrens sein, sondern vor Entscheidungen, die seine Rechte betreffen, zu Wort kommen, um Einfluss auf das Verfahren nehmen zu können"*[704].

Anspruch auf gerichtliches Gehör haben danach diejenigen, die an einem gerichtlichen Verfahren als Partei oder ähnlicher Stellung beteiligt sind oder unmittelbar rechtlich von dem Verfahren betroffen werden[705]. Zeugen und Sachverständige haben als solche keinen Anspruch auf rechtliches Gehör[706]. Der Anspruch auf rechtliches Gehör besteht im Wesentlichen aus drei Elementen: Den Berechtigten ist vor Gericht Gelegenheit zur Äußerung zu geben; er ist bis zu einem gewissen Grad über die Sach- und Rechtslage zu informieren und das Gericht muss die Stellungnahme der Beteiligten hinreichend bei seiner Urteilsfindung würdigen[707].

2. Realisierung bei der Durchführung der Videokonferenz

Die besondere Situation einer Videokonferenz gebietet lediglich eine Untersuchung hinsichtlich des Rechts auf Information und Beachtung. Bezüglich des Rechts auf Stellungnahme ergeben sich durch die Durchführung einer Videokonferenz keine Besonderheiten.

---

702 Abschlussbericht zum Projekt virtuelles Verwaltungsgericht, S. 20.

703 Zur Begründung des Gehörs im Übrigen: *Rüping*, Der Grundsatz des rechtlichen Gehörs und seine Bedeutung im Strafverfahren, Strafrechtliche Abhandlungen- Neue Folge Band 26 (1976), S. 112 ff.

704 BVerfGE 89,28 (35);86, 133 (144f.); 1,418 (429); BVerfG NJW 2000,275.

705 BVerfGE 89, 381 (390);75, 201 (215); 60, 7 (13); 17, 356 (361); 21, 362 (373); 65, 227 (233).

706 *Waldner*, Der Anspruch auf rechtliches Gehör, 2. Auflage (2000), Rn. 301.

707 Vgl. zu vorstehendem: v.Mangold/Klein/Starck/*Nolte*, Das Bonner Grundgesetz, Band 3 (Art. 79-146), 4. Auflage (2001), Art. 103 Abs. 1 GG, Rn. 29; *Dreier*, Grundgesetz-Kommentar, Band 3 (Art. 83- 146), 2000, Art. 103 I, Rn. 19.

a) Recht auf Information

Die Wahrnehmung des Anspruchs auf rechtliches Gehör setzt voraus, dass die Berechtigten bestimmte Informationen über das gerichtliche Verfahren erhalten[708]. Dem Informationsanspruch unterliegen alle gerichtlichen Entscheidungen, verfahrensbezogene Handlungen anderer Berechtigter und die Ergebnisse der Beweisaufnahme. Mitgeteilt werden müssen sämtliche Tatsachen und Beweismittel ohne Rücksicht auf ihre Quelle, sowie die Schriftsätze selbst[709]. Findet eine mündliche Verhandlung statt, muss die Partei die Möglichkeit haben an dieser teilzunehmen[710]. Das Einverständnis mit dem neuen Kommunikationsmittel einer Videokonferenz kann in keinem Fall als Verzicht oder die Hinnahme einer Einschränkung des Gehörsrechts verstanden werden.

Die Informationspflicht kann also in einer mündlichen Verhandlung mittels Videokonferenz, bei der sich ein Berechtigter an einem „anderen Ort" befindet nur gewahrt werden, soweit die Bild- und Tonaufnahme im Gerichtssaal, die Übertragung an den zugeschalteten Ort sowie die Wiedergabe auf den dort befindlichen Wiedergabemedien reibungslos funktionieren. Treten – aus welchem Grunde auch immer – Störungen auf, besteht die akute Gefahr einer Anfechtung der Entscheidung aufgrund einer Verletzung des rechtlichen Gehörs[711].

Die Gefahr einer willentlichen Behinderung oder Beendigung der Videokonferenz durch die am „anderen Ort" befindliche Partei, Vertreter oder Beistände, in dem sie die gesamten oder nur einen Teil der dortigen Gerätschaften abschalten, kann nicht unterbunden werden und muss hingenommen werden. Eine Verletzung des rechtlichen Gehörs ist damit jedoch nicht verbunden. Dieses Prozessgrundrecht begründet nämlich keine Pflicht, sondern nur einen Anspruch[712]. Verzichtet ein Berechtigter durch die Behinderung oder Beendigung der Videokonferenz vorsätzlich auf dieses Recht, kann er dessen Verletzung nicht rügen. Die Folgen einer solchen mutwilligen Behinderung des rechtlichen Gehörs sind etwa mit denen des Verlassens des Sitzungssaals in einer herkömmlichen Verhandlung vergleichbar. Bei einer vorzeitigen Entfernung vor Schluss der mündlichen Verhandlung liegt eine Säumnis der Partei gem. §§ 330 ff. ZPO vor[713]. Allein dieses sollte die Parteien von einer mutwilligen Behinderung oder Beendigung der Videokonferenz abhalten. Das Gericht sollte durch geeignete technische Vorkehrungen dazu in die Lage versetzt werden, das Abschalten

---

708 *Waldner*, Rn. 44.
709 v. Mangold/Klein/Starck/*Nolte*, Art. 103 Abs. 1 Rn. 32, m.w.N.
710 BVerfGE 65, 171; Waldner, Rn. 132.
711 Zu den Folgen im Berufungs- und Revisionsverfahren: *Waldner*, Rn. 477ff.
712 v. Mangold/Klein/Starck/*Nolte*, Art. 103 Abs. 1 Rn. 38; *Waldner*, Rn. 107ff.
713 Zöller/*Herget*, Vor. § 330 Rn. 4;Baumbach/Lauterbach/Albers/*Hartmann*, Übers. § 330, Rn. 6.

auch nur eines Teils der Gerätschaften erkennen zu können. Problematisch scheint dieses lediglich bei den Wiedergabemedien, jedoch sollte sich schon aus dem Gespräch erkennen lassen, ob der Zugeschaltete das Geschehen im Gerichtssaal optisch und akustisch ausreichend wahrnehmen kann.

Eine unbemerkte Verbindungsunterbrechung, die das Recht auf Gehör vereiteln würde, ist nicht denkbar. Entweder findet ein Datenaustausch statt und die Videokonferenz funktioniert technisch, oder es werden keine Daten ausgetauscht und eine Videokonferenz kommt nicht zu Stande. Ebenso ist der für alle Beteiligten unbemerkt bleibende Ausfall von Wiedergabe- und Aufnahmekomponenten undenkbar. Hinsichtlich der Videobilder würde der Ausfall für jedenfalls einen der Teilnehmer sofort auf seinem Monitor sichtbar. Ausfälle im Bereich der Audiodaten fielen zumindest insofern auf, als sie den Gesprächsverlauf stören würden. Ähnlich wie bei einem Telefongespräch würde die fehlende Reaktion der Gegenseite bemerkt, verstärkt durch das übertragene Videobild auf dem die Reaktion der Gegenseite zumindest optisch sichtbar wäre.

b) Recht auf Beachtung

Der Anspruch auf rechtliches Gehör gewährleistet auch die angemessene Beachtung des Vorgebrachten. Dieses setzt die eigentliche Kenntnisnahme einer Äußerung durch das Gericht voraus. Dieser innere Vorgang entzieht sich einer genauen Überprüfung[714]. Begrenzt überprüfbar ist allerdings, ob alle an der Entscheidung mitwirkenden Richter aufnahmefähig und aufnahmebereit sind[715]. Ein schlafender, tauber oder blinder Richter kann kein volles rechtliches Gehör gewähren[716]. Dieses gilt zumindest für die Tatsacheninstanzen[717].
Bei dem Einsatz einer Videokonferenz im gerichtlichen Verfahren kommen technische Fehler, die die Wiedergabe von Bild oder Ton beeinträchtigen, der Taubheit oder Blindheit eines Richters gleich. Daraus folgt, dass die Bild- und Tonübertragung auch am Gerichtsort für den gesamten Spruchkörper optisch und akustisch ohne besondere Mühe wahrnehmbar sein muss. In technischer Hinsicht gebietet das Recht auf Beachtung daher einen gewisse Übertragungsqualität, die Qualität eines Fernsehbildes muss aber nicht erreicht werden.

---

[714] *Gusy*, Rechtliches Gehör durch abwesende Richter? – BverwG NJW 1986, 3154, JuS 1990, 712ff; *Waldner*, Rn. 176.

[715] BVerfGE 70, 215 (218) - Blindheit; BGHSt. 4, 191 (193) - Taubheit.

[716] Vgl. hierzu *Seibert*, Der verhandlungsunfähige oder unaufmerksame Richter, NJW 1963, 1044 (1046).

[717] BVerfGE 20, 52 (55): In den Revisions- und Rechtsbeschwerdeverfahren können auch blinde Richter volles rechtliches Gehör gewähren; vgl. *Waldner*, Rn. 178, m.w.N.

3) Zusammenfassung und Fazit

Der Grundsatz des rechtlichen Gehörs gebietet die technisch einwandfreie und qualitativ hochwertige Übertragung an den „anderen Ort“ nach § 128a Abs. 1 und Abs. 2 Satz 3 ZPO als auch an den Gerichtsort. Kann dieses, aus welchen technischen Gründen auch immer, nicht gewährleistet werden, ist die Verhandlung zu vertagen und die Verbindung abzubrechen[718].

In technischer Hinsicht gebietet dieser Grundsatz, dass eine Störung der Verbindung für die Zugeschalteten und das Gericht erkennbar sein muss. Nur so kann fehlendes Gehör vermieden bzw. gerügt werden oder die Säumnis einer zugeschalteten Partei festgestellt werden.

Um die Gefahr einer späteren Rüge der Verletzung des rechtlichen Gehörs durch behauptete Übertragungs- und Wiedergabestörungen vorzubeugen, scheint es ratsam am Ende einer Videokonferenz, den reibungslosen technischen Ablauf von der zugeschalteten Stelle bestätigen zu lassen und zu Protokoll zu nehmen.

VII. Fairnessprinzip: Waffengleichheit

1. Grundlagen

Das Gebot des fairen und des rechtsstaatlichen Verfahrens wird in ständiger Rechtsprechung des Bundesverfassungsgerichts in Art. 2 Abs. 1 GG in Verbindung mit dem Rechtsstaatsprinzip gem. Art. 20 Abs. 3 GG angesiedelt[719]. Dieses generalklauselartige Prozessgrundrecht, das keine in allen Einzelheiten festliegenden Aussagen enthält, sondern der Konkretisierung je nach den sachlichen Gegebenheiten bedarf[720] verhindert es allgemein, dass eine Partei im Prozess benachteiligt wird. Der Anspruch auf ein faires Verfahren ist unter anderem durch das Verlangen nach verfahrensrechtlicher „Waffengleichheit“ der Parteien gekennzeichnet[721].
Das Gebot der Waffengleichheit im Verfahren ist in dem allgemeinen Gleichheitssatz des Art. 3 Abs. 1 GG und dem Rechtsstaatsprinzip verwurzelt[722]. Es unterscheidet sich dadurch von dem allgemeinen Gleichheitssatz, dass die Waffengleichheit die Gleichwertigkeit der prozessualen Stellung vor dem Richter

[718] Musielak/*Stadler*, § 128a Rn. 4; *Schmidt-Troje*, in: BB 2002, Heft 24, I.
[719] BVerfGE 39, 238 (242f.); 41, 246 (249); 57, 250 (274); 69, 381 (385).
[720] BVerfGE 57, 250 (274).
[721] Vgl. BVerfGE 38, 105 (111); *Marczak*, Das Fairnessgebot im Prozeß unter besonderer Berücksichtigung des Strafprozesses, Diss. 2000, S. 23 m.w.N.; a.A. *Müller*, Der Grundsatz der Waffengleichheit im Strafverfahren, NJW 1976, 1063 (1066), der die Waffengleichheit isoliert von dem Recht auf ein faires Verfahren betrachtet.
[722] *Marczak*, S. 19 m.w.N; Maunz/*Dürig*, Grundgesetz, Band V (Art. 89-146), Stand: Juli 2001, Art. 3 Abs. I Rn. 50; *Rosenberg/Schwab/Gottwald*, § 1 VII, S. 6.

garantieren soll[723]. Dieser Grundsatz hat viele Facetten und verlangt keineswegs eine formale Gleichbehandlung der Parteien, etwa dahingehend, dass sie beide in der mündlichen Verhandlung gleichlange Redezeiten erhalten oder eine gleiche Anzahl von Schriftsätzen einreichen dürfen. Der Grundsatz besagt, dass einer Partei gerade im Hinblick darauf eine Prozesshandlung („Waffe") nicht vorenthalten werden darf, dass der anderen Partei etwas materiell Vergleichbares zusteht[724].
Es wird zwischen der formalen und materiellen Waffengleichheit unterschieden[725]. Die formale Waffengleichheit ist gewährleistet, wenn den Verfahrensbeteiligten eines Prozesses gleichwertige prozessuale Befugnisse eingeräumt werden. Die materielle Waffengleichheit erfasst demgegenüber die tatsächliche Möglichkeit die theoretisch gegebenen prozessualen Befugnisse auch wahrzunehmen. Insbesondere bei wirtschaftlicher und sozialer Unterlegenheit eines Verfahrensbeteiligten bestehen oftmals schwerwiegende Ausübungshindernisse tatsächlicher Art[726]. So hat das Bundesverfassungsgericht z.B. die Gewährleistung von Prozesskostenhilfe im Kern als verfassungsrechtlich geboten angesehen[727]. Ob ein Anspruch auf materielle Waffengleichheit besteht, ist grundsätzlich umstritten und kann nur im konkreten Einzelfall beurteilt werden[728].

2. Realisierung bei Durchführung einer Videokonferenz

Die Prozesshandlung des Antrages auf Gestattung einer Videokonferenz kann unter Umständen als „Waffe" angehen werden, die beiden Parteien aufgrund des Gebotes der Waffengleichheit in gleicher Weise zu gewähren ist.

Eine formale Waffengleichheit besteht hinsichtlich einer Videokonferenz in jedem Fall, da den Verfahrensbeteiligten eines Prozesses die Möglichkeiten der Videokonferenz in gleicher Weise zur Verfügung stehen.

Einer näheren Untersuchung bedarf lediglich die Frage, ob ein etwaiger Anspruch auf materielle Waffengleichheit durch die Zuschaltung nur einer Partei verletzt ist. Die Durchführung einer Videokonferenz setzt auf der Seite der Partei die Verfügbarkeit eines Videoterminals voraus. Dieses kostet, ebenso wie die Prozessführung selbst, Geld. Die Prozesskostenhilfe erfasst die Kosten für die

---

723 *Geppert*, Zum „fair-trial-Prinzip" nach Art. 6 Abs. 1 Satz 1 der EMRK, Jura 1992, 597 (599); *Müller*, in: NJW 1976, 1063.

724 *Schlosser*, EMRK und Waffengleichheit im Zivilprozeß, NJW 1995, 1404 (1405).

725 *Marczak*, S. 20ff.

726 Vgl. *Schilken*, Gerichtsverfassungsrecht, 2. Auflage (1994), Rn. 121.

727 Zunächst noch mit Hinweis auf das Sozialstaatsprinzip: BVerfGE 35, 348; 56, 139; nunmehr aufgrund der Waffengleichheit fußend auf Art. 3 Abs. 1 i.V.m. dem Rechtsstaatsprinzip: BVerfGE 81, 347.

728 Ausführlich: *Marczak*, S. 3ff., m.w.N.

Anmietung oder Vorhaltung einer Videokonferenzanlage nur soweit sie notwendig sind[729]. Kann sich eine Partei aus finanziellen Gründen keinen Videoterminal verfügbar machen, wird man der Frage nicht ausweichen können, ob – das Einverständniserfordernis einmal ausgeblendet- dadurch die materielle Waffengleichheit verletzt ist. Die Partei, die nicht über eine Videokonferenzanlage verfügt, ist es verwehrt einen Gestattungsantrag mit Aussicht auf Erfolg zu stellen.
Bei der Frage der materielle Waffengleichheit soll zugunsten einer dogmatischen Betrachtung außer Betracht bleiben, dass einer Rüge immer der Einwand entgegengehalten würde, die Partei habe ja ihr Einverständnis zu der Videokonferenz des Prozessgegners verweigern können. Es geht nicht darum prozessuale Möglichkeiten der Gegenseite zu verhindern, sondern eigene nutzen zu können.
Die Vorenthaltung der Möglichkeit einer Videokonferenz bei fehlender technischer Ausstattung stellt nur dann einen Verstoß gegen die prozessuale Waffengleichheit dar, wenn dadurch die Chancengleichheit hinsichtlich der Verfahrensverlaufs mit Blick auf die materiell richtige Entscheidung nicht mehr gegeben ist[730].

Das Bundesverfassungsgericht führt in diesem Zusammenhang aus:

> *„Waffengleichheit als Ausprägung der Rechtsstaatlichkeit und des allgemeinen Gleichheitssatzes ist im Zivilprozeß zu verstehen als die verfassungsrechtlich gewährleistete Gleichwertigkeit der prozessualen Stellung der Parteien vor dem Richter, der – auch im Blick auf die grundrechtlich gesicherte Verfahrensgarantie aus Art. 103 Abs. 1 GG – den Prozeßparteien im Rahmen der Verfahrensordnung gleichermaßen die Möglichkeit einzuräumen hat, alles für die gerichtliche Entscheidung Erhebliche vorzutragen und alle zur Abwehr des gegnerischen Angriffs erforderlichen prozessualen Verteidigungsmittel selbständig geltend zu machen“*[731].

Was also auf die Objektivität des Gerichts keine Auswirkungen hat, kann nicht als „Waffe“ angesehen werden[732]. Die Gestattung der Videokonferenz bringt keine prozessualen Vorteile im Hinblick auf die materielle Entscheidung, sondern erleichtert lediglich in tatsächlicher Hinsicht das Vorbringen und die Vornahme von Prozesshandlungen. Angriffs- und Verteidigungsmittel können ebenso wie alle übrigen Prozesshandlungen ebenso gut, wie bisher, im Gerichtssaal selbst vorgebracht und vorgenommen werden. Nachteilige Auswirkungen

---

729 Siehe 2. Kapitel II. 2. c).
730 BVerfGE 54, 117 (125).
731 BVerfGE 55, 72 (94); 52, 131 (156) m.w.N.
732 Vgl. Maunz/*Dürig*, Art. 3 Abs. 1 Rn. 50.

auf die Entscheidung entstehen dadurch nicht. Die Waffengleichheit ist mithin auch dann gewahrt, wenn die Durchführung einer Videokonferenz aus finanziellen Gründen für eine Partei unmöglich ist.

4. KAPITEL: DATENSCHUTZ

Im Folgenden sollen die spezifischen datenschutzrechtlichen Belange bei Durchführung einer Videokonferenz näher untersucht werden. Die allgemeine Diskussion zum Datenschutz im Zivilprozess soll nicht Gegenstand der Untersuchung sein[733], sondern allein die besonderen Umstände, die bei Durchführung einer Videokonferenz im Vergleich zur herkömmlichen Verhandlung oder Beweisaufnahme bestehen. Dieses sind die mit Hilfe von Kamera und Mikrofon aufgenommenen Daten, deren Wiedergabe mittels Monitor und Lautsprecher sowie insbesondere auch deren Übertragung.

I. DATENSCHUTZRECHTLICHE AUSGANGSLAGE

Datenschutz bezweckt den Schutz des Einzelnen davor, dass er durch den Umgang mit seinen personenbezogenen Daten nicht in seinem Persönlichkeitsrecht beeinträchtigt wird[734] (§ 1 Abs. 1 BDSG[735]). Personbezogene Daten sind dabei gem. § 3 Abs. 1 BDSG „Einzelangaben über persönliche oder sachliche Verhältnisse einer bestimmten oder bestimmbaren natürlichen Person". Diese Legaldefinition beinhaltet zweierlei: Sie begrenzt zum einen den Datenschutz auf natürliche Personen und sagt zum anderen aus, dass alle Informationen geschützt werden, die über den Betroffenen etwas Aussagen, einschließlich des Familien- und Vornamens, der Anschrift, der Staatsbürgerschaft und des Berufes[736].

Bei einer Videokonferenz gem. § 128a ZPO werden demnach personenbezogene Daten tangiert. Bei einer gerichtlichen Verhandlung via Videokonferenz sind zumindest die Namen der zugeschalteten Personen zu erfragen, da diese gem. § 160 Abs. 1 Nr. 4 ZPO im Protokoll zu vermerken sind. Bei einer Vernehmung von Personalbeweismitteln sind gem. §§ 395 Abs. 2, 402, 451 ZPO darüber hinaus Alter, Stand, Gewerbe und Wohnort zu erfragen. Die Bild- und Tondaten einer Videokonferenz, die im Folgenden unter datenschutzrechtlichen Gesichtspunkten zu betrachten sind, enthalten also schon deshalb unzweifelhaft personenbezogene Daten. Darüber hinaus werden in der Regel auch der Vortrag oder die Aussage Einzelangaben zu persönlichen oder sachlichen Verhältnissen der aufgenommenen Personen enthalten.

---

733 Vgl. hierzu: *Wagner*, Datenschutz im Zivilprozeß, ZZP 108. Band (1995), S. 193ff.; *Prütting*, Datenschutz und Zivilverfahrensrecht in Deutschland, ZZP Band. 106 (1993), S. 427ff.

734 Vgl. BVerfGE 65, 1 (38ff) – Volkszählungsurteil.

735 Bundesdatenschutzgesetz vom 20.12.1990 (BGBl. I 2945) in der Fassung vom 20.12.2001 (BGBl. I 3926).

736 Vgl. *Hoeren*, Grundzüge des Internetrechts, 2001, S. 65f.

Datenschutzrechtliche Bestimmungen richten sich immer an bestimmte Normadressaten (vgl. z.B. § 2 BDSG, § 89 Abs. 2 TKG). Dementsprechend sind bei einer Videokonferenz im gerichtlichen Verfahren mehrere potentielle Adressaten zu betrachten. Zum einen wird sich die folgende Untersuchung mit den datenschutzrechtlichen Pflichten des Gerichts und dem Verantwortlichen des jeweils zugeschalteten anderen Ortes und zum anderen mit derjenigen Stelle zu befassen haben, welche die Übertragung der Bild- und Tondaten technisch umsetzt.

Im Folgenden wird nur ein Blick auf innerstaatliche Regelungen geworfen. Die Betrachtung der datenschutzrechtlichen Lage von Videokonferenzen mit Auslandsbezug würde den Rahmen dieser Arbeit sprengen und soll daher einer separaten Untersuchung vorbehalten bleiben[737].

II. Gerichte

Nach § 128a ZPO kann das Gericht die Übertragung von Bild- und Ton gestatten. Inwieweit bei der Umsetzung der Videokonferenz datenschutzrechtliche Belange vom Gericht zu berücksichtigen sind, ist Gegenstand folgender Ausführungen.

1. Anwendbarkeit des BDSG

Gemäß § 2 Abs. 1 BDSG werden als vom Bundesdatenschutzgesetz erfasste öffentliche Stellen des Bundes neben den Behörden ausdrücklich die Organe der Rechtspflege genannt. § 1 Abs. 2 Nr. 2 b BDSG bezieht im Rahmen der öffentlichen Stellen der Länder ausdrücklich die Tätigkeit der Organe der Rechtspflege mit ein. Auch bezeichnet § 2 Abs. 2 BDSG in seiner Definition der öffentlichen Stellen der Länder ausdrücklich die Organe der Rechtspflege als solche Stellen. Diese ausdrückliche Einbeziehung aller Organe der Rechtspflege in das Datenschutzgesetz lässt sich noch an einer Reihe anderer Stellen des Bundesdatenschutzgesetzes, z.B. in den §§ 12 Abs. 2 Nr. 2, 24 Abs. 3 BDSG, und ebenso in den Datenschutzgesetzen der Länder nachweisen. Bundesgerichte fallen somit unter das Bundesdatenschutzgesetz[738]. Aber auch für Gerichte der Länder ist das Bundesdatenschutzgesetz anwendbar, soweit sie nicht bloße Verwaltungstätigkeit ausüben (§ 1 Abs. 2 Nr. 2b BDSG)[739]. Eine Videokonferenz nach 128a ZPO findet immer zum Zwecke der Rechtspflege statt und ist als Teil

---

737 Zu den Problemen, die sich allein schon aus der regional begrenzten Gültigkeit nationaler Datenschutzgesetze ergeben: vgl. *Geis*, Internet & Datenschutzrecht, NJW 1997, 288 ff; zu dem ersten Schritt einer Internationalisierung des Datenschutzes mit der EU-Datenschutzrichtlinie: vgl. *Simitis*, Die EU-Datenschutzrichtlinie – Stillstand oder Anreiz, NJW 1997, 281ff. m.w.N.

738 *Gola/Schomerus*, Bundesdatenschutzgesetz, 7. Auflage (2002), § 2, 4.1 Rn.10.

739 *Prütting*, in: ZZP 106. Bd. (1993), 427 (437); Vgl. *Seibel*, in: AO-StB 2001, 184 (185) für die Finanzgerichtsbarkeit.

der mündlichen Verhandlung bzw. der Beweisaufnahme keine Verwaltungstätigkeit.
Das Bundesdatenschutzgesetz enthält in § 1 Abs. 3 BDSG den Grundsatz der Subsidiarität im Hinblick auf andere Rechtsvorschriften des Bundes, die den Umgang mit personenbezogenen Daten zum Gegenstand haben. Durch diese Subsidiaritätsklausel wird jedoch immer nur der Vorrang einer konkreten einzelnen Rechtsvorschrift anerkannt. Es genügt also nicht, auf das Vorhandensein anderer Gesetze abzustellen, sondern es muss im Einzelfall eine konkrete Norm ermittelt werden, die genau den Sachverhalt erfasst, der auch Gegenstand der Regelung des Bundesdatenschutzgesetzes ist[740]. Damit ist es ausgeschlossen, dass die Zivilprozessordnung als ein Normgesamtgefüge das Bundesdatenschutzgesetz verdrängt. Es stellt sich allein die Frage, ob konkrete Normen der jeweiligen Regelung im Bundesdatenschutzgesetz vorgehen. In diesem Zusammenhang wird zu untersuchen sein, ob § 128a ZPO datenschutzrechtliche Regelungen enthält.

2. Datenschutz bei einer Videokonferenz nach § 128a ZPO

a) Bundesdatenschutzgesetz

§ 4 Abs. 1 BDSG verbietet die Datenerhebung, -verarbeitung und –nutzung, soweit nicht das BDSG selbst oder eine andere Rechtsvorschrift dies erlaubt oder anordnet oder der Betroffene eingewilligt hat. Das BDSG unterscheidet zwischen Erhebung, Verarbeitung und Nutzen von Daten (§ 3 Abs. 3 bis Abs. 5 BDSG).
Sollte eine dieser Modalitäten bei einer Videokonferenz erfüllt sein, wäre das Gericht die dafür verantwortliche Stelle gem. § 3 Abs. 7 BDSG, da die Videokonferenz auf Veranlassung des Gerichts (Gestattungsbeschluss) zum Zwecke der Rechtspflege, also für sich selbst[741], durchgeführt wird.

aa) Datenerhebung

Erheben ist nach § 3 Abs. 3 BDSG das Beschaffen von Daten über den Betroffenen. Durch die Videokonferenz werden Bild- und Tondaten der teilnehmenden Personen (Betroffene) erstellt. Dabei ist unbeachtlich, ob das Gericht diese selbst erstellt oder durch andere an der Gegenstelle erstellen lässt (vgl. § 3 Abs. 7 BDSG). Diese Videokonferenzdaten enthalten, wie bereits erläutert, allein durch die Pflicht zur Namensangabe auch personenbezogene Daten.

---

740 Vgl. *Prütting*, in: ZZP 106. Bd. (1993), 427 (437); vgl. *Gola/Schomerus*, § 1, 10.2 Rn. 24.

741 Den Richtern ist gem. Art. 92 GG die rechtsprechende Gewalt anvertraut.

Problematisch ist allerdings, ob das BDSG auch dann eingreift, wenn die erhobenen Daten später nicht gespeichert und weiterverarbeitet werden[742]. Diese Frage ist bei der Videokonferenz aufgrund des Aufzeichnungsverbotes in § 128a Abs. 3 Satz 1 ZPO maßgeblich. Dagegen spricht der Wortlaut des § 1 Abs. 2 Nr. 3 BDSG, wonach die Erhebung personenbezogener Daten durch nicht-öffentliche Stellen nur insofern vom BDSG erfasst ist, als die Daten für Datenverarbeitungsanlagen oder nicht automatisierte Dateien erhoben worden sind. Die Benutzung von Datenverarbeitungsanlagen oder nicht automatisierte Dateien setzt jedoch zwingend eine Speicherung voraus[743]. Dafür sprach bisher die ansonsten nichts sagende Regelung[744] des § 28 Abs. 1 S. 2 BDSG a.F. Danach mussten die Daten lediglich nach Treu und Glauben und auf rechtmäßiger Weise erhoben sein. Auf das Erfordernis einer späteren Speicherung und Weiterverarbeitung stellte die Vorschrift nicht ab[745]. Diese Regelung ist jedoch in dem neuen BDSG, d.h. in der Fassung vom 20.12.2001, gestrichen worden. Im Ergebnis muss und soll diese Diskussion in der vorliegenden Untersuchung jedoch nicht geführt werden. Es ist nämlich nicht auszuschließen, dass es trotz des ausdrücklichen Verbots in § 128a Abs. 3 Satz 1 ZPO zu Aufzeichnungen kommen wird. Dieses macht schon die geschilderte und diesseits abgelehnte Auffassung Reicholds[746] deutlich, der eine Aufzeichnung durchaus für zulässig hält. Selbst wenn man eine Erhebung i.S.d. BDSG bei einer späteren Speicherung annehmen will, bleiben datenschutzrechtliche Probleme im Fall der Speicherung bestehen, der sich die vorliegende Untersuchung stellen will. Es wird daher im weiteren Verlauf der Untersuchung von einer Erhebung durch die Aufnahme von Bild- und Ton zum Zwecke der Videokonferenz ausgegangen.

Gem. § 13 Abs. 1 BDSG wäre die Datenerhebung zulässig, soweit ihre Kenntnis zur Erfüllung der Aufgaben der verantwortlichen Stelle erforderlich ist[747]. Voraussetzung für die Anwendbarkeit dieses Erlaubnistatbestandes ist jedoch nach der Subsidiaritätsbestimmung des § 1 Abs. 3 BDSG, dass keine andere Rechtsvorschrift des Bundes anzuwenden ist.
Als Spezialvorschrift für die Erhebung von Bild- und Tondaten für eine zivilgerichtliche Videokonferenz kommt § 128a ZPO in Betracht, welcher unter den

742 *Hoeren*, S. 71; vgl. *Gola/Schomerus*, § 3, 6.2 Rn. 24, wonach das Beschaffen der Daten über den Betroffenen als Vorphase für eine nachfolgende Verarbeitung angesehen wird.

743 Daher nunmehr auch: Gola/*Schomerus*, § 3, 6.1 Rn. 23, Wonach ein Erheben im Geltungsbereich des BDSG nur vorliegt, wenn es per automatisierter Datenverarbeitungsanlage geschieht oder manuell zum Zweck der Speicherung in einer Datei.

744 So behauptete: *Gola/Schomerus*, Bundesdatenschutzgesetz, 6. Auflage (1997), § 3, 6.1.

745 Zu diesem Argument: *Hoeren*, S. 71.

746 Tomas/Putzo/*Reichold*, § 128a, Rn. 8.

747 Zur Klassifizierung der generalklauselartigen Bestimmungen des BDSG auch als Eingriffsnorm trotz des vom BVerfG geforderten „Konkretheit" und „Normenklarheit" vgl. *Gola/Schomerus*, § 1, 6.1 Rn. 16.

dort genannten Voraussetzungen eine Übertragung von Ton[748] und zumeist auch von Bild[749] vorsieht. Für die Frage, wann im Einzelfall das BDSG verdrängt wird, ist es nicht relevant, welche konkreten inhaltlichen Anforderungen die spezielle Norm an den Umgang mit Daten stellt. Ebenso wenig ist von Bedeutung, ob eine bestimmte Norm ausdrücklich als Datenschutznorm bezeichnet oder konzipiert ist. Allein maßgeblich ist, dass es sich nach dem Regelungsinhalt um eine konkrete Bestimmung handelt, die auf personenbezogene Daten anzuwenden ist. Aus dem Gesetzeswortlaut *„Soweit andere Rechtsvorschriften ... anzuwenden sind“* wird allgemein entnommen, dass die Subsidiarität des BDSG vom Kriterium der Deckungsgleichheit zweier Regelungen abhängt[750].
Im konkreten Fall ist somit die Norm nach Wortlaut und sonstiger Auslegung daraufhin zu prüfen, ob und inwieweit sie den Fall der Datenerhebung regelt.
Ausdrücklich wird die Aufnahme der Bild- und Tondaten in § 128a ZPO nicht genannt, sie ist aber zwingende Voraussetzung für den vorgesehenen Transfer von Bild- und Tondaten. Daher ist die in § 128a ZPO vorgesehene „Übertragung“ derart auszulegen, dass damit auch die Erhebung der für eine Videokonferenz notwendigen Daten verbunden ist. Eine derartige Auslegung ist grundsätzlich zulässig[751].
Die Bestimmung des § 128a ZPO, welche die Übertragung von Bild und Ton gestattet ist als lex specialis zu der Regelung des § 13 Abs. 1 BDSG anzusehen. Das BDSG ist insoweit unanwendbar. Die Datenerhebung ist unter den jeweils in § 128a ZPO aufgeführten Voraussetzungen zulässig.

Etwas anderes könnte im Fall des § 128a Abs. 2 Satz 2 ZPO gelten, wenn entgegen dem Wortlaut auch personenbezogene Bilddaten im Gerichtssaal erhoben werden, um sie an den „anderen Ort“ zu übertragen. Die Übertragung von Bilddaten an den Ort des Personalbeweismittels wird von § 128a Abs. 2 Satz 2 ZPO nicht ausdrücklich vorgesehen, wird zum Teil jedoch als von der Norm beinhaltet betrachtet[752]. Je nachdem, ob man die Bildübertragung von § 128a Abs. 2 Satz 2 ZPO als erfasst ansieht oder nicht gilt der Eingriffstatbestand des § 13 Abs. 1 BDSG als Auffangnorm oder der § 128a Abs. 2 Satz 2 als lex specialis. Auch nach § 13 Abs. 1 BDSG ist das Erheben personenbezogener Daten jedoch zulässig, so dass es einer Entscheidung nicht bedarf. Voraussetzung ist lediglich, dass die Kenntnis der erhobenen Daten zur Erfüllung der Aufgaben der verantwortlichen Stelle erforderlich ist. Das Gericht hat als verantwortliche Stelle

---

748 § 128a Abs. 2 Satz 2 ZPO sieht nur die Übertragung von Bild und Ton in das Sitzungszimmer vor; In umgekehrter Richtung, also an den Ort des Personalbeweismittels ist demnach nur die Übertragung von Ton erforderlich; vgl. hierzu auch: 2. Kapitel I. 5.

749 § 128a Abs. 1 Satz 2, Abs. 2 Satz 2 (nur in das Sitzungszimmer), Abs. 2 Satz 3.

750 *Gola/Schomerus*, § 1 , 10.2 Rn. 24; *Prütting*, in: ZZP 106. Bd. (1993), 427 (439); so auch die Gesetzesmaterialien, vgl. BT-Drucks. 11/4306, S. 41.

751 Vgl. *Gola/Schomerus*, § 1, 7.2 Rn. 24.

752 Musielak/*Stadler*, § 128a Rn. 5; Siehe 2. Kapitel I. 5.

Rechtsprechungsaufgaben zu erfüllen. Die Aufnahme von Bildern im Gerichtssaal zur Übersendung an ein zugeschaltetes Personalbeweismittel dient dieser Tätigkeit, da es die Wahrheitsfindung fördert. Es wurde an anderer Stelle schon ausgeführt, dass eine Gegenüberstellung nur bei einer Bildübertragung möglich ist[753]. Entscheidend ist jedoch, dass sich die spezielle Atmosphäre einer Gerichtsverhandlung und die optische Wahrnehmung der im Gerichtssaal Anwesenden positiv auf den Wahrheitswillen einer Aussageperson auswirkt[754]. Zudem wird die Kommunikation durch nonverbale Elemente erleichtert, Missverständnisse mithin vermieden. Ein milderes Mittel zur Erreichung dieser Vorteile ist nicht ersichtlich.

bb) Datenverarbeitung

Verarbeiten ist das Speichern, Verändern, Übermitteln, Sperren und Löschen personenbezogener Daten (§ 3 Abs. 4 Satz 1 BDSG). Im Fall der Videokonferenz kommt ein Speichern oder ein Übermitteln der Bild- und Tondaten in Betracht.

(1) Speichern personenbezogener Daten

Unter Speichern ist dabei gem. § 3 Abs. 4 Nr. 1 BDSG das Erfassen, das Aufnehmen, oder Aufbewahren personenbezogener Daten auf einem Datenträger zum Zwecke ihrer weiteren Verarbeitung oder Nutzung zu verstehen. Eine etwaige Aufzeichnung für die Videokonferenz gefertigter Bild- und Tondaten fällt also grundsätzlich in den sachlichen Anwendungsbereich des BDSG. Zulässig wäre dieses unter den in § 14 BSDG normierten Voraussetzungen, also unter anderem wenn es zur Erfüllung der in der Zuständigkeit der verantwortlichen Stelle liegenden Aufgaben erforderlich ist und es für die Zwecke erfolgt, für die die Daten erhoben worden sind (§ 14 Abs. 1 Satz 1 BDSG)[755]. Dieses käme bei einer Videokonferenz im gerichtlichen Verfahren durchaus in Betracht.

§ 128a Abs. 3 Satz 1 ZPO verbietet jedoch, wie schon ausgeführt[756], die Aufzeichnung der übertragenen oder zu übertragenden Bild- und Tondaten. Das Aufzeichnungsverbot geht daher als bereichsspezifische Regelung dem § 14 BDSG im Hinblick auf eine Speicherung vor. Der Regelungsbereich des Aufzeichnungsverbotes ist deckungsgleich mit dem des § 14 BDSG. Die Frage der konkreten Datenspeicherung wird von § 128a Abs. 3 Satz 1 ausdrücklich im Sinne eines Verbots geregelt. Die Regelungen des BDSG, welche unter Datenverarbeitung auch das Speichern personenbezogener Daten auf einem

[753] Siehe 2. Kapitel I. 5.

[754] Siehe 2. Kapitel I. 5.; vgl. hierzu auch 3. Kapitel III. 2. a).

[755] Des weiteren wäre es zulässig, wenn der Betroffene einwilligt (§ 14 Abs. 2 Nr. 2 BDSG) oder eine gesetzliche Vorschrift dieses ausdrücklich erlaubt oder voraussetzt (§ 14 Abs. 2 Nr. 1 BDSG).

[756] 2. Kapitel I. 6. a).

Datenträger zum Zwecke ihrer weiteren Verarbeitung oder Nutzung, erfassen (§ 3 Abs. 1 Nr. 1 BDSG), sind insoweit verdrängt.

(2) Übermitteln personenbezogener Daten

Beim Begriff des „Übermittelns" liegt die Frage nahe, ob die Datenübertragung im Rahmen einer Videokonferenz vom sachlichen Schutzbereich des BDSG erfasst ist. Diese Frage lässt sich anhand der in § 3 Abs. 4 Nr. 3 BDSG enthaltenen Definition leicht beantworten. Danach ist unter Übermitteln die Bekanntgabe gespeicherter oder durch Datenverarbeitung gewonnener personenbezogener Daten an einen Dritten in der Weise zu verstehen, dass die Daten an den Dritten weitergegeben werden oder der Dritte zur Einsicht oder zum Abruf bereitgehaltene Daten einsieht oder abruft. Vorausgesetzt ist also zunächst eine Speicherung, eine Aufnahme auf einem Datenträger zur weiteren Verwendung, die im Fall der Videokonferenz nach § 128a ZPO für die Durchführung weder erforderlich noch zulässig ist. Eine Übermittlung im Sinne des Bundesdatenschutzgesetzes meint daher nicht die Simultanübertragung bei einer Videokonferenz.

cc) Nutzen von Daten

Unter dem Begriff des „Nutzens" ist jede Verwendung personenbezogener Daten zu verstehen, soweit es sich nicht um Verarbeitung handelt (§ 3 Abs. 5 BDSG). Das „Nutzen" wird als Auffangtatbestand verstanden, der immer dann greift, wenn die Verwendung der Daten keiner der Phasen der Verarbeitung von Daten zugewiesen werden kann[757]. Unter den Begriff des Nutzens fällt somit auch die Veröffentlichung bzw. die Weitergabe an Dritte[758]. Bei einer Videokonferenz werden die erhobenen personenbezogenen Bild- und Tondaten zur Wiedergabe von Bild und Ton auf den Wiedergabekomponenten genutzt. Dass die wiedergegebenen personenbezogenen Daten dann erneut erhoben werden, z.B. durch Aufnahme ins Protokoll, stellt keine Besonderheit der Videokonferenz dar, sondern ist Verfahrensweise in jedem gerichtlichen Verfahren. Dieses soll nicht Gegenstand vorliegender Untersuchung sein. Des Weiteren fällt die Übermittlung der Videokonferenzdaten unter den Nutzungsbegriff, unabhängig davon, ob sie an den jeweils anderen Ort erfolgt oder ob eine Weiter- oder Umleitung der Videokonferenzdaten an eine andere Stelle vorgenommen wird.

(1) Wiedergabe der Bild- und Tondaten an den jeweils anderen Ort der Videokonferenz

Ebenso wie beim „Erheben" personenbezogener Videokonferenzdaten geht § 128a ZPO dem Erlaubnistatbestand des § 14 BDSG hinsichtlich der Nutzung durch Wiedergabe vor. Die Übertragung setzt nach dem Sinn des § 128a ZPO, entfernte Personen der Verhandlung oder der Beweisaufnahme zuzuschalten,

---

[757] *Gola/Schomerus*, § 3 , 13.2 Rn. 42.

[758] Vgl. *Gola/Schomerus*, § 3, 13.2 Rn. 42 m.w.N.

auch die Wiedergabe zwingend voraus. Damit ist die Wiedergabe im Gerichtssaal als auch am jeweils zugeschalteten „anderen Ort" durch die spezialgesetzliche Bestimmung des § 128a ZPO unter den dort genannten Voraussetzungen zulässig.

(2) Übertragung der Bild- und Tondaten an den jeweils anderen Ort der Videokonferenz

Auch hier gilt, dass § 128a ZPO als spezialgesetzliche Vorschrift für zivilgerichtliche Videokonferenzen die grundsätzlich nach § 4 Abs. 1 BDSG unzulässige Nutzung der personenbezogenen Videokonferenzdaten erlaubt. § 128a Abs. 1 Satz 2, Abs. 2 Satz 3 ZPO sieht die wechselseitige Übertragung der Bild- und Tondaten ausdrücklich vor. Nach § 128a Abs. 2 Satz 2 ZPO ist bei Beweispersonen am „anderen Ort" zumindest die Übermittlung der Tondaten an diesen Ort vorgesehen. Es wurde schon ausgeführt, dass auch bei einer Vernehmung gewichtige Gründe dafür sprechen auch eine Bildübertragung an den Übertragungsort als vom Gesetz abgedeckt anzusehen[759]. In diesem Fall wäre § 128a Abs. 2 Satz 2 ZPO ebenfalls lex specialis. Bei einer anderen Bewertung wäre unter datenschutzrechtlichen Gesichtspunkten auf § 14 Abs. 1 BDSG als Erlaubnisnorm zurückzugreifen. Danach müsste die Bildübertragung für den Zweck der Rechtspflege erforderlich sein. Das Erforderlichkeitsmerkmal wird ebenso wie bei der Datenerhebung nach § 13 Abs. 1 BDSG im Interesse der Wahrheitsfindung zu bejahen sein[760]. Insofern muss auch an dieser Stelle keine Festlegung erfolgen.

(3) Übertragung der Bild- und Tondaten an Dritte

Die Übertragung der Videokonferenzdaten an Dritte ist in § 128a ZPO nicht vorgesehen. Ausschlaggebend für die Zulässigkeit einer solchen Weiter- oder Umleitung der Videokonferenzdaten ist somit wiederum § 14 Abs. 1 BDSG. Danach ist eine Nutzung der personenbezogenen Daten nur zulässig, wenn es zur Erfüllung der in der Zuständigkeit der verantwortlichen Stelle liegenden Aufgaben erforderlich ist und es zu den der Datenerhebung zugrunde liegenden Zwecken erfolgt. Das Gericht hat die Aufgabe der rechtsprechenden Gewalt (Art. 92 GG) und erhebt zum Zwecke der Durchführung von Verhandlungen und Vernehmungen über räumliche Distanzen hinweg die Videokonferenzdaten. Eine Weitergabe dieser Daten – auf welchem Wege auch immer – dient nicht mehr der Durchführung von Verhandlungen oder Vernehmungen. Die Weitergabe der Videokonferenzdaten bleibt damit gem. § 4 Abs.1 BDSG unzulässig.

b) § 128a ZPO als datenschutzrechtliche Bestimmung

Die Bestimmung des § 128a ZPO enthält spezielle das BDSG verdrängende datenschutzrechtliche Regelungen. Wie schon im Einzelnen ausgeführt, erlaubt

---

[759] Siehe 2. Kapitel I. 5.

[760] Siehe 4. Kapitel II. 2. a) aa).

§ 128a ZPO durch die Übertragungsbestimmung auch die Erhebung der für eine Videokonferenz notwendigen Bild- und Tondaten und deren Nutzung durch die Übertragung und Wiedergabe am jeweils „anderen Ort". § 128a Abs. 3 Satz 1 ZPO enthält eine im Vergleich zum BDSG engere Bestimmung für die Speicherung der Bild- und Tondaten. Die Aufzeichnung ist schlichtweg untersagt.

III. Stellen am „anderen Ort"

1. Anwendbarkeit des BDSG

Bei der Beurteilung der Anwendbarkeit des Bundesdatenschutzgesetzes für Stellen oder Personen am „anderen Ort" ist nach der Dogmatik des Bundesdatenschutzgesetzes zwischen öffentlichen und nicht-öffentlichen Stellen zu unterscheiden (vgl. § 2 BDSG).

a) Nicht-öffentliche Stelle

Am „anderen Ort" werden sich bei einem Zivilprozess in der Regel nicht-öffentliche Stellen befinden. Nicht-öffentliche Stellen sind gem. § 2 Abs. 4 BDSG natürliche oder juristische Personen, Gesellschaften oder andere Personenvereinigungen des Privatrechts, soweit sie nicht unter die Absätze 1 bis 3 des § 2 BDSG fallen. Rechtsanwälte zählen zwar nach § 1 BRAO zu den Organen der Rechtspflege, welche nach § 2 Abs. 1 und 2 BDSG grundsätzlich als öffentliche Stellen anzusehen sind. Sie sind jedoch nicht solche des Bundes oder des Landes, womit sie ebenfalls als nicht-öffentlich im Sinne des BDSG zu klassifizieren sind[761].

Das Bundesdatenschutzgesetz ist im nicht-öffentlichen Bereich gem. § 27 Abs. 1 Satz 1 und § 1 Abs. 2 Nr. 3 BDSG nur anwendbar, sofern personenbezogene Daten unter Einsatz von Datenverarbeitungsanlagen oder in oder aus nicht-automatisierten Dateien verarbeitet oder genutzt oder dafür erhoben werden. Datenverarbeitungsanlagen kommen bei einer Videokonferenz nicht zum Einsatz und auch eine nicht-automatisierte Datei entsteht bei einer Simultanübertragung nicht. Nach § 3 Abs. 2 Nr. 2 BDSG ist eine nicht-automatisierte Datei jede nicht-automatisierte Sammlung personenbezogener Daten, die gleichartig aufgebaut ist und nach bestimmten Merkmalen zugänglich ist und ausgewertet werden kann. Der Dateibegriff setzt demnach immer auch eine Speicherung voraus, ohne die eine Datenverarbeitungsanlage oder nicht-automatisierte Sammlung undenkbar wäre. Aber auch im Fall einer Aufzeichnung der Videokonferenz ist eine Auswertung der aufgezeichneten Daten nicht möglich.
Bei einer Simultanübertragung, wie sie § 128a ZPO vorsieht, werden die Daten lediglich in der aufgenommenen Reihenfolge wiedergegeben. Eine Auswertung

761 *Gola/Schomerus*, § 2, 4.3 Rn. 12.

nach bestimmten Merkmalen oder durch eine Datenverarbeitungsanlage ist nicht möglich.

Das Verbot des § 4 Abs. 1 BDSG ist somit im Fall der Videokonferenz nach § 128a ZPO auf die nicht-öffentlichen Stellen am „anderen Ort“ unanwendbar.

Neben dem Aufzeichnungsverbot nach § 128a Abs. 3 Satz 1 ZPO beschränkt sich der Schutz der personenbezogenen Daten im Übrigen auf das grundrechtlich garantierte allgemeine Persönlichkeitsrecht. Es wurde an anderer Stelle der Untersuchung bereits ausgeführt, dass das allgemeine Persönlichkeitsrecht der Videokonferenzteilnehmer in Form des Rechts auf informationelle Selbstbestimmung[762] betroffen ist, soweit personenbezogene Daten weitergegeben werden ohne dass die Betroffenen dem zustimmen[763]. Eine Weiterleitung oder Umleitung der Videokonferenzdaten an unbeteiligte Dritte stellt demnach einen Eingriff in das allgemeine Persönlichkeitsrecht dar. Dieses ist ein Schutzgesetz i.S.d. § 823 Abs. 1 BGB und damit auch für nicht-öffentliche Stellen verbindlich[764].

b) Öffentliche Stelle

Es ist jedoch auch möglich, dass an der Videokonferenz öffentliche Stellen am „anderen Ort“ beteiligt sind.

Unter öffentlichen Stellen ist gem. § 2 Abs. 1 und Abs. 2 BDSG – jeweils für den Bund und die Länder unterteilt – der gesamte Bereich der Betätigung der öffentlichen Hand zu verstehen, wobei dazu einheitlich die Behörden, die Organe der Rechtspflege und andere öffentlich organisierte Einrichtungen gehören, ungeachtet ihrer Rechtsform. Gem. § 2 Abs. 4 Satz 2 BDSG zählen hierzu auch nicht-öffentliche Stellen, soweit sie hoheitliche Aufgaben der öffentlichen Verwaltung wahrnehmen.

Eine öffentliche Stelle am „anderen Ort“ ist in der Funktion als Partei, nämlich als juristische Person des öffentlichen Rechts, oder als Betreiber der Videokonferenzanlage, insbesondere bei Zurverfügungstellung des Videokonferenzraumes im Rahmen der Amtshilfe, denkbar. Als zu vernehmendes Personalbeweismittel kommt dementgegen keine öffentliche Stelle in Betracht, da dieses nur natürliche Personen sein können, und die Aussage vor Gericht keine Wahrnehmung hoheitlicher Aufgaben der öffentlichen Verwaltung darstellt.

---

762 Nach diesem Recht dürfen personenbezogene Daten grundsätzlich nur erhoben, verarbeitet, gespeichert, verwendet und weitergegeben werden, wenn der Betroffene dem zustimmt (BVerfGE 65, 1 (38ff.)).

763 Siehe oben: 2. Kapitel I. 3. b) bb) (2) (b) (bb).

764 Palandt/*Thomas*, § 823, Rn. 176.

Für öffentliche Stellen des Bundes gilt grundsätzlich das Bundesdatenschutzgesetz (§ 1 Abs. 2 Nr. 1 BDSG), für öffentliche Stellen der Länder unter anderem nur, soweit der Datenschutz nicht durch Landesgesetze geregelt wird (§ 1 Abs. 2 Nr. 2 BDSG).

2. Datenschutz bei einer Videokonferenz nach § 128a ZPO

Die Bestimmungen des Bundesdatenschutzgesetzes finden auf Stellen am „anderen Ort" nur auf öffentliche Stellen Anwendung. Sie sind jedoch lediglich einschlägig, wenn diese hinsichtlich der Datenerhebung, -verarbeitung oder -nutzung als verantwortliche Stelle gem. § 3 Abs. 7 BDSG handelt. Dieses ist nur der Fall, wenn die Daten „für sich selbst" erhoben, verarbeitet oder genutzt werden. Die Bild- und Tondaten einer ordnungsgemäß nach § 128a ZPO durchgeführten Videokonferenz werden jedoch ausschließlich für ein zivilgerichtliches Verfahren erhoben und genutzt. Dass das Geschehen im Gerichtssaal zumindest in Ton auch an den „anderen Ort", mithin in die Sphäre der öffentlichen Stelle übertragen und wiedergegeben wird, ist als bloßer Reflex zu werten. Die dortige Aufnahme von Bild und Ton findet im Auftrag des Gerichts statt, womit es dafür auch die verantwortliche Stelle ist (§ 3 Abs. 7 BDSG). Öffentliche Stellen am „anderen Ort" erheben und nutzen die Daten nicht für sich selbst und sind daher als nicht als verantwortlich im Sinne des § 3 Abs. 7 BDSG anzusehen[765].

Etwas anderes muss jedoch dann gelten, wenn die öffentliche Stelle über die für eine Videokonferenz zwingend erforderliche Erhebung und Nutzung hinaus „für sich selbst" eine Um- oder Weiterleitung vornimmt oder eine Aufzeichnung der Videokonferenz fertigt. Dieses dient nicht mehr den Rechtsprechungsaufgaben des Gerichts, womit derartiges der nunmehr verantwortlichen öffentlichen Stelle grundsätzlich durch die Verbotsbestimmung mit Erlaubnisvorbehalt des § 4 Abs. 1 BDSG bzw. die entsprechende Vorschrift der Landesdatenschutzgesetze verboten ist.

Die Zulässigkeit der Datennutzung bei einer Um- oder Weiterleitung richtet sich nach § 14 BDSG. § 128a ZPO geht insoweit, anders als bei einer für eine Videokonferenz erforderlichen Nutzung nicht als lex specialis vor. Die Erlaubnisvoraussetzungen des § 14 BDSG sind nicht erfüllt, insbesondere ist eine Um- oder Weiterleitung nicht für die Aufgabenerfüllung der öffentlichen Stelle, sei sie Betreiberin oder Prozessbeteiligte, erforderlich. Die Um- oder Weiterleitung der Videokonferenzdaten bleibt daher unzulässig.

---

765 Selbiges gilt für nicht-öffentliche Stellen, wenn das BDSG auf diese bei einer Videokonferenz anwendbar wäre.

Hinsichtlich der Speicherung durch eine Aufzeichnung zu eigenen Zwecken könnte § 128a Abs. 3 Satz 1 ZPO der Erlaubnisnorm des § 14 BDSG vorgehen, wenn der personelle Geltungsbereich des Aufzeichnungsverbotes auch die öffentliche Stelle erfasst. Es wurde schon ausgeführt, dass diese Bestimmung deckungsgleich mit den Bestimmungen zur Speicherung des Bundesdatenschutzgesetzes ist. Allein fraglich ist, ob Adressat des § 128a Abs. 3 Satz 1 ZPO auch die öffentliche Stelle am anderen Ort ist.
Der personelle Geltungsbereich des § 128a Abs. 3 Satz 1 ZPO erstreckt sich unmittelbar auf die Verfahrensbeteiligten, mithin auch auf die Parteien, Bevollmächtigten und Beistände[766]. Öffentliche Stellen, die als Organ eine juristische Person des öffentlichen Rechts vor Gericht vertreten, sind an das zivilprozessrechtliche Aufzeichnungsverbot gebunden. Insoweit geht § 128a Abs. 3 Satz 1 ZPO dem Eingriffstatbestand des § 14 Abs. 1 BDSG vor. Für die öffentlichen Stellen, die die Videokonferenzanlage am anderen Ort betreiben, gelten dagegen das Bundesdatenschutzgesetz bzw. die Landesdatenschutzgesetze. Nach § 14 Abs. 1 BDSG ist eine Aufzeichnung unter anderem nur zulässig, wenn dieses zur Erfüllung der in der Zuständigkeit der verantwortlichen Stelle liegenden Aufgaben erforderlich ist. Die Bereitstellung eines Videokonferenzraumes z.B. im Rahmen der Amtshilfe erfordert keine Aufzeichnung und auch die die übrigen Erlaubnistatbestände des § 14 Abs. 2 BDSG liegen insoweit nicht vor.

Es kann festgehalten werden, dass die öffentliche Stelle am Übertragungsort über die für die gerichtliche Videokonferenz hinausgehenden Notwendigkeiten der Datenerhebung durch Aufnahme von Bild und Ton, der Wiedergabe und Übermittlung keine Daten speichern oder sonst nutzen darf, mithin ein Höchstmaß an Datenschutz gewährleistet ist.

IV. „Übermittlungsstelle"

1. Bereichsspezifische Datenschutzgesetze

Nach den Vorgaben des Bundesverfassungsgerichts aus dem Volkszählungsurteil[767] sind spezifische Regelungen für jeden abgrenzbaren Aufgabenbereich zu schaffen, in deren Rahmen personenbezogene Daten erhoben und verwendet werden[768]. Dieses ist für den weiten Bereich der Rechner- und Telefonnetze, über die die Daten einer Videokonferenz gesendet werden müssen, verwirklicht worden. Bereichsspezifische Gesetze auf diesem Gebiet i.w.S. sind das Telekommunikationsgesetz (TKG)[769] und das Teledienstedatenschutzgesetz

[766] Siehe 2. Kapitel I. 6. d).
[767] BVerfGE 65,1.
[768] Vgl. zum verfassungsrechtlichen Datenschutz im Bereich der Telekommunikation auch das „Abhörurteil" des BVerfG: BVerfGE 100,313.
[769] BGBl. 1996 I, 1120 in der Fassung vom 31.01.2001 (BGBl. I S. 170).

(TDDSG)[770] als Teil des Informations- und Kommunikationsdienstegesetzes (IuKDG)[771]. Daneben enthält auch der Mediendienste-Staatsvertrag (MDStV)[772] datenschutzrechtliche Gewährleistungen. Sämtliche Regelungen dieser Gesetze gehen dem Bundesdatenschutzgesetz als leges speciales vor. Soweit sie jedoch für bestimmte Probleme keine Regelungen enthalten, ist das Bundesdatenschutzgesetz weiterhin subsidiär anwendbar[773].

Welche dieser Regelungen bei Videokonferenzen im Gerichtsverfahren auf denjenigen Dienst anzuwenden ist, der die Datenübermittlung technisch umsetzt, soll im Folgenden kurz dargestellt werden.

Gemäß § 2 Abs. 4 des Gesetzes über die Nutzung von Telediensten (Teledienstegesetz - TDG)[774] gilt das TDG und infolgedessen auch das TDDSG nicht für Telekommunikationsdienstleistungen. Gleiches gilt gem. § 2 Abs. 1 Satz 2 MDStV für den MDStV. Der maßgebliche Begriff der Telekommunikationsdienstleistungen wird in § 3 Nr.18 TKG definiert als „das gewerbliche Angebot von Telekommunikation einschließlich des Angebots von Übertragungswegen durch Dritte". Der Begriff der Telekommunikation wird wiederum in § 3 Nr. 16 TKG ausgefüllt als „der technische Vorgang des Aussendens, Übermittelns und Empfangens von Nachrichten jeglicher Art in Form von Zeichen, Sprache, Bildern oder Tönen mittels Telekommunikationsanlagen". Unter Telekommunikationsdienstleistungen sind solche zu verstehen, bei denen die technische Transportleistung im Gegensatz zur inhaltlichen Leistung bei Tele- oder Mediendiensten im Vordergrund steht[775]. Bei einer Videokonferenz müssen lediglich die Bild- und Tondaten an die jeweilige Gegenstelle transportiert werden, eine inhaltliche Leistung ist dagegen nicht zu erbringen. Daraus folgt, dass Leistungen reiner Internet-Zugangsprovider oder ISDN-Netzbetreiber, wie sie bei einer Videokonferenz zur Datenübertragung eingesetzt werden[776], Telekommunikationsdienstleistungen sind. Hierauf finden nicht die datenschutzrechtlichen Regelungen des TDDSG, sondern die des TKG Anwendung.

---

770 Gesetz über den Datenschutz bei Telediensten, Art. 2 des IuKDG (BGBl. 1997 I, S. 1870).

771 BGBl. 1997 I, S. 1870.

772 Mediendienste-Staatsvertrag vom 18.12.1996.

773 Vgl. für vorstehendes: *Köhler/Arndt*, Rn. 581.

774 Vom 22. Juli 1997 (BGBl. I, S. 1870), zuletzt geändert durch Artikel 1 des Gesetzes über rechtliche Rahmenbedingungen für den elektronischen Geschäftsverkehr (Elektronischer Geschäftsverkehr-Gesetz - EGG) vom 14. Dezember 2001 (BGBl. I, S. 3721)

775 BeckTKG-Komm/*Schuster*, Beck'scher TKG-Kommentar, 2. Auflage (2000), § 3 Rn. 21a.

776 Siehe 1. Kapitel I. 1. und 3.

2. Telekommunikationsgesetz (TKG)

Bestimmungen zum Fernmeldegeheimnis, Datenschutz und Sicherung lassen sich im Elften Teil dieses Gesetzes finden.

§ 85 TKG konkretisiert das grundrechtlich garantierte Fernmeldegeheimnis (Art. 10 GG). Unter dem Schutz des Fernmeldegeheimnisses stehen alle Aspekte die sich auf den Inhalt und die näheren Umstände eines Telekommunikationsvorganges, einschließlich erfolgloser Verbindungsversuche, beziehen[777]. Geschäftsmäßige Telekommunikationsdienste werden darin zur diesbezüglichen Wahrung des Fernmeldegeheimnisses verpflichtet.

§ 87 Abs. 1 TKG erlegt den Telekommunikationsdiensten des Weiteren neben anderem auch die technische Umsetzung zum Schutz des Fernmeldegeheimnisses und personenbezogener Daten auf. Danach besteht eine materielle Pflicht zur Schaffung angemessener technischer Vorkehrungen, die zu einem Standardsicherheitsniveau der Telekommunikations- und Datenverarbeitungsanlagen führen sollen[778]. Ein von der Regulierungsbehörde zu erstellender Katalog von Sicherheitsanforderungen (§ 87 Abs. 1 Nr. 4 Satz 2 TKG) bildet eine Orientierung für die zu treffenden Anforderungen[779]. Lizenzpflichtige Betreiber von Telekommunikationsanlagen werden darüber hinaus zur Benennung eines Sicherheitsbeauftragten und zur Ausarbeitung eines der Regulierungsbehörde vorzulegenden Sicherheitskonzepts verpflichtet (vgl. § 87 Abs. 2 TKG). Dieses soll eine Gefährdungsanalyse und ein Konzept technischer Vorkehrungen beinhalten, dass den Anforderungen der Standardsicherheit Rechnung tragen soll. Die Regulierungsbehörde kann bei Sicherheitsmängeln Änderungen verlangen (vgl. § 87 Abs. 2 Nr. 3 Satz 3 TKG). Dem Bundesministerium für Post und Telekommunikation wird in § 87 Abs. 3 TKG eine Ermächtigung zum Erlass einer Rechtsverordnung eingeräumt, um die Verpflichtungen aus den Absätzen 1 und 2 näher zu regeln[780]. Das Gesetz bedient sich hier einer modernen Regulierungstechnik, indem es nicht etwa präventive Verbote mit Erlaubnisvorbehalt, sondern materielle Pflichten etabliert, die durch betriebsinterne Organisationsmaßnahmen und Eigenkonzepte der Verpflichteten in Orientierung an bestimmten gesetzlichen oder behördlichen Vorgaben umgesetzt werden sollen und erst bei unzureichendem Charakter der Umsetzung behördlicher Maßnahmen vorsehen[781].

---

777 *Trute*/Spoerr/Bosch, Telekommunikationsgesetz mit FTEG, 2001, § 85, Rn. 6.

778 *Trute*/Spoerr/Bosch, § 87, Rn. 1.

779 Bis zum 31.12.1997 wurde diese Befugnis der Regulierungsbehörde übergangsweise vom BMPT wahrgenommen (BMPT Vfg. 211/1996, ABl. BMPT 1996, 630) (Quelle: BeckTKG-Komm/*Ehmer*, § 87 Rn. 28).

780 Die Bundesregierung beabsichtigt einstweilen nicht, von dieser Ermächtigung Gebrauch zu machen, solange die Unternehmen ihrer Verpflichtung aus § 87 TKG nachkommen (Quelle: *Trute*/Spoerr/Bosch, § 87, Rn. 28; BeckTKG-Komm/*Ehmer*, § 87 Rn. 40).

781 *Trute*/Spoerr/Bosch, § 87, Rn. 1.

Im TKG findet sich weiter die datenschutzrechtliche Bestimmung des § 89 TKG. Neben der in Absatz 1 befindlichen Verordnungsermächtigung – dazu sogleich – befindet sich in Absatz 4 Satz 1 eine für Videokonferenzen wichtige Bestimmung zum Kern des Fernmeldegeheimnisses: Danach dürfen beim geschäftsmäßigen Erbringen von Telekommunikationsdiensten Nachrichteninhalte nur aufgezeichnet, Dritten zugänglich gemacht oder sonst verarbeitet werden, soweit dies Gegenstand oder aus verarbeitungstechnischen Gründen Bestandteil des Dienstes ist. Beides ist bei einer Videokonferenz nicht der Fall, womit der Telekommunikationsdienstleister die Videokonferenzdaten weder aufzeichnen noch Dritten zugänglich machen darf.

3. Telekommunikations-Datenschutzverordnung (TDSV)

Die Verordnungsermächtigung des § 89 Abs. 1 TKG wurde durch die Telekommunikations-Datenschutzverordnung vom 18.12.2000 (TDSV)[782] in Anspruch genommen. Die Regelungen des TDSV richten sich an „Unternehmen und Diensteanbieter", die der Öffentlichkeit Telekommunikationsdienstleistungen erbringen oder daran mitwirken (§ 1 Satz 2 TDSV). Nicht-gewerbliche Angebote und solche für geschlossene Benutzergruppen werden dagegen unter Berücksichtigung der Definition von Telekommunikationsdienstleistungen in § 2 Abs. 6 TDSV nicht erfasst[783]. Erfasst sind gewerbliche Telekommunikationsunternehmen, die die technische Seite der Telekommunikation zur Verfügung stellen, also beispielsweise Anbieter von Sprachtelefonie oder Internet-Service-Provider, die den Zugang zum Internet anbieten[784]. Die bei gerichtlichen Videokonferenzen zur Übertragung der Bild- und Tondaten (über das Internet oder ISDN) heranzuziehenden Diensteanbieter sind somit Adressaten der TDSV.

Die TDSV unterscheidet nach Art der Daten die Bestands- und die Verbindungsdaten:
Bestandsdaten sind nach § 2 Nr. 3 TDSV die personenbezogenen Daten, die zur Begründung und Unterhaltung des Nutzungsverhältnisses zwischen Diensteanbieter und Kunden erforderlich sind. Diese Daten dürfen nach § 5 TDSV nur zwischen verschiedenen Diensteanbietern ausgetauscht werden, wenn dieses für die Durchführung des Vertragsverhältnisses zwischen den Diensteanbietern erforderlich ist. An Dritte dürfen Bestandsdaten grundsätzlich nur mit Einwilligung der Betroffenen übermittelt werden. Bestandsdaten sind nach Beendigung des Vertragsverhältnisses zum Ende des darauf folgenden Jahres zu löschen.
Verbindungsdaten sind nach § 2 Nr. 4 TDSV die Daten, die anlässlich der Erbringung einer Telekommunikationsdienstleistung erhoben werden. Hierzu zählen beispielsweise Datum und Uhrzeit sowie Dauer der Inanspruchnahme.

782 BGBl. 2000 I, 1740.
783 BeckTKG-Komm/*Büchner*, § 1 TDSV Anh. § 89; Rn. 1.
784 Vgl. *Köhler/Arndt*, S. 218.

Sie dürfen nach §§ 6,7 TDSV nur verarbeitet und an andere Diensteanbieter weitergegeben werden um den Aufbau einer Verbindung und die Abrechnung der Verbindung zu sichern. Hierzu gehört etwa auch die Erstellung eines Einzelverbindungsnachweises nach § 8 TDSV. Verbindungsdaten dürfen gem. § 7 Abs. 3 TDSV längstens bis zur endgültigen Abrechnung von Telekommunikationsleistungen gespeichert werden. Danach sind sie unverzüglich vom Diensteanbieter zu löschen. Die Weitergabe an Dritte ist nicht gestattet.

Wie das allgemeine Datenschutzrecht im BDSG erstreckt sich der Schutz im Telekommunikationsrecht auf die Erhebung, Verarbeitung und Nutzung personenbezogener Daten. Im Gegensatz zum allgemeinen Datenschutzrecht, das grundsätzlich nur den Schutz natürlicher Personen kennt, sind in der TDSV aber die Einzelangaben über juristische Personen, die dem Fernmeldegeheimnis unterliegen, den personenbezogenen Daten natürlicher Personen gleichgestellt[785]. Die TDSV enthält eine abschließende Aufzählung von Erlaubnistatbeständen für die Erhebung, Verarbeitung und Nutzung von personenbezogenen Daten im Telekommunikationsbereich. Die Datenverarbeitung ist danach im Allgemeinen zulässig, soweit sie zur betrieblichen Abwicklung der betreffenden Dienstleistung erforderlich ist. Bei Diensten, die die Übermittlung von Nachrichteninhalten, insbesondere Sprach-, Ton-, Text- und Grafikmittelungen, zum Gegenstand haben ist die Zwischenspeicherung der zu übermittelnden Daten zulässig, sofern dies für eine ordnungsgemäße Leistungserbringung erforderlich ist (§ 16 TDSV). Dieses ist bei einer Videokonferenz nicht der Fall. Unter Zwischenspeicherung im Sinne der Vorschrift ist die Speicherung auf einem Festspeicher zu verstehen. Die Vorschrift bezieht sich auf so genannte Mailbox- oder Mobilbox-Dienste[786]. Bei einer Videokonferenz ist lediglich eine temporäre Speicherung der Daten zur Übermittlung notwendig. Darüber hinaus ist eine Festspeicherung nicht nur nicht erforderlich, sondern würde auch dem angestrebten Zweck einer Übertragung in Echtzeit entgegenstehen[787]. So wird bei IP-Netzen schon aus diesem Grunde auf eine Zwischenspeicherung bei einem Host-Service-Provider verzichtet[788]. § 16 TDSV rechtfertigt also nicht die Aufzeichnung von Videokonferenzdaten.

---

785 Hierzu: *Hoeren*, S. 81.

786 Vgl. BeckTKG-Komm/*Büchner*, § 14 TDSV Anh. § 89, Rn.1

787 Festspeicher stellen die vergleichsweise langsamsten Komponenten eines Computersystems dar. Da sich die durchschnittliche Verarbeitungsgeschwindigkeit eines Computersystems jedoch grundsätzlich nach der langsamsten Komponente bemisst, wird insbesondere bei Echtzeitanwendungen ein Einsatz von Festspeichern vermieden.

788 *Sieber*, Verantwortlichkeit im Internet, 1999, Rn. 75.

V. Zusammenfassung

Im Ergebnis ist festzuhalten, dass der Datenschutz bei zivilgerichtlichen Videokonferenzen im hohen Maße gewährleistet ist.

Eine Speicherung der Bild- und Tondaten auf einem Festspeicher ist all denjenigen Stellen untersagt, die eine diesbezügliche technische Möglichkeit hierzu haben. Sowohl dem Gericht als auch den jeweils zugeschalteten Prozessbeteiligten (Partei, Bevollmächtigten und Beiständen) und übrigen Verfahrensbeteiligten (Zeugen, Sachverständige) verbietet die Bestimmung des § 128a Abs. 3 Satz 1 ZPO die Aufzeichnung. Gegenüber Dritten hat das Gericht mit Hilfe sitzungspolizeilicher Mittel eine Aufzeichnung zu unterbinden. Den jeweiligen gewerblichen Telekommunikationsdienstleistern verbietet § 89 Abs. 4 TKG explizit die Aufzeichnung. Zudem haben diese gem. § 87 Abs. 1 TKG die notwendigen technischen Vorkehrungen zu treffen, um das Fernmeldegeheimnis und personenbezogene Daten zu schützen.

Die Weitergabe der Bild- und Tondaten an Dritte ist dem Gericht sowie öffentlichen Stellen am „anderen Ort“ durch das BDSG und dem Telekommunikationsdienstleister durch das TKG untersagt. Nicht-öffentlichen Stellen am anderen Ort verbietet das auf dem allgemeinen Persönlichkeitsrecht fußende Selbstbestimmungsrecht der Videokonferenzteilnehmer grundsätzlich die Weitergabe der Videokonferenzdaten an Dritte.

Den Schutz von Verbindungs- und Bestandsdaten der Videokonferenzen regelt die TDSV.

Die Aufnahme und die Wiedergabe der Bild- und Tondaten ist durch die insoweit zum BDSG spezielle Eingriffsnorm des § 128a ZPO unter den dort geregelten Voraussetzungen zulässig.

5. Kapitel: Durchführung von Videokonferenzen

Nach § 128a Abs. 1 Satz 2, Abs. 2 Satz 2 ZPO soll eine zeitgleiche Übertragung von Bild und Ton in das Sitzungszimmer und nach § 128a Abs. 1 Satz 2, Abs. 2 Satz 3 ZPO auch an den „anderen Ort“ erfolgen. Nach der Beschlussempfehlung und dem Bericht des Rechtsausschusses ist lediglich eindeutig, dass dieses mittels der Videokonferenztechnik bewerkstelligt werden soll[789]. Wie die Videokonferenz jedoch im Einzelnen umzusetzen und auszugestalten ist, ist weder normiert noch in den Gesetzesmaterialien angedacht. Die Umsetzung bleibt damit in vollem Umfang der Judikative überlassen.

I. Spezifische Anforderungen an Videokonferenzen in Gerichtsverfahren

Aus den bisherigen rechtlichen Darstellungen ergeben sich verschiedene Anforderungen an die Durchführung einer Videokonferenz im Zivilprozess. Bevor jedoch dieser Anforderungskatalog aufgezeigt wird, soll ein kurzer Blick auf die Durchführung der Videokonferenz im Strafverfahren geworfen werden. Etwaige dort gewonnene Erkenntnisse können entsprechend zu konkreten Anforderungen auch im Zivilverfahren führen, vorausgesetzt die grundsätzlichen Unterschiede der Verfahrensordnungen schließen dieses nicht aus.

1. Videokonferenz im Strafverfahren

Auch der Gesetzesentwurf zu § 247a StPO sieht von einer Regelung zu technischen Fragen und zur praktischen Durchführung der Videovernehmung ab, stellt jedoch in Aussicht, dass dieses gegebenenfalls in den Richtlinien für das Straf- und Bußgeldverfahren (RiStBV) geregelt werden könne[790]. Eine solche Regelung ist bislang nicht getroffen worden.

Das Bundesministerium der Justiz hat jedoch eine „Bundeseinheitliche Handreichung zum Schutz kindlicher (Opfer-)Zeugen im Strafverfahren“ herausgegeben, der bestimmte Richtlinien zum Einsatz der Videokonferenztechnik zu entnehmen sind. Dort heißt es unter anderem zum Ablauf der Vernehmung unter Einsatz von Videotechnik nach § 247a StPO[791]:

> *„Hinsichtlich der Bild- und Toneinstellungen stellt das Gericht sicher, dass ein frontales Brustbild des Vernehmenden - das ist im Regelfall wegen § 241a StPO allein der Vorsitzende selbst - und nur seine Fragen zu dem kindlichen Zeugen übertragen werden. Bild- und Tonaufnahmen der*

---

789 BT-Drucks. 14/6036, S. 116, 119f.

790 BT-Drucks. 13/7165, S. 10

791 Handreichung des BMJ, S. 46f.

übrigen Verfahrensbeteiligten und einer ggf. vorhandenen Öffentlichkeit sollten nicht zu dem Kind gelangen.
Der Zeuge und ggf. seine Betreuungsperson(en) befinden sich - innerhalb oder außerhalb des Gerichtsgebäudes - an einem anderen Ort in einem Vernehmungszimmer.
Von der dort vorhandenen Videokamera sollte der Zeuge vollständig im Bild aufgenommen werden. Auch die anderen dort Anwesenden sollten möglichst im Bild ganz erfasst werden. Bei einer starren Kameraeinstellung ohne Zoomen und Schwenken wird dem Vorwurf, durch die Wahl sich ändernder Bildausschnitte zu manipulieren, entgegengewirkt. Zeuge und Betreuungsperson(en) sollten sich aus dem Erfassungsbereich der Kamera – der soweit wie möglich eine Übersicht über das Vernehmungszimmer geben sollte –während der Vernehmung nicht entfernen. Geschieht dies - wie bei jüngeren Kindern wohl oft unvermeidlich - dennoch, so muss über die Betreuungsperson sichergestellt werden, dass das Kind in den Erfassungsbereich der Kamera zurückkehrt.
...
Zu Beginn der getrennten Vernehmung stellt der Vorsitzende durch geeignete Fragen an den Zeugen bzw. an die Betreuungsperson(en) sicher, dass sich keine sonstigen, von der Kamera nicht erfasste Personen in dem Vernehmungszimmer befinden.
...
Müssen dem Zeugen Schriftstücke, Lichtbilder oder sonstige Gegenstände vorgezeigt werden, so kann dies bei Getrenntvernehmung innerhalb desselben Gebäudes dadurch geschehen, dass die Originale oder ggf. Kopien zu dem Zeugen gebracht werden. Bei Getrenntvernehmung über weitere Entfernungen sollte eine Dokumentenkamera vorhanden sein."

Aus dieser Handreichung lassen sich erste Grundsätze ableiten, die bei der Videosimultanvernehmung allgemein zu beachten sein werden. Dabei ist zu berücksichtigen, dass die Handreichung für den Fall des notwendigen Opferschutzes entwickelt wurde. Will man daraus allgemeingültige Regeln für alle Fälle des § 247a StPO, namentlich zum Fall des allseitigen Einverständnisses gem. § 247a 1. Satz 2. HS StPO i.V.m. § 251 Abs. 1 Nr. 4 StPO entwickeln, müssen diejenigen Regeln, die ausschließlich dem Opferschutz dienen, wie z.B. dass Bild- und Tonaufnahmen der übrigen Verfahrensbeteiligten und einer gegebenenfalls vorhandenen Öffentlichkeit nicht übertragen werden sollen[792], ausgeblendet werden. Somit ergeben sich folgende allgemeingültigen Grundsätze zur Videokonferenz mit Zeugen im Strafverfahren:

[792] Es dürfte eher das Gegenteil gelten, um den der die Wahrheit fördernden Atmosphäre einer Gerichtsverhandlung möglichst nahe zu kommen.

- Die Übertragung eines frontalen Brustbildes des Vernehmenden in das Vernehmungszimmer ist ausreichend.
- Der Zeuge befindet sich in einem Vernehmungszimmer, welches sich nicht zwingend im Gerichtsgebäude befinden muss.
- Der Zeuge selbst sollte vollständig im Bild aufgenommen werden, d.h. ein frontales Brustbild genügt im Gegensatz zum Vernehmenden nicht.
- Die Kamera im Vernehmungszimmer sollte starr eingestellt sein (kein zoomen oder schwenken).
- Der Zeuge sollte sich aus dem Erfassungsbereich der Kamera während der Vernehmung nicht entfernen.
- Die Kamera sollte eine möglichst umfassende Übersicht über das Vernehmungszimmer bieten.
- Der Vernehmende soll durch geeignete Fragen sicherstellen, dass sich keine weiteren Personen im Vernehmungszimmer befinden.
- Urkunden und Augenscheinsobjekte, welche dem Zeugen vorzulegen sind können im Original oder Kopie überbracht werden, wenn sich das Vernehmungszimmer innerhalb desselben Gebäudes befindet, ansonsten kann eine Dokumenten- bzw. Objektkamera eingesetzt werden.

Diese Regeln verfolgen im Wesentlichen zwei Zwecke. Zum einen soll es dem Gericht ermöglicht werden die Glaubwürdigkeit der Aussage wie gewohnt auch anhand der Gestik, Körperhaltung und sonstige körperliche Anzeichen für Unsicherheit oder andere Gemütsregungen zu beurteilen und zum anderen soll der erhöhten Gefahr einer Manipulation des Zeugen durch Dritte entgegengewirkt werden.

Dem so genannten „setting“, d.h. der Einstellung der Kamera wird dabei augenscheinlich eine wesentliche Funktion beigemessen[793]. Um von vornherein eine unentdeckte Manipulation zu verhindern soll die Kamera den gesamten Vernehmungsraum erfassen. Unzulässig anwesende Dritte würden vom Gericht bemerkt. Ebenso sollen aus diesem Grund die sich zulässiger Weise in dem Zimmer befindliche Personen von der Kamera vollständig, dauerhaft und mit konstantem Bildausschnitt erfasst werden. Da die Entfernung des Zeugen zur Kamera nicht allzu groß sein darf, weil dieses schon anhand der Bildgröße eine Glaubwürdigkeitsprüfung beeinträchtigen würde, muss das Vernehmungszimmer verhältnismäßig klein ausfallen.

In der Praxis ist es seit dem Inkrafttreten des § 247 a StPO am 01.12.1998 zu mehreren Entscheidungen des Bundesgerichtshofes gekommen. Dabei ging es im Rahmen von Revisionen überwiegend um die Frage der Unerreichbarkeit von

793 Siehe auch *Schlothauer*, in: StV 1999, 47 (48).

Auslandszeugen gem. § 244 Abs. 3 Satz 2 StPO[794]. Es findet sich aber auch eine Entscheidung über die Anforderungen der Begründung für die Anordnung einer audiovisuellen Vernehmung des kindlichen Zeugen[795] sowie eine, die sich mit dem Vorrang der Entfernung des Angeklagten aus dem Sitzungszimmer vor einer audiovisuellen Zeugenvernehmung befasst[796]. Mit der technischen und verfahrensmäßigen Umsetzung hat sich der Bundesgerichtshof in keiner seiner Entscheidungen beschäftigt. Auch die seltenen Entscheidungen der Instanzgerichte sind diesbezüglich unergiebig[797].

2. Videokonferenzen im Zivilverfahren

a) Darstellung

Die rechtlichen Anforderungen, die an die Darstellung im Rahmen einer Videokonferenz zu stellen sind, sind für die verschiedenen Videokonferenzorte (Sitzungssaal und Übertragungsort) und Rechtsgrundlagen (§ 128a Abs. 1 und § 128a Abs. 2 ZPO) uneinheitlich. Daher wird im Folgenden, soweit nötig, differenziert werden:

Erfolgt die bildliche Darstellung am „anderen Ort" aufgrund einer Vernehmung gem. § 128a Abs. 2 ZPO, obwohl hier das Gesetz nicht zwingend eine Bildübertragung vorschreibt[798], ergeben sich demgemäß keine diesbezüglichen besonderen Anforderungen aus rechtlichen Gründen. Anders ist es bei einer Videokonferenz im Fall des § 128a Abs. 1 ZPO, in dem eine Bildübertragung an den Übertragungsort aufgrund des Grundsatzes der Parteiöffentlichkeit und des rechtlichen Gehörs zwingend vorgeschrieben ist.

aa) Aufnahme

Die Kamera im Sitzungssaal ist jeweils auf diejenige Person auszurichten, die mit der zugeschalteten Partei, dem Bevollmächtigten, Beistand oder Nebenintervenienten gem. § 128a Abs. 1 ZPO kommuniziert. Dieses gebietet bei der Beweisaufnahme bezüglich der Beweispersonen der Grundsatz der Parteiöffentlichkeit[799] und in der mündlichen Verhandlung bezüglich des Gerichts und der übrigen Verfahrensbeteiligten das Gehörsrecht[800]. Sind mehrere Personen (Prozessbeteiligte, Zeugen und Sachverständige) im Sitzungszimmer, muss die Kamera entweder immer auf die gerade sprechende Person gerichtet sein oder alle Personen gleichzeitig darstellen. Ebenso wie bei der strafprozessualen Vi-

---

794 BGHSt 45, 188-197 (1 StR 286/99); BGHSt 46, 73-81 (4 StR 647/99); NStZ 2000, 385-386 (1 StR 657/99); NStZ 2001, 160 (3 StR 216/00).

795 BGHR StGB, § 46 Abs. 3 Sexualdelikte 4 (2 StR 312/99).

796 NStZ 2001, 261-262 (1 StR 383/00).

797 Stellvertretend für alle: LG Erfurt 881 Js 15294/98 vom 25.01.1999.

798 Vgl. zu dieser Frage: 2. Kapitel I. 5.

799 Siehe 3. Kapitel V.

800 Siehe 3. Kapitel VI. 2. a).

deovernehmung genügt auch hier ein Brustbild der im Gerichtssaal Anwesenden.

Das Mikrofon muss in dem Fall des § 128a Abs. 1 ZPO eine hinreichende Qualität der Aufnahme des gesprochenen Wortes gewährleisten. Hintergrundgeräusche sollten möglichst nicht mitaufgezeichnet werden. Da durch die genannten Prozessgrundsätze möglichst alle Äußerungen im Gerichtssaal zu übertragen sind, sollten die Mikrofone eine umfassende Raumerfassung gewährleisten. Der Einsatz eines herumzureichenden Mikrofons genügt diesem nicht.

Bei einer Vernehmung von Personalmitteln via Videokonferenz setzt der Wortlaut des § 128a Abs. 2 ZPO nur die Übermittlung von Ton an dessen Aufenthaltsort voraus. Zudem gebietet die Vernehmung durch das Gericht (§§ 395 f. ZPO) und das Fragerecht der Parteien (§ 397 ZPO) nicht, das gesamte akustische Geschehen im Gerichtssaal zu übertragen. In diesen Fällen ist ein einzelnes Mikrofon also ausreichend.

Am „anderen Ort" ist in den Fällen des § 128a Abs. 1 und 2 ZPO aus Gründen der Aussage- und Beweiswürdigung[801] wie bei der strafprozessualen Videovernehmung darauf zu achten, dass die Kamera das Vollbild aller dort anwesenden Personen erfasst. Dieses gilt naturgemäß im besonderen Maße für Zeugenvernehmungen. Im Fall des § 128a Abs. 1 ZPO gebietet dieses zudem der Grundsatz des rechtlichen Gehörs. Auch die Manipulationsabwehr gebietet es grundsätzlich die Kamera so zu positionieren, dass der Raum im Ganzen erfasst wird[802]. Hinter der Kamera sollte sich keine Person verbergen können. Damit im Bildausschnitt ohne zusätzliches Zoomen dennoch die zugeschalteten Personen in hinreichender Größe aufgenommen werden können, sollte der Raum eine bestimmte Größe nicht überschreiten.

Ein generelles Problem bei der Videokonferenz ist die Simulation des Blickkontakts. Dieses hat seinen Grund darin, dass man es bei einem herkömmlichen Gespräch gewöhnt ist seinen Gegenüber direkt anzuschauen. Wird jedoch bei einer Videokonferenz direkt auf das Wiedergabemedium geblickt, was zur Wahrnehmung unvermeidlich ist, kann nicht zugleich das Objektiv der Kamera fokussiert werden[803]. Bei der Gegenstelle wirkt dieses befremdlich, ebenso als wenn der unmittelbar gegenübersitzende Gesprächspartner in eine andere Rich-

801 Siehe 3. Kapitel III.
802 Ebenso wie bei der strafprozessualen Videovernehmung: 5. Kapitel I. 1.
803 Siehe hierzu auch: Abschlussbericht zum Pitlotprojekt bei der Verwaltungsgerichtsbarkeit, S. 11.

tung blickt. Um einem Blickkontakt dennoch möglichst nahe zu kommen, sollte die Kamera in unmittelbarer Nähe des Wiedergabemediums angebracht werden.

bb) Wiedergabe

Die Darstellung der übermittelten Bild- und Tondaten im Sitzungszimmer muss von allen dort Anwesenden[804], inklusive der unbeteiligten Zuhörer[805], problemlos optisch und akustisch wahrzunehmen sein. Größe und Qualität der Darstellung müssen den Verhältnissen im Sitzungszimmer angepasst sein. Gleiches gilt für die Lautstärke und Qualität der Tonwiedergabe.

Die Darstellung am „anderen Ort" sollte qualitativ nicht hinter derjenigen im Sitzungszimmer zurück bleiben. Zwar sitzt dort nicht das Entscheidungsorgan, welches Ausführungen der Parteien und Beweise auch nach dem äußeren Eindruck zu würdigen, Manipulationen und Störungen wahrzunehmen und zu unterbinden hat, jedoch sollte die Atmosphäre der Gerichtsverhandlung soweit als irgend möglich an diesen Ort transferiert werden[806]. Insbesondere die Größe des Monitors kann hierzu einen wesentlichen Beitrag leisten.

Die Darstellung der Teilnehmerbildnisse an ihrem jeweiligen Aufenthaltsort ist zugunsten eines ergiebigen Rechtsgesprächs bzw. Beweisaufnahme zu vermeiden, da dieses Auswirkungen auf das Kommunikationsverhalten hat. Wenn ein lokales Bild auf dem Bildschirm angezeigt wird, können sich die Teilnehmer selbst auf dem Wiedergabemedium beobachten, was sich nachteilig auf das anzustrebende möglichst „normale" Verhalten auswirkt. Zudem besteht die Gefahr der Ablenkung vom eigentlichen Gesprächsinhalt.

cc) Übertragung

Ziel einer Videokonferenz im gerichtlichen Verfahren muss es sein, einer körperlichen Anwesenheit der Zugeschalteten möglichst nahe zu kommen bzw. die technische Übermittlung mit der Zeit vergessen zu machen und den Zugeschalteten als präsent erscheinen zu lassen. Die Qualität des Rechtsgespräches aber auch die Würdigung von Aussagen hängt entscheidend von der Übertragungsqualität ab.
Die Bild- und Tonqualität der Videokonferenz muss eine vernünftige Kommunikation zulassen, dass heißt die Verzögerung muss möglicht gering sein. Bildwiederholungsrate und Auflösung müssen eine fernsehbildähnliche Darstellung ermöglichen. Die Darstellung von Bild und Ton sollte lippensynchron sein. Die Verbindung muss weiterhin jederzeit aufgebaut werden und zudem über einen langen Zeitraum hinweg stabil und unterbrechungsfrei bestehen können.

---

[804] Für den Spruchkörper gilt dieses im besonderen Maße aufgrund des Grundsatzes des rechtlichen Gehörs: Siehe 3. Kapitel VI. 2. b).
[805] Dieses dient der Einhaltung des Öffentlichkeitsgrundsatzes: Siehe 3. Kapitel IV. 2. a).
[806] Dieses dient dem Wahrheitswillen: Siehe 3. Kapitel III 1. a) und 2. a).

Mündliche Verhandlungen und Beweisaufnahmen ziehen sich oftmals über Stunden hinweg und sind durch die Terminsbestimmung an bestimmte Zeiten gebunden. Unterbrechungen der Verhandlung sind zu vermeiden (vgl. § 136 Abs. 3 1.Halbsatz ZPO) und können ansonsten nur vom Vorsitzenden unter Bestimmung zur Fortsetzung der Verhandlung im Rahmen der Prozessleitung angeordnet werden (vgl. § 126 Abs. 3 2.Halbsatz ZPO).

b) Identifikation von Personen

Zugeschaltete Personen müssen verlässlich identifiziert und authentifiziert werden können. Wie schon dargestellt, stehen bei einer Videokonferenz hierzu im Wesentlichen dieselben Mechanismen wie bei einer herkömmlichen Verhandlung zur Verfügung[807]. In diesem Zusammenhang muss jedoch sichergestellt werden, dass sich der Gegenüber zeitgleich am „anderen Ort" aufhält, es sich also um eine Liveübertragung handelt. Letzteres kann durch die Einblendung des Datums und der Echtuhrzeit bzw. bei einem Manipulationsverdacht durch einen Kontrollanruf erfolgen. Für eine derartige fernmündliche Kontrolle ist erforderlich, dass sich das Telefon im Blickfeld der Kamera befindet, damit das Gericht den Gesprächspartner bei dem Anruf sehen kann.

c) Bedienung

Die Steuerung und Kontrolle der Videokonferenz muss beim Gericht im Sitzungszimmer liegen, weil das Gericht die Videokonferenzverbindung herzustellen hat[808]. Aber auch die Verhandlungsführung durch das Gericht (§ 136 Abs. 1 ZPO) und die Notwendigkeit im Rahmen sitzungspolizeilicher Befugnisse die Verbindung unterbrechen zu können gebietet dieses. Die Bedienung sollte insofern durch einen geschulten Richter erfolgen können, also benutzerfreundlich ausgestaltet sein.

d) Besondere Ausstattung am „anderen Ort"

Das Übertragungssystem am Übertragungsort sollte idealer Weise keine Schnittstelle für Aufzeichnungsgeräte enthalten, jedenfalls aber sollten keine Aufzeichnungsgeräte angeschlossen sein. Dieses ergibt sich aus dem absoluten Aufzeichnungsverbot, dessen Einhaltung das Gericht zu überwachen hat[809]. Des Weiteren sollten Kontrollmechanismen vorhanden sein, die eine Aufzeichnung sowie aufgrund des Gehörsrechts Funktionsfähigkeit und Gebrauch der Wiedergabemedien auch bei der gerichtlichen Gegenstelle anzeigen[810]. Technische Apparaturen, welche zu Täuschungszwecken genutzt werden können, wie beispielsweise Teleprompter oder ähnliches sind nicht zu dulden. Zudem sollte am anderen Ort ein Telefon im Bereich der Kamera zwecks eines möglichen Kon-

---

807 Siehe 2. Kapitel III. 3.
808 Siehe 2. Kapitel III. 1.
809 Siehe hierzu: 2. Kapitel I, 6. a) und e).
810 Siehe 3. Kapitel VI. 2. a).

trollanrufs sowie eine Dokumentenkamera[811] und ein Telefaxgerät (Ausfall der Dokumentenkamera) vorhanden sein. Ein Defizit in sitzungspolizeilicher Hinsicht legen es Nahe dort nach Möglichkeit kein Publikum zuzulassen[812]. Dementsprechend sollten dort präventiv keine Zuschauerplätze bereitgehalten werden.

e) Datenschutz

Die Aufzeichnung der Bild- und Tondaten und deren Weiter- oder Umleitung an Dritte ist aus Gründen des Datenschutzes unzulässig[813]. Aus präventiven Gründen sollten dementsprechend keine diesbezüglichen technischen Gerätschaften oder Schnittstellen vorhanden sein. Des Weiteren ist für die Durchführung der gerichtlichen Videokonferenz ein verlässlicher Telekommunikationsdiensteanbieter in Anspruch zu nehmen. Diesem obliegt insbesondere die Pflicht notwendige Vorkehrungen zum Schutz des Fernmeldegeheimnisses und der personenbezogenen Videokonferenzdaten zu treffen[814].

II. Technische Anforderungen

1. Netzanforderungen

Als Hauptanforderung an das benutzte Netzwerk stellen Videokonferenzen eine konstante und verlustfreie Datenübertragung. Zudem muss das Netz die zu übertragenden Datenmengen bewerkstelligen können. Der Großteil der Bandbreite wird dabei für die Videodaten benötigt. Für Videokonferenzen ist eine Bandbreite von mindestens 128 kbit/s erforderlich. Diese Übertragungsgeschwindigkeit bietet jedoch nur ein Minimum an Qualität. Für gerichtliche Anwendungen ist daher eine Bandbreite von 385 kbit/s bis 768 kbit/s zu empfehlen. Letzteres gewährleistet eine fernsehbildähnliche Videoqualität.

2. Äußere Anforderungen: Raumgestaltung

Die Qualität einer Videokonferenz kann nicht nur durch hochwertige Hard- und Software, sondern auch durch die Gestaltung des Konferenzraumes noch erheblich verbessert werden, wenn diese auf die technischen Komponenten Rücksicht nimmt[815].

a) Akustik

Videokonferenzräume sollten akustisch so weit wie möglich isoliert und das Echo innerhalb des Raumes z.B. durch geräuschabsorbierende Materialien ge-

---

811 Siehe 2, Kapitel III. 4.

812 Siehe 3. Kapitel IV. 2. b) bb) (2).

813 Siehe 4. Kapitel V.

814 Siehe 4. Kapitel V.

815 Vgl. Abschlussbericht zum Pilotprojekt bei der Verwaltungsgerichtsbarkeit, S. 12 (Vorschlag 6).

ring gehalten werden. Zur Tonwiedergabe sind zurzeit professionelle Aktivlautsprecher wohl am besten geeignet.

b) Hintergrund

Bestimmte Farben sind als Hintergrund bei der Benutzung einer Kamera besonders geeignet. Der Hintergrund sollte grau, blau ein warmes beige, blaugrau oder rosa sein[816]. Das Kontrastverhältnis zwischen Vorder- und Hintergrund sollte insgesamt niedrig sein. Darüber hinaus sollte darauf geachtet werden, dass der Hintergrund den Betrachter nicht ablenkt.

c) Beleuchtung

Der Raum sollte gut ausgeleuchtet sein, weil dieses das Rauschen des Videosignals verringert[817]. Ideal ist eine blendfreie, gleichmäßige Ausleuchtung, die keine Schatten projiziert. Auch die Rückwand sollte schattenfrei ausgeleuchtet sein.

d) Ausstattung

Ein Tisch sollte die Bewegungsfreiheit des Sprechers eingrenzen. Dieses dient einem ruhigen Sitzen, was die Bildqualität bei der Übertragung steigert. Der Sitz des Sprechers sollte aus diesem Grund auch keine Rollen besitzen, sondern möglichst fix installiert sein. Unterschiedliche Personengrößen können mit einem in der Höhe verstellbarem Sitz ausgeglichen werden[818].

e) „Setting" der Kamera

Sie Kamera sollte unmittelbar über oder unter dem Monitor bzw. der Leinwand angebracht sein, um einer Simulation des Blickkontakts möglichst nahe zu kommen. Nur auf diese Art ist gewährleistet, dass der Sprechende in Richtung des Betrachters sieht und von diesem quasi als Gegenüber wahrgenommen wird.

III. Technische Möglichkeiten und Erfahrungen

1. Überblick der verfügbaren Technologien und Systeme

Die diesbezüglichen Ausführungen sind an den unveröffentlichten Untersuchungsbericht zum Einsatz von Videokonferenzsystemen im Rahmen von Zivilprozessen in der Entwurfsfassung vom 16.11.2001, der vom Bayrischen Justizministerium in Auftrag gegeben wurde, angelehnt[819].

a) Aufnahme- und Wiedergabekomponenten

Für jeden Videokonferenzort sind zur Aufnahme und Wiedergabe von Bild und Ton die entsprechenden Komponenten notwendig.

---

816 Vgl. hierzu: DFN, 4.1.3.
817 DFN, 4.1.4.
818 *Günther*, S. 144.
819 Bajtech, S. 12ff.

aa) Kamera

Eine Kamera ist für die Aufnahme von Bildern notwendig. Sie nimmt die Bilder der an der Videokonferenz Beteiligten auf und wandelt diese in Signale um, welche dann an die Gegenstelle übertragen werden können. Die Kamera ist integrierter Teil einer Videokonferenzanlage oder ist an das Übertragungssystem anzuschließen. Die Kamera sollte gewisse optische und mechanische Eigenschaften aufweisen. Auflösung, Zoombereich, Autofokus und Lichtempfindlichkeit sollten eine möglichst gute Wiedergabe ermöglichen. Die Kamera kann schwenkbar installiert werden. Die Ausrichtung aber auch der Zoombereich können dann auch von der Gegenstelle ferngesteuert werden. Eine automatische Sprachverfolgung einer schwenkbaren Kamera ist insbesondere für den Sitzungssaal sinnvoll, damit die Kamera immer in Richtung des Sprechenden ausgerichtet ist.

Neben der normalen Kamera gibt es Dokumentenkameras um Standbilder von Dokumenten mit hoher Auflösung aber niedriger Bildwiederholungsrate aufzunehmen.

bb) Mikrofon

Mikrofone nehmen den Ton auf und wandeln ihn in Signale um. Es ist wie die Kamera an das Übertragungssystem anzuschließen, damit die Signale an die Gegenstelle übertragen werden können. Mikrofone sollten zum Einsatz bei einer Videokonferenz vor allem die Stimme des Sprechenden klar und deutlich aufnehmen können, ohne dabei allzu viel von Hintergrundgeräuschen beeinträchtigt zu werden. Mikrofone unterscheiden sich nach Reichweite und Öffnungswinkel. So gibt es nahempfindliche Standmikrofone, Tischmikrofone, Grenzflächenmikrofone und Richtmikrofone. Die Auswahl ist nach gewünschter Anordnung und den Raumverhältnissen zu treffen. Für den „anderen Ort", wo sich in der Regel nur sehr wenige Personen aufhalten werden, wird sich der Einsatz von Stand- oder Tischmikrofonen empfehlen, während sich im Sitzungssaal, in dem das gesamte akustische Geschehen eingefangen werden soll, der Einsatz von Grenzflächenmikrofonen anbietet.

cc) Monitor oder Projektionsanlage

Zur Wiedergabe des übertragenen Bildes können grundsätzlich Monitore oder ein Projektor mit Leinwand verwendet werden. Entscheidendes Merkmal bei einer Videokonferenz ist die Bildgröße und die Auflösung. Für die Darstellung von Personen wird meistens die beim europäischen Fernsehen übliche PAL-Auflösung mit 768x576 Bildpunkten verwendet, die fast jeder Monitor wiedergeben kann. Da es auf die Wahrnehmung des Bildes durch die Videokonferenzpartner ankommt, darf der Monitor je nach Bildschirmdiagonale nicht zu weit vom Auge des bestimmungsgemäßen Betrachters entfernt sein.

Für den Sitzungssaal, in dem viele Personen gleichzeitig die Darstellung in einem großen Raum verfolgen sollen, empfiehlt sich daher anstelle eines Monitors

oder in Ergänzung dazu ein Videoprojektor (Beamer), der das Bild der Gegenseite auf eine Leinwand projiziert[820].
Es besteht technisch auch die Möglichkeit die Wiedergabefläche aufzuteilen, so dass mehrere Personen oder Kameraeinstellungen gleichzeitig sichtbar sind. Bei einem solchen Verfahren werden die einzelnen Darstellungen jedoch naturgemäß kleiner ausfallen.
Für die Wiedergabe der hochauflösenden Bilder der Dokumentenkamera eignet sich die PAL-Auflösung nur eingeschränkt, so dass unter Umständen an einen separaten hochauflösenden Monitor zu denken ist.

dd) Lautsprecher

Die Lautsprecher sollen den übertragenen Ton in möglichst guter Klangqualität für die jeweiligen Personen wahrnehmbar machen. Die Auswahl der Lautsprecher hat nach deren Leistung zu erfolgen, die auf die Größe des zu beschallenden Raumes abzustimmen ist.

ee) Kombinierte Systeme

Kombinierte Systeme sind Kombinationen aus Übertragungssystem sowie aufeinander abgestimmten Aufnahme- und Wiedergabesystemen. Spezielle Systeme für den Einsatz in der Justiz gibt es zurzeit noch nicht, jedoch bewerben Hersteller und Vertreiber ihre allgemeinen Anlagen zum Teil schon mit dieser Möglichkeit[821].

(1) Einzelplatzsysteme

Einzelplatzsystemen sind Videokonferenzlösungen für den Einzelarbeitsplatz und lassen sich in Desktop- und Settop-Systeme unterscheiden. Desktop-Systeme sind in einen PC integriert, der dann die Arbeit des Übertragungssystems übernimmt und dessen Wiedergabe- und Aufnahmekomponenten für die Videokonferenz benutzt werden. Settop-Systeme sind Videokonferenzlösungen, bei denen alle notwendigen Hard- und Softwarekomponenten in einer kompakten Einheit integriert sind. Hier wird zusätzlich ein Monitor mit Lautsprechern oder ein Fernsehgerät benötigt.

(2) Kompaktsysteme

Unter Kompaktsystemen versteht man die Zusammenfassung des Übertragungssystems und der Aufnahmesysteme zu einer portablen Einheit. Wiedergabesysteme müssen meistens noch gesondert angeschlossen werden. Durch Integration aller Komponenten auf einem Rollwagen ist eine große Flexibilität und Mobilität zu erreichen. Denkbar ist auch die Wiedergabesysteme fest

---

820 So geschehen beim Projekt Virtuelles Verwaltungsgericht beim VG Sigmaringen: Abschlussbericht zum Pilotprojekt bei der Verwaltungsgerichtsbarkeit, S. 9.
821 Beispielsweise:
http://www.tenovis.de/deutsch/Themenseiten/ErfolgreichverhandelnundKostensparenmitV.htm (Stand: 10.10.2002).

in einem oder mehreren Räumen zu installieren und das Kompaktsystem bei Bedarf hinzuzuziehen.

(3) Raumsysteme

Raumsysteme sind die High-End-Geräte der Videokonferenzanlagen, die für die Übertragung in einem größeren Raum konzipiert sind und meistens dauerhaft in diesem aufgestellt werden. Sie zeichnen sich insbesondere durch eine optimale Raumabdeckung und die Anschlussmöglichkeit umfangreicher Peripheriegeräte aus. Diese Form einer Videokonferenzanlage ist besonders dann von Vorteil, wenn größere Gruppen an der Videokonferenz beteilt sind oder wenn an mehrere Positionen im Raum Personen sprechen. Das Raumsystem entspricht demnach den Anforderungen einer Videokonferenzanlage im Sitzungssaal.

b) Übertragungssysteme

Das Übertragungssystem besteht im Wesentlichen aus einem Codec. Hinzu kommen Schnittstellen für die Aufnahme und Wiedergabesysteme, sowie einem vom Übertragungsnetz abhängigen Sende- und Empfangsmodul[822].

Ein Codec (Coder-/Decoder) digitalisiert und komprimiert die Informationen der Aufnahmesysteme und wandelt die Bild- und Toninformationen in ein bestimmtes Datenformat für die Übertragung über ein digitales Netz um und umgekehrt auch wieder in die entsprechenden Informationen für die Wiedergabesysteme zurück. Um die Bild- und Toninformation zwischen verschiedenen Orten in Form einer Videokonferenz austauschen zu können, ist es notwendig, dass alle Seiten der Videokonferenz ein einheitliches Datenformat benutzen. Daher wurden entsprechende internationale Standards für die Kodierung von Bild- und Toninformationen entwickelt und von der International Telecommunication Union (ITU) definiert. Die ITU ist eine Unterorganisation der UNO und für die Zuteilung der Sende- und Empfangsfrequenzen, die Förderung neuer Telekommunikationsentwicklungen und die Abstimmung des Fernmeldewesens auf internationaler Ebene verantwortlich[823]. ITU-T-Standards für die Kodierung von Bild- und Toninformationen tragen Namen wie H.261, G.711 oder T.120[824].

Der Codec beeinflusst neben der Übertragungsbandbreite auch die Bildwiederholungsrate, welches einer der wichtigsten Parameter für die Qualität einer Videokonferenz ist. Das europäische Fernsehen (PAL) liefert beispielsweise 25 Bilder pro Sekunde. Unterhalb einer Bildwiederholungsrate von 15 Bildern in der Sekunde nimmt das menschliche Auge eine Folge von Einzelbildern war. Weiterhin ist die Zeitverzögerung durch die Kodierung der Bild- und Toninformationen für die Qualität ausschlaggebend. Zusammen mit der Zeitverzögerung

[822] Bajtech, S. 15.
[823] *Günther*, Videokonferenz in der Lehre, 2001, S. 112.
[824] Vgl. zu den verschiedenen ITU-T-Standards: Bajtech, S. 16ff.

für den Transport durch das Netz sollte diese weniger als 300ms betragen, um einer face-to-face Kommunikation nahe zu kommen.

c) Übertragungsverfahren

Die im Codec kodierten Daten der Videokonferenz müssen über ein Netz zur Gegenstelle transportiert werden. Das derzeit gängigste Verfahren im professionellen Bereich ist die Übertragung über das digitale Telefonnetz ISDN. Das analoge Telefonnetz spielt aufgrund der geringen Übertragungsperformance für gehobene Ansprüche keine Rolle mehr. Alternativ kann eine Übertragung über Rechnernetze wie z.B. das interne Justiznetz oder das für jedermann zugängliche Internet mittels eines paketvermittelnden Übertragungsverfahrens (IP) erfolgen.
Um herstellerunabhängig Videokonferenzen umzusetzen hat die ITU auch für die Übertragung der Daten in Abhängigkeit von dem jeweiligen Übertragungsnetz internationale Festlegungen getroffen (ITU-T H.320- H.324).
Im Folgenden werden die wichtigsten Übertragungsverfahren kurz dargestellt.

aa) ISDN (H.320)

Im professionellen Bereich ist die Übertragung mittels ISDN die am weitesten Verbreitete Übertragungsform für Videokonferenzen. ISDN (Integrated Services Digital Network) ist kurz gesagt, ein diensteintegrierendes digitales Telekommunikationsnetz, das zahlreiche unterschiedlichen Telekommunikationsdienste, wie Telefonie, Fax, Daten – und Bildübertragung in einer einheitlichen Übertragungsform über eine einzige Telekommunikationsleitung digital übermittelt; sicher und störungsfrei[825]. Im ITU-Standard H. 320 wird das Verfahren für eine Übertragung der Audio- und Videodaten über ISDN-Verbindungen beschrieben. Ein ISDN-Kanal liefert eine Übertragungsrate von feststehenden 64.000 bit/s. Durch die Bündelung mehrerer Nutzkanäle lässt sich die Übertragungsrate theoretisch noch bis ins Unzählige erweitern[826]. Für den Aufbau einer Videokonferenzverbindung muss lediglich die ISDN-Rufnummer der Gegenseite gewählt werden. Die zwei Videokonferenzterminals handeln dann untereinander die Parameter der Verbindung aus und bauen die Verbindung unter Verwendung der gewünschten Anzahl von ISDN-B-Kanälen auf. Bei 6 ISDN-B-Kanälen steht ein Bandbreite von 384 kbit/s während der gesamten Dauer der Videokonferenz exklusiv zur Verfügung.
Videokonferenzen über ISDN sind Punkt-zu-Punkt-Verbindungen wie bei einem Telefonat. Für Mehrteilnehmerkonferenzen ist daher ein zentrales System, ein Telekommunikationsserver (ISDN-MCU), mit einer ausreichenden Anzahl an ISDN-Anschlüssen notwendig. Ein Primärmultiplexanschluss (PMX-Anschluss) stellt im Gegensatz zu einem Basisanschluss nicht nur 2-ISDN-B-Kanäle, sondern 30 zur Verfügung. An diesen ist der Telekommunikationsserver anzuschließen.

---

825 *Gulich*, S. 11- zu weiteren Einzelheiten siehe dort.
826 *Gulich*, S. 11.

bb) Internet Protokoll (H.323)

Das Internet Protokoll (IP)[827] stellt im Gegensatz zu ISDN keine direkte Verbindung zwischen den Teilnehmern her. Informationen werden in Datenpakete aufgeteilt und in durchnummerierte elektronische Briefumschläge mit Sender- und Empfängeradresse verpackt. Die Datenpakete werden unabhängig voneinander ins jeweilige Netz[828] geschickt und von Routern[829], eventuell über unterschiedliche Wege, zum Empfänger geleitet. Beim Empfänger werden die Datenpakete wieder zur vollständigen Information zusammengesetzt.

Während bei einer ISDN-Verbindung eine feststehende Übertragungsrate zur Verfügung steht, stehen bei IP-Netzwerken (Internet/Intranet) im Allgemeinen keine festen Bandbreiten zur Verfügung. Sowohl die Anzahl der zwischen den Teilnehmern befindlichen Router als auch das Datenvolumen im Netz oder die Art der Anbindung an das Netz bestimmen die in der Videokonferenz erzielbare Datenrate.

Hier offenbaren sich schon Probleme einer Videokonferenz über Rechnernetze mit dem Internet Protokoll (IP). Es kann zu Verzögerungszeiten oder Verlust einzelner Datenpakete kommen, was im Gegensatz zum Filetransfer bei Echtzeitübertragungen zu Problemen führt. Fallen im normalen Datenverkehr Verlustraten von 5 Prozent kaum ins Gewicht, wirkt sich bei Videokonferenzen bereits ein Datenverlust von einem Prozent störend auf die Qualität der Audio- und Videodarstellung aus[830]. Des Weiteren ist durch die wechselnden Übertragungsraten aufgrund der unterschiedlichen Routerauslastung keine dauerhafte Bild- und Tonqualität gesichert.

Die Datenübertragung in Rechnernetzen kann auf unterschiedlichsten Wegen erfolgen. Die Videokonferenzterminals können über das analoge Telefonnetz, über ISDN, DSL-Technologien(ADSL/SDSL) über einen Satelliteneinsatz oder zukünftig der Steckdose an das jeweilige Netz angeschlossen sein. Das paketvermittelnde Prinzip liegt jedoch allen Formen der Anbindung zugrunde, so dass auf die einzelnen Übertragungswege nicht im Einzelnen eingegangen werden soll.

Im ITU-Standard H.323 werden Geräte und Services beschrieben, die eine Echtzeitübertragung von Multimediadaten in IP-Netzen ermöglichen. Dabei werden die vier Komponenten Terminals, Gatekeeper, Gateway und MCU (Multipoint Control Unit) definiert. Terminals sind die Endgeräte, welche die Audio- und Videokommunikation unterstützen und an denen die vorgenannten Komponenten angeschlossen werden.

---

827 Hierzu ausführlich: *Germann*, S. 61ff.

828 LAN (Local Area Network), Internet oder Intranets

829 Hierunter sind Knotenrechner zu verstehen, die über den weiteren Weg der Datenpakete bestimmen. Ein IP-Netz besteht aus einer Vielzahl derartiger Rechner im Gegensatz zum leistungsvermittelnden Telefonnetz, vgl. hierzu: *Germann*, S. 64ff.

830 DFN, 3-2.

Der Gatekeeper ist die Zentraleinheit eines H.323 Netzwerkes. Er ist für die Adressierung und Authentifizierung der Terminals und die Bandbreitenorganisation der Verbindungen innerhalb einer so genannten H.323-Zone zuständig. Die MCU stellt ein besonderes Steuerungsgerät für die Regelung des Datenverkehrs bei einer Mehrteilnehmerkonferenz dar. Über die Gateways können verschiedenen Übertragungsverfahren miteinander kombiniert werden.

cc) G-QoS (H.322)

G-QoS garantiert bestimmte Quality-of-Service-Parameter in Rechnernetzen, die durch eine Kodierung nach dem ITU-Standard H.322 genutzt werden können. Dieses erlaubt u.a. eine Priorisierung von IP-Datenpaketen. In einem herkömmlichen IP-Netz, in dem die Bandbreite für die Übertragung einer Videokonferenz von der aktuellen Netzbelastung abhängt, können durch QoS-Parameter garantierte Bandbreiten für die Daten einer Videokonferenz zur Verfügung gestellt werden.
Voraussetzung hierfür ist die Unterstützung dieser QoS-Merkmale durch alle Netzelemente des IP-Netzes. Viele Router bieten z.B. die Möglichkeit, mit Hilfe des Resource Reservation Protokolls (RSVP) während der Dauer einer Verbindung in allen beteiligten Netzelementen Bandbreiten zu reservieren. Die Einführung von einheitlichen QoS-Merkmalen steht jedoch erst am Anfang und wird insbesondere vom Internet noch nicht unterstützt.

dd) ATM (H.321)

Bei ATM (Asynchronous Transfer Mode) handelt es sich um eine Technik der schnellen Paketvermittlung und ist bereits seit 1990 international standardisiert ist. Es wurde für Breitbandfernnetze entwickelt und wird heute auch auf kleineren, lokalen Netzen implementiert. In einem ATM-Netz bestehen mehrere virtuelle Verbindungen mit garantierter Bandbreite zwischen zwei Endgeräten, was für eine Videokonferenz mittels des ITU-Standards H.321 ausgenutzt werden kann.

ee) PSTN (H. 324)

Im ITU-Standard H.324 wird das Verfahren für eine Übertragung von Videokonferenzen über Verbindungen mit besonders niedriger Datenübertragungsrate beschrieben, wie sie zum Beispiel bei analogen Telefonverbindungen zur Verfügung stehen. Die Qualität der Videokonferenzen ist dementsprechend gering.

d) Datenschutz

Die Datensicherheit hängt wesentlich von dem Übertragungsweg ab, denn ein Mithören von Videokonferenzen ist möglich, sobald der Datenstrom zwischen den Endgeräten abgehört werden kann.

aa) Rechnernetz

Bei IP- Verbindungen (ITU-Standard H. 323) lässt sich die Datensicherheit am ehesten mit der Sicherheit von einer E-Mail vergleichen[831]. Es gehört zu den Merkmalen der IP-Netze, dass sich die Daten selbst ihren Weg suchen. Dabei wird in den seltensten Fällen die kürzeste Strecke oder auch nur die mit den wenigsten Routern benutzt. Daten werden also oftmals über Netzknoten im Ausland[832] geleitet und passieren eine Vielzahl von Schaltstellen, an denen die Daten abgefangen, wiedergegeben oder aufgezeichnet werden können. Dieses ist im Netzwerk grundsätzlich durch alle daran angeschlossenen Geräte möglich, im Internet also eine unüberschaubare Anzahl. Eine Verschlüsselung, die eine sinnlich wahrnehmbare Wiedergabe der abgefangenen Daten verhindern könnte, ist im Standard nicht vorgesehen. Der Standart H.235, welcher die Vertraulichkeit von Konferenzen im IP-Bereich sichern soll, ist seit November 2000 in Arbeit. Verschlüsselungstechnologien, die es ermöglichen vertrauliche Daten mit wenig Aufwand mit dem „öffentlichen Schlüssel" des Adressaten so zu erstellen, dass sie einzig vom berechtigten Empfänger mit Hilfe seines „privaten Schlüssels" wieder in die ursprüngliche Information verwandelt werden können -so genannte Kryptographien-, können zwar prinzipiell eingesetzt werden, führen bei Echtzeitübertragungen jedoch zu zusätzlichen Verzögerungen.

bb) Digitales Telefonnetz

Hier liegt grundsätzlich eine datenschutzrechtlich unproblematische Punkt-zu-Punkt-Verbindung vor[833]. In diese Telefonleitungen könnte sich ein fremder Dritter nur über die Vermittlungsstelle des Diensteanbieters zuschalten. Die diesbezüglichen Sicherheitsmaßnahmen der Diensteanbieter[834] werden von der Regulierungsbehörde im Rahmen des Zulassungsverfahrens geprüft. Zudem können zusätzlich Verschlüsselungsboxen (Kryptoboxen) hinter bzw. vor dem Gerät eingesetzt werden, welche eine abhörsichere Übertragung gewährleisten. Auch eine Verschlüsselung durch Software ist möglich.

Bei einer Mehrteilnehmerkonferenz bestimmt der Telekommunikationsserver des Diensteanbieters, welcher Teilnehmer sich der Konferenz zuschalten kann. Ein fremder Dritter kann diese Sicherheitssperre nur schwer überwinden.

---

831 Siehe *Hamm*, Datenschutz im Internet durch Verschlüsselung von E-Mails, DRiZ, 418 (420ff.).

832 Hier gelten deutsche Datenschutzbestimmungen nicht, womit eine der Datenschutz einer gesetzlichen Reglementierung entzogen ist.

833 Vgl. zur Datensicherheit bei Punkt-zu-Punkt-Verbindungen: *Geiger*, in: ZRP 1998, 365 (366).

834 Zur diesbezüglichen Verpflichtung siehe: 4. Kapitel IV. 2.

2. Erfahrungen der Pilotprojekte

a) Der Einsatz der Videotechnik beim Finanzgericht Baden-Württemberg

Beim Finanzgericht Baden-Württemberg begann am 28.01.1998 das erste Pilotprojekt zum Einsatz der Videokonferenztechnik im gerichtlichen Verfahren, welches zunächst ein halbes Jahr durchgeführt werden sollte. Der Vorschlag hierzu wurde von der Arbeitsgruppe, die „Zur Prüfung der Einsatzmöglichkeiten elektronischer Medien in Gerichtsverfahren“ eingesetzt[835] wurde, erarbeitet und auf der Justizministerkonferenz 1997 in Saarbrücken einstimmig beschlossen. Innerhalb von sechs Monaten hat das Finanzgericht in Stuttgart etwa 30 Gerichtstermine mittels Videokonferenzschaltungen durchgeführt. Die Erfahrungen, welche im Abschlussbericht[836] vom 29. Juli 1998 niedergelegt wurden, sollen im Folgenden in den wichtigsten Punkten zusammengefasst dargestellt werden. Dabei muss jedoch beachtet werden, dass die Videokonferenztechnik seit 1998 erhebliche Fortschritte gemacht hat, so dass die Erfahrungen des Pilotprojektes heute nur noch eingeschränkt von Nutzen sein können.

aa) Ausstattung

Im Sitzungssaal des Finanzgerichts Baden Württemberg und dem Finanzamt Heidelberg wurde das Raumsystem PictureTelVenue 2300 von Sony fest installiert. Die Steuerberaterkammer Nordbaden war mit einem Desktop-System ausgestattet. Als Übertragungsnetz wurde das digitale Telefonnetz ISDN genutzt. In dem Gericht wurde ein Primärmultiplexanschluß (PMX-Anschluss) installiert, so dass 30 ISDN-B-Kanäle zur Verfügung standen. Zudem ermöglichte ein daran angeschlossener Telekommunikationsserver (ISDN-MCU) die Steuerung von Mehrteilnehmerkonferenzen.

Das Raumsystem des Finanzgerichts hatte im Einzelnen folgende Komponenten: Einen PC, der ausschließlich für die Steuerung der Videokonferenzanlage zuständig war, eine Fernbedienung zur Steuerung der Videokonferenz, Anwahl der Teilnehmer, Schwenken der Kamera, zwei 29- Zoll Monitore, eine Dokumentenkamera, ein Saalmikrofon und ein Lautsprechersystem. Ein Primärmultiplexanschluss, der für die Durchführung von Mehrteilnehmerkonferenzen notwendig ist, wurde beim Finanzgericht vorgehalten.

---

835 Diese Arbeitsgruppe wurde auf der Herbstkonferenz der Justizministerinnen und –minister vom 20. bis 21. November in Magdeburg eingesetzt. Mitglieder dieser Arbeitsgruppe waren das Justizministerium Baden-Württemberg, die Justizverwaltungen der Länder Bayern, Berlin, Nordrhein-Westfalen, Rheinland-Pfalz, Sachsen und Thüringen sowie das Bundesministerium der Justiz.

836 Abschlussbericht zum Pilotprojekt bei der Finanzgerichtsbarkeit (einsehbar beim Verfasser); Zum Pilotprojekt siehe auch: *Geiger*, in: ZRP 1998, 365ff.

bb) Durchführung der Videokonferenz

Die Erstinstallation wurde von einem Techniker vorgenommen. Laufende Ergänzungen und Einstellungen der Anlage, insbesondere die Anlage eines Telefonverzeichnisses samt Eingabe deren Leistungsmerkmale, wurden im Folgenden durch die Nutzer selbst vorgenommen. Anschließend konnte allein durch Eingabe der Kurzwahlnummern eine Verbindung hergestellt werden.

Bei Zweiteilnehmerkonferenzen konnte die Verbindung durch Auswahl der Kurzwahlnummer aufgebaut werden. Sofern die Inaugenscheinnahme von Dokumenten notwendig war, konnte das Dokument mittels der Dokumentenkamera aufgenommen und übertragen werden. Probleme ergaben sich in der Praxis, wenn es sich um ein Dokument mit kleiner Schrift oder vielen Zahlen handelte. Hier musste auf den Teilbereich der Seite fokussiert werden. Als besonders vorteilhaft wurde die Tatsache empfunden, dass auch die kurzfristige Auskunft von Personen möglich war, die sonst nicht bei dem Gerichtstermin anwesend wären, sich aber am „anderen Ort" aufhielten. Bei der Durchführung einer Videokonferenzschaltung war kein weiteres Bedienerpersonal von Nöten. Die gesamte „Wartung" der Anlage wurde durch den Bediener der Anlage vorgenommen.
Die Durchführung einer mündlichen Verhandlung erfordert nach den Erfahrungen des Pilotprojektes 6 ISDN-B-Kanäle (384 kbit/s) um eine gute Bild und Tonqualität zu erreichen. Beim Finanzgericht wurden aus Kostengründen nur 4 ISDN-B-Kanäle (246 kbit/s) verwendet, was auch noch eine zufriedenstellende Darstellung ermöglichte.

Bei der Durchführung einer Mehrteilnehmerkonferenz musste zunächst der Multipointserver mittels einer Software[837] programmiert werden. Es konnte bestimmt werden, ob sich die Teilnehmer selbst zur Videokonferenz einwählen müssen oder ob dieses das Finanzgericht vornimmt. Der Aufbau einer Mehrteilnehmerkonferenz erfordert nach den Erfahrungen des Pilotprojekts im Gegensatz zur Zweierkonferenz eine entsprechende Schulung oder einschlägige EDV-Kenntnisse. Bei einer Mehrteilnehmerkonferenz konnte auf dem Bildschirm grundsätzlich immer nur die Partei gesehen werden, die gerade spricht. Dieses kann jedoch durch eine Erweiterung der Anlage durch die Funktion „continuous presence" vermieden werden. Dann sind alle Beteiligten sichtbar, was jedoch zur Folge hat, dass der Bildschirm dementsprechend unterteilt werden muss und die einzelnen Darstellungen kleiner werden. In der Praxis waren jedoch 95% aller Fälle Zweierkonferenzen.

[837] PictureTel Workstation

cc) Erfahrungen

Im Gerichtssaal waren zwei Monitore erforderlich. Einer war in Richtung der Richterbank und der Zweite in Richtung der anwesenden Partei ausgerichtet. Da nur eine Kamera im Gerichtssaal installiert war, konnte entweder nur die Richterbank oder eine Partei aufgenommen werden. Durch Fernsteuerung einer schwenkbaren Kamera kann dieses Problem behoben werden. Feste Kamerapositionen konnten einprogrammiert und die Kamera durch Knopfdruck ausgerichtet werden.

Es kam kaum zu geänderten Verfahrensabläufen innerhalb des Gerichts. Bei der Terminierung musste allein berücksichtigt werden, dass die Videokonferenzanlage fest in einem bestimmten Sitzungssaal installiert war und von daher auch Erörterungstermine im Saal stattfinden mussten, wenn auf die Videokonferenztechnik zurückgegriffen werden sollte.

Mit der Ladung zum Termin wurde ein Hinweis auf die Videokonferenzanlage versandt und im Protokoll über den Termin wurde zuerst vermerkt, ob sich die Beteiligten mit der Durchführung der Videokonferenzschaltung einverstanden erklärt oder gegen diese Einwände erhoben haben.

dd) Fazit

Das Fazit des Abschlussberichtes über den Einsatz der Videokonferenztechnik beim Finanzgericht Baden-Württemberg wird im Folgenden zitiert:

> *„Entgegen den ursprünglichen Befürchtungen, dass die Videokonferenz zu einem unpersönlichen Klima führen würde und die Erledigung eines Rechtsstreits erschweren könnte, trat der gegenteilige Effekt ein. Mit der neuen Technik ist eine zügigere Erledigung des Rechtsstreits möglich.*
>
> *Bei einer Videokonferenzsitzung sind der persönliche Eindruck, die Wahrnehmung der Körpersprache und die Atmosphäre nicht vergleichbar mit der Situation, wenn alle Parteien im Gerichtssaal anwesend sind. Dieser Nachteil verschwindet aber mit der Häufigkeit, mit der man Videokonferenzschaltungen nutzt.*
>
> *Befragt man die Kläger über ihren persönlichen Eindruck, so erhält man die Antwort, dass sie das Gefühl hatten, auch der lediglich telefonisch anwesende Vertreter des Beklagten habe ihnen zugehört und ihre Argumente gewürdigt. Eine persönliche Anwesenheit des Vertreters des Beklagten wurde von keinem Kläger für erforderlich gehalten."*[838]

---

[838] Abschlussbericht zum Pilotprojekt bei der Finanzgerichtsbarkeit, S. 19.

b) Projekt Virtuelles Verwaltungsgericht

Im verwaltungsgerichtlichen Verfahren wurde im Auftrag des Justizministeriums Baden-Württemberg am Verwaltungsgericht Sigmaringen vom 01.10.1999 bis 31.08.2001 ebenfalls ein Pilotprojekt zum Einsatz der Videokonferenztechnik durchgeführt. Projektpartner waren das Regierungspräsidium Tübingen und die Stadt Friedrichshafen. Insgesamt wurden unter Beteiligung sämtlicher Kammern des Verwaltungsgerichts ca. 75-90 Verwaltungsrechtsfälle videokonferenztechnisch unterstützt verhandelt. Der Abschlussbericht[839] datiert vom 14.09.2001 und soll im Folgenden ebenfalls in den wichtigsten Punkten zusammengefasst wiedergegeben werden.

aa) Ausstattung

Das Verwaltungsgericht wurde zunächst mit einem Kompaktsystem ausgestattet, welches sich jedoch aufgrund der schlechten Qualität als ungeeignet zur Führung von Rechtsgesprächen erwies. Ersatzweise wurde das Raumsystem Viewstation 512 MP[840], ein Produkt der Firma Polyspan, beschafft. Auch die Stadt Friedrichshafen und das Regierungspräsidium Tübingen waren mit dieser Anlage ausgestattet.

Zur Wiedergabe wurden im Gerichtssaal zunächst ein Monitor und ein lichtstarker Beamer eingesetzt, welcher das von der zugeschalteten Stelle übertragene Bild an die Seitenwand auf eine reflektierende Leinwand projizierte. Später wurde auf den Monitor verzichtet. Nachdem sich der Verstärker und Lautsprecher des Bildschirms zur Wiedergabe des Tons nur als mäßig geeignet erwies, wurde ein handelsüblicher Verstärker und Lautsprecher angeschafft.

Die Videoanlage wurde zunächst zusammen mit dem Monitor auf einem Aktenwagen montiert und bei Bedarf mit großem Aufwand im Sitzungssaal aufgestellt und angeschlossen. Um diesen Aufwand zu vermeiden wurde sodann die Festinstallation der Videokonferenzanlage im Sitzungssaal veranlasst. Die Lautsprecher wurden seitlich der Leinwand montiert. Der Aufwand für die Betreuung der Anlage und die Störungsanfälligkeit wurden dadurch entscheidend reduziert.

Die Videokamera wurde im Sitzungssaal an der zur Richterbank frontal gegenüberliegenden Saalwand angebracht, jedoch nicht über der Projektionsfläche. Um den Zugeschalteten einen Blick auf den gesamten Spruchkörper zu ermöglichen, musste sich diese in ausreichender Entfernung befinden. Der Blickwinkel der Kamera konnte von dem Zugeschalteten selbst durch eine Fernsteuerung bestimmt werden.

---

[839] Abschlussbericht zum Pilotprojekt bei der Verwaltungsgerichtsbarkeit, Download unter: http://www.justiz.baden-wuerttemberg.de/vg/VGSIG/VKAbschlussbericht.doc (Stand: 13.09.2002), (einsehbar beim Verfasser).

[840] Nähere Angaben unter http://www.polyspan.com/ps/xx/en/products/video/video_medium.html (Stand 13.09.2002).

Auch bei diesem Pilotprojekt wurde als Übertragungsnetz das digitale Telefonnetz ISDN genutzt. Das Verwaltungsgericht wurde erst mit drei später mit vier ISDN-Basis-Anschlüssen ausgestattet. Von dem Telefondiensteanbieter Tesion wurde auf die Deutsche Telekom AG umgestellt, nachdem sich das Netz von Tesion als störungsanfällig erwies. Zudem wurde auf die Ableitung von ISDN-Anschlüssen aus der hausinternen Telefonanlage verzichtet, um Störungen der Videokonferenz zu begegnen. Für Mehrteilnehmerkonferenzen wurde der Primärmultiplexanschluss (PMX-Anschluss) der Polizeistation Sigmaringen genutzt. Im Gerichtssaal befand sich des Weiteren eine Dokumentenkamera.

bb) Durchführung der Videokonferenz

Die Anlage konnte nach der Festmontage von jedem Richter mit einem zentralen Schalter ein- und ausgeschaltet werden.
Die Anlage Viewstation 512 MP hat sich in technischer Hinsicht bewährt. Die Qualität der in den Sitzungssaal des Verwaltungsgerichts übertragenen Bild- und Tondaten ermöglichte zwar keine fernsehbildähnliche Darstellung, wurde aber von den Beteiligten als brauchbar eingestuft. Die Bedienbarkeit der Anlage erwies sich als einfach und konnte grundsätzlich nach kurzer Einweisung von jedem Richter vorgenommen werden. Die besten Ergebnisse wurden bei einer Konferenz zwischen den Videokonferenzsystemen desselben Typs erreicht. Nach ein paar anfänglichen Störungen lief die Anlage störungsfrei.

Zur Übertragung wurden üblicherweise ebenfalls 6-ISDN-B-Kanäle (384 kbit/s) verwand. Bei einer Verbindung mit zwei Stellen sank die Übertragungsrate auf 256 kbit/s, bei einer Verbindung mit drei Stellen auf 128 kbit/s.

Eine Simulation des Blickkontaktes zwischen den Teilnehmern wurde durch die Aufstellung nicht unterstützt. Da die Betrachter im Sitzungssaal auf die seitliche Projektionsfläche blicken, die Kamera sich aber an der frontalen Wand befindet, schauen diese für den Zugeschalteten an Ihm vorbei.

Ein Mehraufwand für die Terminierung von mündlichen Verhandlungen mit Videokonferenztechnik fiel aufgrund organisatorischer Maßnahmen nicht an. Der Aufwand für die Bereitstellung der Anlage, Buchung des Videokonferenzraumes bei der zugeschalteten Stelle, Test etc. wurde vom nichtrichterlichen Personal erledigt.

Der Erfolg einer Videokonferenz hängt nicht nur von der Anlage beim Gericht, sondern auch von der Funktionsfähigkeit der Anlage bei der Gegenstelle ab. Daher wurde dazu übergegangen am Tag vor der Videokonferenz eine kurze Testschaltung vorzunehmen.

cc) Erfahrungen

Nach der ganz überwiegenden Bewertung der Richter, der Rechtsanwälte und Behördenvertreter ist die erprobte Videokonferenztechnik für das gerichtliche Verfahren prinzipiell geeignet. Nach anfänglicher Skepsis bezüglich der technischen Machbarkeit und der Alltagstauglichkeit überzeugten die positiven Erfahrungen mit der Videokonferenztechnik. Diese positive Einschätzung gilt jedoch nicht für alle Verfahren gleichermaßen. Bei Verfahren, in denen gemeinsam Pläne (insbesondere im baurechtlichen Verfahren) eingesehen werden müssen, wird eine Anwesenheit der Beteiligten im Gerichtssaal vorgezogen. Die Dokumentenkamera vermag ein gemeinsames Einsehen gegenwärtig noch nicht zu ersetzen. Dieses gilt insbesondere bei großen Plänen. Aber auch bei Dokumenten normaler Größe sind Probleme aufgetreten. Abhilfe könnten zur Verfügung stehende Faxgeräte schaffen. Auch bei Verfahren, in denen es auf den persönlichen Eindruck bzw. der Glaubwürdigkeit des Klägers oder von Auskunftspersonen ankomme, wurde die Videokonferenz insbesondere von Rechtsanwälten als ungeeignet befunden. Praktische Erfahrungen wurden insofern aber nur im geringen Maße gemacht. In der Diskussion wurde herausgearbeitet, dass bezüglich der Aussagenbewertung auf die Aussageanalyse abzustellen sei und dass dieses auch bei einer Zuschaltung erfolgen könne. Der Einwand wurde dahingehend konkretisiert, dass den Zugeschalteten das Gefühl der Konfrontation fehlen könne. Von denjenigen Richtern, welche sich eine gewisse Routine mit der Videokonferenz angeeignet hatten, wurden lediglich noch diejenigen Verfahren als ungeeignet für die Videokonferenz angesehen, bei denen eine große Anzahl von Beteiligten an der Verhandlung teilnimmen oder bei denen gemeinsam große Pläne und Unterlagen eingesehen werden müssen.

Kommunikative Veränderungen wurden in Form von einem abgeänderten Verhalten der Zugeschalteten als auch in der nonverbalen Kommunikation festgestellt. Diese wird aber nicht als schwerwiegend beurteilt. Es wird nicht davon ausgegangen, dass durch die Veränderungen das Verhandlungsergebnis beeinflusst werden kann. Die Technik tritt beim Rechtsgespräch mittels Videokonferenztechnik nach kurzer Zeit in den Hintergrund und der Zugeschaltete wirkt präsent.

Nach dem Abschlussbericht wird der Einsatz der Videokonferenztechnik für wirtschaftlich sinnvoll gehalten und führt zu einer Effizienzsteigung der Justiz. Dieses gilt umso mehr, wenn weitere Konferenzanlagen an anderen Orten geschaffen werden, so dass eine erweiterte Auslastung der bei Gericht vorhandenen Videokonferenzanlage möglich ist.

dd) Fazit

In der Zusammenfassung des Abschlussberichtes wird insbesondere auf die Notwendigkeit der Schaffung eines einheitlichen Justizstandards für Videokonferenztechniken hingewiesen. Dieses scheint deshalb notwendig, weil man die Erfahrung gemacht habe, dass die Videokonferenztechnik (Stand 2000) noch nicht derart leicht zu bedienen sei wie z.B. ein Fernsehgerät, Videorecorder oder Telefon. Ein einheitlicher Standard wird Fehlinvestitionen zu vermeiden helfen. Des Weiteren wird aber das positive Ergebnis des Pilotprojekts wie folgt zusammengefasst:

> *„Der Einsatz der Videokonferenztechnik für das verwaltungsgerichtliche Verfahren entspricht dem Interesse der Beteiligten an einem schnellen und leicht zugänglichen Rechtsschutz. Erfolgt der Einsatz mit geeigneter Technik und Augenmaß bezüglich der Auswahl geeigneter Verfahren, wird die Durchführung der mündlichen Verhandlung nicht nur nicht beeinträchtigt sondern unterstützt. Mit dem Einsatz von Videokonferenztechnik ist aber ein bleibender technischer Aufwand verbunden, welcher von den Gerichten geleistet werden muss."*[841]

IV. Umsetzungsthesen: Justizstandard

Vorgehende Ausführungen haben gezeigt, dass Videokonferenzen einige Komplexität in technischer und organisatorischer Hinsicht aufweisen. Die Mannigfaltigkeit der auf dem Markt befindlichen Videokonferenzkomponenten, deren Kombinationsmöglichkeiten und die unterschiedlichen Wege der Datenübertragung erfordern erhebliche Sachkompetenz bei der Auswahl geeigneter Videokonferenzanlagen. Dieses legt die Forderung nach einem einheitlichen Justiz-Standard nahe[842]. Da die Videokonferenztechnik insbesondere Entfernungen überwinden helfen soll, muss die Entwicklung separater Standards in den Ländern vermieden werden. Zur Sicherstellung Länderübergreifender Kompatibilität ist vielmehr ein bundeseinheitlicher Justiz-Standard zu schaffen. Dieser sollte sowohl in technischer als auch in organisatorische Hinsicht Festlegungen enthalten. Im Folgenden wird der notwendige Umfang eines solchen Standards abgesteckt und -soweit möglich- auch Richtungsangaben gemacht:

- Übertragungssystem
  Wichtigste Komponente bei der Auswahl zueinander kompatibler Videokonferenzanlagen ist der einheitliche am Übertragungsverfahren orientierte Codec mit seinen Leistungsmerkmalen und Anschlussmöglichkeiten. Die Aufnahme und Wiedergabekomponenten sind durch ihre

---

841 Abschlussbericht zum Pilotprojekt bei der Verwaltungsgerichtsbarkeit, S.23.

842 Diesen fordert auch: Abschlussbericht zum Pilotprojekt bei der Verwaltungsgerichtsbarkeit, S. 7f. (Vorschlag 3).

standardisierten Schnittstellen unabhängig vom zu Grunde liegenden Übertragungsverfahren[843].

- Übertragungsverfahren
  Um eine Kompatibilität zwischen den anzuschaffenden Videokonferenzanlagen sicherzustellen sollte ein einheitliches Übertragungsverfahren vorgegeben werden. Zwar ist es möglich über so genannte Gateways die verschiedenen Übertragungsverfahren miteinander zu kombinieren, jedoch würde dieses zusätzlichen Organisationsaufwand, Fehlerquellen und vor allem Kosten verursachen.

  Videokonferenzen über das Internet entsprechen derzeit nicht den Anforderungen, die beim gerichtlichen Einsatz an die Qualität und Kontinuität zu stellen sind. Die notwendigen Bandbreiten können nicht konstant garantiert werden[844]. So ist bei der ersten Videokonferenz am Finanzgericht Brandenburg in Cottbus am 19.06.2002 sogleich die Internetverbindung vollständig unterbrochen worden und die Verhandlung konnte erst durch die ISDN-Backupverbindung fortgesetzt werden[845]. Weiterhin bestehen bei Internetverbindungen erheblichen Bedenken hinsichtlich der Datensicherheit, da die Datenpakete auf zufälligen Wegen zum Empfänger gelangen[846]. Das Justiznetz beinhaltet neben den genannten Problemen bei IP-Netzen eine räumliche Beschränkung auf die Justizgebäude. Justizexterne Stellen können nur über kostenträchtige Gateways inklusive der dann notwendigen Sicherung des Zugangs zum Justiznetz gewährt werden. Insofern wird auf das flächendeckend zur Verfügung stehende ISDN zurückzugreifen sein, welches sich beim Videokonferenzeinsatz durch die konstanten Bandbreiten und die hohe Datensicherheit der Punkt zu Punkt Verbindung bewährt hat[847].

- Videokonferenzsystem
  Im Sitzungssaal ist ein Raumsystem fest zu installieren[848]. Dieses reduziert den Betreuungsaufwand, erhöht die Qualität, minimiert technische Störungen und ermöglicht auch technischen Laien die sofortige Benutzung. Am „anderen Ort" sind Kompaktsysteme ausreichend. Dieses ermöglicht auch kleineren Kanzleien die Anschaffung.

843 Bajtech, S. 34.
844 Siehe 5. Kapitel III. 1. c) bb); Bajtech, S. 38: Es wird insbesondere auf das Fehlen von QoS hingewiesen.
845 http://www.heise.de/newsticker/data/wst-19.06.02-005/ (Stand: 10.10.2002).
846 Siehe 5. Kapitel III. 1. d) aa).
847 Siehe 5. Kapitel III. 1. c) aa).
848 So auch: Abschlussbericht zum Pilotprojekt bei der Verwaltungsgerichtsbarkeit, S. 9 (Vorschlag 4).

- Raumgestaltung
  Ein Justiz-Standard sollte auch Videokonferenz unterstützende Kriterien für die Raumgestaltung aufstellen. Akustik, Hintergrund, Beleuchtung und Raumausstattung können die Qualität erheblich verbessern[849]. Insbesondere bei Neu- oder Umbauten von Gerichtssälen können und sollten diese Kriterien dann zukünftig Berücksichtigung finden.

- „Setting"
  Eng mit der Frage der Raumgestaltung ist das so genannte „setting", die Anordnung der Komponenten, verbunden. Die ideale Kameraanzahl, Positionierung und Steuerbarkeit sowie die Anzahl und Positionierung der Wiedergabemedien wird nicht pauschal zu beantworten sein, sondern wird sich nach den jeweiligen räumlichen Gegebenheiten richten. Dennoch können allgemeine Regeln und Beispielspositionierungen für den „typischen" Gerichtssaal ausgearbeitet und vorgegeben werden. So ist zur Simulation des Blickkontaktes darauf zu achten, dass die Kamera in unmittelbarer Nähe des optischen Wiedergabemediums angebracht wird[850]. Zur Ermittlung bedarf es keiner zusätzlichen Pilotprojekte bei den Gerichten, sondern vielmehr sollte eine Expertenkommission - unter Umständen auch unter Einbeziehung der Industrie - eingesetzt werden. Die rechtlichen Anforderungen an die Videokonferenz sind zuvor von Juristen eindeutig zu definieren[851].

- Ausstattung am „anderen Ort"
  Die von dritter Seite, insbesondere den Rechtsanwälten, für eine Videokonferenz mit dem Gericht notwendige Ausstattung sollte erarbeitet und in einer Liste zusammengestellt veröffentlicht werden. Die nicht unerblichen Investitionen bedürfen der Rechtssicherheit darüber, welche Merkmale eine Anlage benötigt, um den Anforderungen für eine gerichtliche Videokonferenz gem. § 128a ZPO zu genügen. Dieses ist notwendig, um in absehbarer Zeit eine flächendeckende Akzeptanz und damit die Auslastung gerichtlicher Videokonferenzanlagen zu ermöglichen. Die angestrebte Effizienzsteigerung kann nur bei Etablierung der Technik zum Tragen kommen.

- Verfügbarkeit
  Ebenfalls unter dem Gesichtspunkt der Etablierung sind die bei Gericht verfügbaren Videokonferenzräume etwa im Rahmen einer Nutzungsordnung Dritten zugänglich und verfügbar zu machen und ist eine Liste

849 Siehe 5. Kapitel II. 2.
850 Siehe 5. Kapitel II. 2. e).
851 So noch unreflektiert in dieser Arbeit: 5. Kapitel I. 2.

anmietbarer, dem Justiz-Standard entsprechender Videokonferenzräume zu erstellen[852].

- Verfahrensfragen
  Die Anbahnung einer zivilgerichtlichen Videokonferenz ist zu standardisieren und nicht allein den einzelnen Gerichten zur Ausgestaltung zu überlassen[853]. Denkbar ist es Fragen der Antragserfordernisse, des Gestattungsinhalts und der Ladung bis hin zum Aufruf der Sache im Rahmen einer Handreichung durch das Bundesjustizministerium zu beantworten[854].

- Videokonferenzkompetenz der Richter
  Den Richtern wird von § 128a ZPO eine Ermessensentscheidung abverlangt. Sie müssen zwischen den Vor- und Nachteile einer Videokonferenz im Einzelfall abwägen. Um dieses sachgerecht tun zu können müssen sie, mangels eigener Erfahrungen, insbesondere in der Anlaufphase informiert werden[855]. Neben Schulungen bietet sich der laufende Erfahrungsaustausch an.

---

852 So auch: Abschlussbericht zum Pilotprojekt bei der Verwaltungsgerichtsbarkeit, S. 22f. (Vorschlag 11).

853 So auch: Bajtech, S. 38.

854 Eine derartige Richtlinie wurde zum Schutz kindlicher Opferzeugen im Strafverfahren und insbesondere zu § 247a StPO erlassen: Handreichung des BMJ; Siehe 5. Kapitel I. 1.

855 Abschlussbericht zum Pilotprojekt bei der Verwaltungsgerichtsbarkeit, S. 20f. (Vorschlag 10).

6. Kapitel: Resümee und Ausblick

Für eine abschließende Würdigung des § 128a ZPO ist es angesichts der Eingangs schon erwähnten unreflektierten Literaturansichten, zu denen sich auch diese Arbeit durchaus noch zählt, und der fehlenden Erfahrung mit dieser Norm in der Praxis sicher noch zu früh. Die Bewährungsprobe wird noch etwas auf sich warten lassen, dann aber in vielen Facetten bestanden werden müssen. Der Gedanke einer Videokonferenz im zivilgerichtlichen Verfahren kann jedoch schon jetzt als gelungen, zukunftsweisend und vor allem als sich in die geltenden Rechtsprinzipien einfügend angesehen werden. Die zurückhaltende Konstruktion der Norm auf der Basis der Freiwilligkeit und einem durch ein Aufzeichnungsverbot garantierten Persönlichkeitsschutz schränkt zwar den Anwendungsbereich ein, schirmt die neue Regelung jedoch vor rechtlichen Angriffen weitgehend ab.

Hauptangriffspunkt gegen die Videokonferenz im gerichtlichen Verfahren ist der Vorbehalt des Verlustes der gerichtlichen Atmosphäre und die fehlende „Unmittelbarkeit" mit ihren mehrschichtigen Folgen[856]. Neben der gesunkenen Hemmschwelle zur Unwahrheit, der Möglichkeit unbemerkter Einflussnahme und der mangelhaften Simulation des Blickkontakts wird vor allem der nur eingeschränkte persönliche Eindruck von der zugeschalteten Person als problematisch betrachtet. Einige dieser Angriffspunkte gegen den Videokonferenzeinsatz bei Gericht konnten entkräftet, andere modifiziert und wieder andere mussten als berechtigt bestätigt werden[857]. Dennoch vermögen die bestätigten Schwächen die Legitimation des § 128a ZPO nicht prinzipiell in Frage zu stellen, da dem Gericht bei der Entscheidung über die Gestattung einer Videokonferenz ein Entschließungsermessen zusteht. Es besteht in jedem Einzelfall die Möglichkeit zwischen den genannten Einschränkungen und den Vorteilen der Reiseerleichterung, Kostenminderung und Beschleunigung sachgemäß abzuwägen und zu entscheiden. Die Videokonferenz stellt sich damit als neue Alternative mit eigenen Stärken und Schwächen zu Bewährtem dar.

Entgegen vieler Befürchtungen und Vorurteilen passt sich die neue Kommunikationsform besser in das tradierte Werte- und Normensystem der Zivilprozessordnung ein, als so manch anderes etabliertes Institut. Die Videokonferenz verletzt, anders als beispielsweise die Beweisaufnahme durch den beauftragten oder ersuchten Richter keine Prozessgrundsätze. Die Videokonferenztechnik ist in der Lage die räumliche Trennung so weitgehend zu

---

[856] Dieses hat u.a. eine Umfrage des baden-württembergischen Justizministeriums bei den Landesverwaltungen und Verbänden vor dem Pilotprojekt bei der Finanzgerichtsbarkeit ergeben: *Geiger*, in ZRP 1998, 365 (366); *Jauernig*, § 27 II, S. 103.

[857] Siehe 3. Kapitel III.

überwinden, dass unter Ihrem Einsatz insbesondere Mündlichkeits-, Unmittelbarkeits-, und Öffentlichkeitsprinzip in ihrem Kerngehalt gewahrt bleiben. In weiten Teilen wäre die Videokonferenz auch ohne ausdrückliche gesetzliche Regelung möglich gewesen. Allein bei der Beweiswürdigung nach § 286 ZPO erscheinen Einschränkungen bei einer Videokonferenz möglich[858]. Die durch die Kodifikation des § 128a Abs. 2 ZPO ermöglichte audiovisuelle Vernehmung von Personalbeweismitteln beinhaltet jedoch eine über die Zulässigkeit zivilgerichtlicher Bild- und Tonübertragungen hinausgehende unmissverständliche Wertung: Das Gericht darf sich allein wegen genereller Bedenken hinsichtlich der Überzeugungswirkung von mediatisierten Personalbeweisaussagen nicht von der Gestattung der Zuschaltung abhalten lassen.

Datenschutzrechtliche Bedenken können nicht gegen die gerichtliche Videokonferenz in Feld geführt werden und – soweit ersichtlich – wird dieses auch nicht versucht. Dieses ist jedoch nicht auf das gelegentlich vorgebrachte, dem Verbot der öffentlichen Vorführung nach § 169 Satz 2 GVG jedoch evident widersprechende Argument, eine Gerichtsverhandlung sei doch ohnehin in der Regel öffentlich und deshalb seien keine hohen Anforderungen an den Datenschutz zu stellen, zurückzuführen. Vielmehr beruht dieses auf dem Bestand eines umfassenden Schutzes personenbezogener Daten[859]. Insbesondere das strenge Aufzeichnungsverbot führt zur diesbezüglichen Unantastbarkeit des § 128a ZPO[860]. Vor diesem Hintergrund wird deutlich, dass die zum Teil angedachte Option, eine internetgestützte Videokonferenz zugleich in diesem Medium öffentlich zugänglich zu machen[861], rechtlich illusorisch ist. Sie wird dann auch trotz der technischen Marginalie nicht ernsthaft diskutiert. Der Schutz der durch eine Videokonferenz erhobenen personenbezogenen Daten muss und kann gewährleistet werden.

Ob die mit der Einführung des § 128a ZPO verfolgte Effizienzsteigerung über den Einzelfall hinaus realisiert werden kann, wird schlichtweg von der Häufigkeit eines Videokonferenzeinsatzes abhängen. Hierfür ist grundsätzlich die Verbreitungsdichte funktionsfähiger Videokonferenzanlagen bei den nichtgerichtlichen Gegenstellen maßgeblich.
Voraussetzung für die breite Anschaffung und Durchführung ist die Akzeptanz in der Bevölkerung und den Organen der Rechtspflege. Die voranschreitende Technisierung in allen Bereichen des Lebens führt zu einer diesbezüglich erhöh-

---

858 Siehe 3. Kapitel III.

859 Siehe 4. Kapitel.

860 Siehe 2. Kapitel I. 6; 2. Kapitel I. 3. b) bb).

861 So das Technik-Team um Prof. Dr.-Ing. Klaus Rebensburg der TU-Berlin: http://www.tu-berlin.de/presse/tui/02jul/index.html?/presse/tui/02jul/_medien.htm (Stand 05.09.2002).

ten Toleranzbreite. Die Akzeptanz von Videokonferenzen zum Einsatz vor Gericht geht - daran kann kein Zweifel bestehen - Hand in Hand mit der Ausbreitung dieser Kommunikationsform im sonstigen Umfeld der Bevölkerung. Jener Zusammenhang lässt sich eindrucksvoll anhand der elektronischen Post, der E-Mail belegen. Seit der Ingenieur Raymond Tomlinson 1972 seine diesbezügliche Software entwickelt hat, breitete sich diese Anwendung zunächst im nicht-öffentlichen Bereich aus, wurde schließlich zur „killer-application" des Internets[862] und ist nunmehr durch § 130a ZPO auch für die formgerechte Einreichung vorbereitender Schriftsätze, Anträge und Erklärungen der Partei sowie Auskünfte, Aussagen, Gutachten und Erklärungen Dritter bei Gericht ausreichend. Nicht zuletzt aufgrund der Verbreitung der E-Mail und der daraus bedingten Akzeptanz sind im Gegensatz zum Videokonferenzeinsatz keinerlei Bedenken hinsichtlich des § 130a ZPO laut geworden. Auch die audiovisuelle Kommunikation erfährt zurzeit im nicht-öffentlichen Bereich bereits eine zunehmende Ausbreitung und wird in Zukunft noch vermehrt zum Einsatz kommen und Akzeptanzen durch Erfahrungen schaffen[863]. Bedingt durch den kontinuierlichen Preisverfall von Multimediasystemen steht zu erwarten, dass in vielen Privathaushalten zukünftig alle notwendigen Komponenten für Videokonferenzen vorhanden sein werden. Ebenso werden die Zugangsbandbreiten durch immer neue Zugangstechnologien größer werden und bessere Qualitäten im low-end Bereich ermöglichen. Die stetige Qualitätssteigerung durch technische Weiterentwicklungen in allen Bereichen der Videokonferenztechnik wird in Zukunft ebenfalls ihren Teil zur Etablierung der audiovisuellen Kommunikation beitragen. Dennoch wird die flächendeckende Anschaffung von Videokonferenzsystemen bei den ordentlichen Gerichten nur stufenweise voranschreiten.

Neben der Akzeptanz ist der betriebswirtschaftliche Aspekt für die Verbreitungen von Videokonferenzanlagen maßgeblich. Technische Neuerungen setzen sich stets nur durch, wenn sie wirtschaftlich sinnvoll sind, mithin Rationalisierungseffekte bringen[864]. Wirtschaftlich nutzt die Videokonferenz de lege lata fast ausschließlich den Parteien[865]. Diametral entgegengesetzt zum finanziellen Nutzen sind die Kostenlasten verteilt. Die Parteien haben im Regelfall lediglich die konkreten Verbindungskosten zu tragen, während mit den weitaus höheren Investitions- und Wartungskosten zum einen die Justizhaushalte und zum anderen vor allem die Anwaltschaft belastet sind. Insbesondere die

[862] *Rademacher*, "Internet – Die Schöpfung einer neuen Welt", GEO 2001, Heft 3, S. 76.

[863] Bajtech, S. 36.

[864] Bestes Beispiel ist die Videokonferenztechnik selbst, die sich bis Ende der 80er Jahre aufgrund der hohen Kosten nicht durchzusetzen vermochte: Siehe 1. Kapitel I. 2.

[865] *Geiger*, in: ZRP 1998, 365 (366), der auch auf lange Sicht keine ins Gewicht fallende Einsparungen oder Rationalisierungsgewinne bei der Justiz erkennt. Rechtsanwälte sparen durch die Videokonferenz Zeit, was jedoch nur bei entsprechender Auslastung finanzielle Vorteile verspricht: Siehe 2. Kapitel II. 2. a) bb) (1).

Investitionsbereitschaft der Rechtsanwälte wird jedoch für den Erfolg der audiovisuellen Kommunikationsform vor Gericht maßgeblich sein. Hier sollte der Gesetzgeber zugunsten einer Amortisation von nicht-öffentlichen Anlagen kostenrechtlich nachbessern[866]. Neben der Anwendung für die in § 128a ZPO vorgesehenen Bild- und Tonübertragung kommen nach Anschaffung jedoch auch eine Vielzahl weiterer Anwendungen sowohl beim Gericht als auch bei den Rechtsanwälten in Betracht, die es unter betriebswirtschaftlichen Gesichtspunkten zu beachten gilt. So kann das Gericht die Videokonferenzanlage beliebig im Freibeweisverfahren oder beispielsweise auch bei der Zuschaltung von Dolmetschern gem. § 185 GVG nutzen. Rechtsanwaltskanzleien können Mandantenbesprechungen entfernungsunabhängig schnell und kostengünstig durchführen, Verhandlungen mit der Gegenseite führen oder sich mit einem fachkundigen Kollegen einer anderen Niederlassung beraten. Für Großkanzleien ist dieses schon jetzt eine Selbstverständlichkeit. Insofern könnte § 128a ZPO als Initialzündung zur kommunikationstechnischen Aufrüstung kleinerer und mittelständischer Kanzleien wirken. Jedenfalls scheint eine Technikfeindlichkeit auch in der Anwaltschaft mehr und mehr abgestraft zu werden.

Die Erfahrungen der Justiz in bisher durchgeführten Videokonferenzen sind durchweg positiv. Neben den Pilotprojekten wurden im vergleichbaren finanzgerichtlichen Verfahren erste Erfahrungen mit der Durchführung von Videokonferenzen inzwischen in Hessen, Baden-Württemberg[867], Nordrhein-Westfahlen[868] und Brandenburg[869] gemacht. Der auf dem neuesten Stand der sich rasant fortentwickelnden Technik beruhende Bericht zum Videokonferenzeinsatz beim Finanzgericht Köln attestiert stets ausgezeichnete Bild- und Tonqualität, mit zunehmender Erfahrung steigende Verhandlungsqualität und insgesamt sehr gute Erfahrungen[870]. In den richtigen Fällen angewandt und optimiert durchgeführt, wird die Videokonferenztechnik über die erstrebte Effizienzsteigerung hinaus das tradierte Bild der sich hinter Aktenbergen verschanzenden lebensfremden Justiz aufzuweichen helfen. Die Einführung von Videokonferenzen in den Zivilprozess expliziert die Tendenz weg vom Rechtssuchenden als Bittsteller hin zum „Justizkunden“[871], denn die angestrebten

---

[866] Siehe 2. Kapitel II. 2. a) bb).

[867] Zum Videokonferenzeinsatz beim Finanzgericht Karlsruhe: Siehe Frankfurter Allgemeine Zeitung v. 06.06.2000, S. 19, „ Finanzgerichte sind Vorreiter beim „elektronischen Rechtsverkehr“.

[868] *Dieckmann*, in: DB 2002, Heft 21, I.; Zum Videokonferenzeinsatz beim Finanzgericht Köln: *Schmidt-Troje*, in: BB 2002, Heft 24, I.

[869] http://www.tu-berlin.de/presse/tui/02jul/index.html?/presse/tui/02jul/_medien.htm (Stand 05.09.2002).

[870] *Schmidt-Troje*, BB 2002, Heft 24, I.

[871] Vgl. zu diesem Gedanken: *Schmidt-Troje*, in: BB 2002, Heft, 24 I.; *Dieckmann*, in: DB 2002, Heft 21, I.

Vorteile kommen in erster Linie den Parteien zugute. Dieses entspricht durchaus auch der Intention der Regelung[872]. Neben der nicht zu verachtenden Verbesserung des Rechtsschutzes durch die erleichterte Möglichkeit der persönlichen Anwesenheit[873], wirkt die Zeit- und Kostenersparnis ausschließlich für die Parteien und eingeschränkt für ihre Bevollmächtigten. Der Dritten Gewalt hingegen bringt die Videokonferenz zur Erfüllung ihres rechtsstaatlichen Auftrages der Justizgewährung grundsätzlich[874] lediglich verfahrensbeschleunigende Effekte, die nicht einmal zwingend in jedem Einzelfall zum tragen kommen[875].

Schlussendlich soll der Quintessenz des eingangs erwähnten Zitats von Hamm, die „kommunikations – und erkennungstheoretischen Einsichten über den guten Sinn und Zweck des Unmittelbarkeitsgrundsatzes" stünden der gerichtlichen Videokonferenz entgegen, widersprochen und damit die nach Ansicht des Verfassers erstrebenswerte Etablierung gerichtlicher Videokonferenzen unterstützt werden.
Nicht der objektive Gehalt der herkömmlichen mündlichen Verhandlung, sondern die Aufweichung des alten Ideals juristischer Erkenntnistheorie lässt den Videokonferenzeinsatz für dessen Anhänger als wenig erstrebenswert erscheinen. Allein die intuitive Vorstellung, dass die Glaubwürdigkeit eines Menschen, seine Motivation, Stärken und Schwächen am besten erkannt werden können, wenn er dem anderen unmittelbar gegenübersteht, ist kein empirischer Beweis dafür, dass die mediatisierte Wahrnehmung über die Videokonferenz der Wahrheitsfindung abträglich ist[876]. Die Ablehnung des Einsatzes von Videokonferenzen für die dritte Gewalt beruht weniger auf Tatsachen denn auf dem nachvollziehbaren Gefühl, das hohe Gut der Gerechtigkeit der Technisierung entziehen zu müssen. Letztendlich ist Fortschritt jedoch auch in der Jurisprudenz nur durch Wandel möglich. Dennoch sollte sich die zukünftige Diskussion, die sich dank der Verweisungsnormen[877] anderer Prozessordnungen nicht nur auf die zivilgerichtliche Online-Videokonferenz beschränken wird, nicht durch das Damoklesschwert der Fortschrittsfeindlichkeit die Richtung weisen lassen.

---

[872] BT-Drucks. 14/6036, S. 116.

[873] Siehe 3. Kapitel I. 2. c) cc).

[874] Ein erkenntnistheoretischer zivilprozessualer Vorteil besteht ausnahmsweise in den Fällen des § 375 Abs. 1 Nr.1,2 ZPO, wenn stattdessen eine Videokonferenz stattfindet: Siehe 2. Kapitel II. 1. b).

[875] Vorteile sind die erleichterte Terminierung, Vermeidung von Terminaufhebungen oder der Einschaltung von ersuchten Richtern für weit entfernte Beweispersonen: „Videokonferenzen in Gerichtsverfahren", DRiZ 1998, 289 (290); *Schmidt-Troje*, in: BB 2002, Heft 24 I; Zum Vorteil der Verfahrensbeschleunigung siehe: 2. Kapitel I. 4. a) aa).

[876] Vgl. *Geiger*, in: ZRP 1998, 365 (367f.).

[877] § 173 VwGO, § 46 Abs. 2 ArbGG, § 202 SGG.

Literaturverzeichnis:

Abschlussbericht zum Pilotprojekt bei der Verwaltungsgerichtsbarkeit, Projekt Virtuelles Verwaltungsgericht, Sigmaringen,14.09.2001, Download unter: http://www.justiz.baden-wuerttemberg.de/vg/VGSIG/VKAbschluss-bericht.doc (Stand: 13.09.2002), (einsehbar beim Verfasser)

Abschlussbericht zum Pilotprojekt bei der Finanzgerichtsbarkeit, Der Einsatz der Videokonferenztechnik beim Finanzgericht Baden-Württemberg, Unveröffentlicht, Stuttgart, 29.Juli 1998, (einsehbar beim Verfasser)

Amelung, Knut, Grundfragen der Verwertungsverbote bei beweissichernden Haussuchungen im Strafverfahren, NJW 1991, S. 2533 –2540

Anders, Monika/ Gehle, Burkhard, Das Assessorexamen im Zivilrecht, 6. Auflage, Düsseldorf 1999

Arens, Peter, Mündlichkeitsprinzip und Prozessbeschleunigung im Zivilprozeß, Berlin 1971

Arntzen, Friedrich, Video- und Tonbandaufnahmen als Ersatz für richterliche Vernehmungen von Kindern zu Sexualdelikten?, ZRP 1995, S. 241 – 242

Bajtech, DV-Ausstattung der bayerischen Gerichte und Staatsanwaltschaften, Untersuchungsbericht zum Einsatz von Videokonferenzsystemen im Rahmen von Zivilprozessen, Unveröffentlichter Entwurf, Stand: 16.11.2001, CSC Ploenzke AG, Verantwortlich: Hoesch, Stefan, (einsehbar beim Verfasser)

Baumbach, Adolf (Begr.)/ Lauterbach, Wolfgang/ Albers, Jan/ Hartmann, Peter, Zivilprozessordnung, 60. Auflage, München 2002

Baumgärtel, Gottfried, Das Mündlichkeitsprinzip und die hierzu bestehenden Reformversuche, insbesondere das Stuttgarter Modell, JR 1973, S. 309 - 315

Beck'scher TKG-Kommentar, Büchner, Wolfgang (Hrsg.), 2. Auflage, München 2000, (zit.: BeckTKG-Komm/*Bearbeiter*)

Blomeyer, Arwed, Zivilprozessrecht, 2. Auflage, Berlin 1985

Brockhaus, Naturwissenschaften und Technik, Band 5 (So-Z), Mannheim 1989

Bülow, Arthur/ Böckstiegel, Karl-Heinz/ Geimer, Reinhold/ Schütze, Rolf A., Internationaler Rechtsverkehr in Zivil- und Handelssachen, Band 3, Loseblattsammlung, Stand: 1. Oktober 2000, München 1973

Bydlinski, Franz, Juristische Methodenlehre und Rechtsbegriff, 2. Auflage, Wien 1991

Dahs, Hans, Die gespaltene Hauptverhandlung, NJW 1996, S. 178 -179

Daoudi, Jamal, Exterritoriale Beweisbeschaffung im deutschen Zivilprozeß: Möglichkeiten und Grenzen der Beweisbeschaffung außerhalb des internationalen Rechtshilfeweges, Inaugural-Dissertation, Berlin 2000.

Dasch, Norbert, Die Einwilligung in das Recht am eigenen Bild, München 1990
DFN, Deutsches Forschungsnetz, „Empfehlung zur Vorbereitung einer Videokonferenz“, Beratungszentrum für Videokonferenzdienste, Stand: Juli 2002, Download unter: http://vcc.urz.tu-dresden.de/vc-handbuch/ (Stand 13.09.2002), (einsehbar beim Verfasser)
Dieckmann, Jochen, Finanzgerichtliches Verfahren per Videokonferenz, DB 2002, Heft 21, I.
Diemer, Herbert, Der Einsatz der Videotechnik in der Hauptverhandlung, NJW 1999, S. 1667 – 1675
Dreier, Horst (Hrsg.), Grundgesetz-Kommentar, Band III, Artikel 83 – 146, Tübingen 2000

Edinger, Thomas, Gerichtsverfahren per Videokonferenz?, DRiZ 1996 (Band 74), S. 290
Eisenberg, Ulrich, Beweisrecht der StPO, 3. Auflage, München 1999
Elze, Hans, Lücken im Gesetz: Begriff und Ausfüllung, Inaugural-Dissertation, Halle 1913
Engeln, Wilbert, Das Hausrecht und die Berechtigung zu seiner Ausübung, Inaugural-Dissertation, Berlin 1989
Eyermann, Erich, Fröhler, Ludwig, Verwaltungsgerichtsordnung, 11. Auflage, München 2002 , (zit.: Eyermann/Fröhler/*Bearbeiter*)

Fezer, Gerhard, Die Funktion der mündlichen Verhandlung im Zivilprozeß und Strafprozeß, Tübingen 1970
Fischers Wirtschaftslexikon, Herausgegeben von Herbert Rürup, 3. Auflage, Frankfurt a.M. 2000
Fölster, Uta, ZPO-Reform: Der Ball rollt wieder, ZRP 2001, S. 237
Foth, Eberhard, Anmerkung zu BGH, Beschluss v. 22.9.1978 – 3 StR 304/78, JR 1979, S. 262 – 263
Fuld, Ludwig, Gesetz, betreffend das Urheberrecht an Werken der bildenden Künste und der Photografie, 2. Auflage, Berlin, Leipzig 1925

Gamm Freiherr v., Otto-Friedrich, Urheberrechtsgesetz, München 1968
Geiger, Stefan, Gerichtsverfahren mittels Videokonferenz, ZRP 1998, S. 365 – 368
Geimer, Ewald, Internationale Beweisaufnahme, Inaugural-Dissertation, München 1998
Geimer, Reinhold, Internationales Zivilprozessrecht, 4. Auflage, Köln 2001
Geis, Ivo, Die digitale Signatur, NJW 1997, S. 3000 – 3004
ders., Internet und Datenschutzrecht, NJW 1997, S. 288 – 293
Geppert, Klaus, Zum „fair-trial-Prinzip“ nach Art. 6 Abs. 1 Satz 1 der Europäischen Menschenrechtskonvention, Jura 1992, S. 597 – 604

Germann Michael, Gefahrenabwehr und Strafverfolgung im Internet, Berlin 2000
Gerold, Wilhelm7 Schmidt, Herbert, v. Eicken, Kurt, Madert, Wolfgang, Bundesgebührenordnung für Rechtsanwälte, 15. Auflage, München 2002
Gola, Peter/ Schomerus, Rudolf, Bundesdatenschutzgesetz, 6. und 7. Auflage, München 1997 und 2002
Gräber, Fritz, Finanzgerichtsordnung, 5. Auflage, München 2002
Grunsky, Wolfgang, Grundlagen des Verfahrensrechts, 2. Auflage, Bielefeld, Gieseking1974
Guilford, Joy Paul, Persönlichkeit, 6. Auflage, Weinheim, Beltz 1974
Gulich, Anna-Maria, Videokonferenztechnik, Poing 1998
Günther, Johann, Videokonferenz in der Lehre, Wien 2001
Gusy, Christoph, Rechtliches Gehör durch abwesende Richter? - BVerwG NJW 1986, 3154, JuS 1990, S. 712 – 719

Habscheid, Walther J. , Das Recht auf Beweis, ZZP Bd. 96 (1983), S. 306 – 334
Hahn, Carl, Die gesamten Materialien zu dem GVG und dem Einführungsgesetz zu demselben vom 27.1.1877, Berlin 1879
Haischmann, Herbert Günter, Die richterliche Sitzungspolizei, Inaugural-Dissertation, Würzburg 1967
Hamm, Rainer, Datenschutz im Internet durch Verschlüsselung von , E-Mails, DRiZ 1997 (Band 75), S. 418 – 423
Handreichung des BMJ, „Bundeseinheitliche Handreichung zum Schutz kindlicher (Opfer-) Zeugen im Strafverfahren", Herausgegeben vom Bundesministerium der Justiz, Stand: 25.07.2000, Download unter: http://www.bmj.bund.de/images/10147.pdf (Stand:13.09.2002), (einsehbar beim Verfasser)
Hartmann, Peter, Kostengesetze, 31. Auflage, München 2002, (zit.: Hartmann, Kostengesetze)
ders. , Zivilprozess 2001/2002: Hunderte wichtige Änderungen, NJW 2001, S. 2577 – 2656
Hasdenteufel, Ina, Die Strafprozessordnung als Grenze des Einsatzes von Videotechnologie in Strafverfahren bei sexuell missbrauchten Kindern, Inaugural-Dissertation, Lahnstein 1997
Heckel, Christian, Die Videokonferenz im Verwaltungsprozess – Rechtsprobleme bei der mündlichen Verhandlung mittels Videokonferenz, VBlBW 2001, S. 1 – 4
Hegler, August, Mündlichkeit und Unmittelbarkeit im Prozeß, Rechtsgang I 1913, S. 192 – 219, Fortsetzung: Rechtsgang I 1913, S. 385 – 423

Heinrich, Christina U. , Ausdruck und Eindruck, Dissertation zur Erlangung des Grades eines Doktors der Philosophie, Bielefeld 1995

Heitl, Michael, Allgemeine Pathologie des Ausdrucks unter besonderer Berücksichtigung des Gesichtsausdrucks, Im Handbuch der Psychologie: Ausdruckspsychologie Bd. 5, S. 309 - 347, Göttingen 1972

Helle, Jürgen, Besondere Persönlichkeitsrechte im Privatrecht, Tübingen 1991

Hendel, Dieter, Wider den Niedergang der Kultur der mündlichen Verhandlung im Zivilprozeß, DRiZ 1992 (Band 70), S. 91 – 95

Hoeren, Thomas, Grundzüge des Internetrechts, München 2001

Hofmann, Hans, Sitzungspolizei im Strafprozess, Inaugural-Dissertation, St. Georgenthal 1971

Hofrath, Melanie, Beweisgebühr nach § 613 ZPO n.F. – Zusätzliche Anhörung zur elterlichen Sorge, JurBüro 1999, S. 7 – 9

Hubmann, Heinrich, Anmerkung zu BGH, Urteil v. 10.5.1957 – I ZR 234/55, JZ 1957, S. 753 – 755

Hüsch, Hans-Peter, Verwertungsverbote im Verwaltungsverfahren, Inaugural-Dissertation, Pfaffenweiler 1991

Hussels, Martin, Videoübertragungen von jugendlichen Zeugen in Missbrauchsprozessen – eine bestandsaufnahme und Überlegungen de lege ferenda, ZRP 1995, S. 242 – 244

Ipsen, Knut, Völkerrecht, 4. Auflage, München 1999

Jaenecke, O., Einschränkung des Hausrechts des Arbeitgebers durch arbeitsrechtliche Normen, DB 1957, S. 380 – 382

Jarass, Hans, Das allgemeine Persönlichkeitsrecht im Grundgesetz, NJW 1989, S. 859 - 862

Jauernig, Othmar, Zivilprozessrecht, 27. Auflage, München 2002

Kaissis, Athanassios, Die Verwertbarkeit materiell-rechtswidrig erlangter Beweismittel im Zivilprozess, Inaugural-Dissertation, Frankfurt a.M., Bern, Las Vegas 1978

Kalthoener, Elmar/ Büttner, Helmut, Prozesskostenhilfe und Beratungshilfe, München 1988

Karlsruher Kommentar zur Strafprozeßordnung, Pfeiffer, Gerd (Hrsg.), 4. Auflage, München 1999 (zit.: KK-*Bearbeiter*)

Kip, Hans- Gerhard, Das sogenannte Mündlichkeitsprinzip, Köln, Berlin 1952

Kirchhoff, Robert, „Über pragmatische und semantische Handlungen" Jahrbuch der Psychologie, Psychotherapie und medizinischen Anthropologie, 10. Jahrgang (1963), S. 104 -118, München und Freiburg

Kissel, Otto Rudolf, Gerichtsverfassungsgesetz, 3. Auflage, München 2001

Klein, Stefanie, Grundsätze der Öffentlichkeit und Mündlichkeit im Zivilprozess im Spannungsfeld zum Recht auf informationelle Selbstbestimmung, Inaugural-Dissertation, Hilden 1995

Kleinknecht, Theodor /Meyer-Goßner, Lutz, Strafprozeßordnung, 45. Auflage, München 2001

Köhler, Markus/ Arndt, Hans-Wolfgang, Recht des Internet, 3. Auflage, Heidelberg 2001

Kopp, Ferdinand O./ Schenke, Wolf-Rüdiger, Verwaltungsgerichtsordnung, 12. Auflage, München 2000

Koukouselis, Maria N. , Die Unmittelbarkeit der Beweisaufnahme in der Zivilprozessordnung, Europäische Hochschulschriften, Frankfurt a.M., Bern, New York, Paris 1990

v. Kries, o.V., Das Prinzip der Unmittelbarkeit im Beweisverfahren der deutschen Prozessordnungen, ZStW (Zeitschrift für die gesamte Strafrechtswissenschaft) Bd. 6, S. 88- 203, Berlin und Leipzig 1886

Kroiß, Ludwig, Das neue Zivilprozessrecht, Bonn 2001

Lappe, Friedrich, Analogieverbot im Justizkostenrecht, Rpfleger 1984, S. 337 - 339

Larenz, Karl, Methodenlehre der Rechtswissenschaft, 6. Auflage, Berlin, Heidelberg, New York 1991

Leonardt, o.V. , Die bürgerliche Process-Ordnung, Justizgesetzgebung des Königreichs Hannover, 3. Auflage 1861

Lilie, Hans, Augenscheinseinnahme und Öffentlichkeit der Hauptverhandlung, NStZ 1993, S. 121 - 125

Löwe, Ewald/ Rosenberg, Werner, Die Strafprozessordnung und das Gerichtsverfassungsgesetz, 6. Band, 1. Teilband, §§ 1-202 GVG; Anhang zum GVG, 24. Auflage, Berlin, New York 1996 (zit.: Löwe/Rosenberg/*Bearbeiter)*

M+T Computerlexikon, Markt und Technik, Herausgegeben von Markus Linke & Peter Winkler, 2. Auflage, München 1998

Maas, Sally, Der Grundsatz der Unmittelbarkeit in der Reichsstrafprozessordnung, Strafrechtliche Abhandlungen, Heft 77, S. 1-36, Breslau 1907

Maier, Alexandra, Audiovisuelle Vernehmung kindlicher Opfer von Straftaten gegen die sexuelle Selbstbestimmung, Inaugural-Dissertation, Frankfurt a.M., Berlin, Bern, New York, Paris, Wien 1997

v. Mangold, Hermann/ Klein, Friedrich/ Starck, Christian, Das Bonner Grundgesetz, Band 3, Art. 79-146, 4. Auflage, München 2001

Mann, F.A., Prozeßhandlungen gegenüber ausländischen Staaten und Staatsorganen, NJW 1990, S. 618 - 619

Marczak, Elke, Das Fairnessgebot im Prozeß unter besonderer Berücksichtigung des Strafprozesses, Inaugural-Dissertation, Neuss 2000

Markl, Hermann/ Meyer, Dieter, Gerichtskostengesetz, 4. Auflage, Berlin 2001

Maunz, Theodor/ Dürig, Günter, Grundgesetz, Band V Art. 89-146, Stand: Juli 2001, Lieferungen 1 – 39, München

Mestmäcker, Ernst Joachim/ Schulze, Erich, Urheberrechtskommentar, Band 2 (Bildnisschutz), KSchG Stand 1986, Neuwied, Kriftel 2001

Meurer, Dieter, Zeugenschutzgesetz und Unmittelbarkeitsgrundsatz, JuS 1999, 937 - 941

Michalke, Regina, Der Strafprozess vor neuen Herausforderungen- Über Sinn und Unsinn von Unmittelbarkeit und Mündlichkeit im Strafverfahren: Bericht über die 12. Alsberg-Tagung in Berlin vom 21.-23.10.1999, NJW 2000, S. 2004

Möhring, Philipp/ Nicolini, Käte, Urheberrechtsgesetz, 2. Auflage, München 2000 (zit.:Möhring/Nicolini/*Bearbeiter*)

Möller, Thomas M. J. , Richtiges Zitieren, JuS 2002, S. 828 - 832

Müller, Egon, Der Grundsatz der Waffengleichheit im Strafverfahren, NJW 1976, S. 1063 -1067

Müller, Friedrich, Juristische Methodik, 6. Auflage , Berlin 1995

Münchener Kommentar zum Bürgerlichen Gesetzbuch, Allgemeiner Teil, Band 1, §§ 1- 240 AGB-Gesetz, 4. Auflage, München 2001 (zit.: MüKo-BGB-*Bearbeiter)*

Münchener Kommentar zur Zivilprozeßordnung, Band 1, Einleitung, §§ 1-354, Zwischenstaatliches Zustellungsrecht, 2. Auflage, München 2000 (zit.: MüKo-ZPO-*Bearbeiter);* Band 3, §§ 803-1066, EGZPO,GVG, EGGVG, Internationales Zivilprozessrecht, 2. Auflage, München 2001 (zit.: MüKo-ZPO-*Bearbeiter*); Aktualisierungsband, ZPO-Reform, 2. Auflage, München 2002, (zit.: MüKo-ZPOReform-*Bearbeiter*)

Musielak, Hans-Joachim (Hsrg.), Kommentar zur Zivilprozessordnung, 3. Auflage, München 2002 (zit.: Musielak/*Bearbeiter*)

Palandt, Otto (Begr.), Bürgerliches Gesetzbuch, 61. Auflage, München 2002, (zit.: Palandt/*Bearbeiter*)

Pantle, Norbert, Die Beweisunmittelbarkeit im Zivilprozeß, Europäische Hochschulschriften, Frankfurt a.M., Bern, New York, Paris 1991

Pieroth, Bodo/ Schlink, Bernhard, Grundrechte, Staatsrecht II, 17. Auflage, Heidelberg 2001

Prütting, Hanns, Datenschutz und Zivilverfahrensrecht in Deutschland, ZZP Band. 106 (1993), S. 427 - 468

Prütting, Hanns/ Weth, Stephan, Die Vertretung einer Gewerkschaft im Betrieb – Geheimverfahren zum Nachweis der Voraussetzungen, DB 1989, S. 2273 – 2278

Rademacher, Cay, Internet – Die Schöpfung einer neuen Welt, GEO 2001, Heft 3, S. 67 - 82

Raisch, Peter, Juristische Methoden -vom antiken Rom bis zur Gegenwart-, Heidelberg 1995

Redeker, Konrad/ v. Oertzen, Hans-Joachim, Verwaltungsgerichtsordnung, 13. Auflage, Stuttgart, Berlin, Köln 2000

Rehbinder, Manfred, Das Ordnungsstrafverfahren wegen Ungebühr vor Gericht, MDR 1963, S. 640 - 646

ders., Urheberrecht, 10. Auflage, München 1998

Reichel, Jürgen, Die Unmittelbarkeit der Beweisaufnahme in der Zivilprozeßordnung, Inaugural-Dissertation, Pohlheim 1971

Reuschle, Fabian, Einführung in Zivilprozessreform in: Sonderausgabe Zivilprozessreform Neues Recht/ Altes Recht (Becksche Textausgaben), München 2001

Rieß, Peter, Zeugenschutz bei Vernehmungen im Strafverfahren, NJW 1998, 3240 - 3243

Rohwer, Wiebke Annelene, Materielle Unmittelbarkeit der Beweisaufnahme – Ein Prinzip der StPO wie der ZPO ?, Inaugural-Dissertation, Kiel 1972

Rosenberg, Leo/ Schwab, Karl Heinz/ Gottwald, Peter, Zivilprozeßrecht, 15. Auflage, München 1993

Roxin, Claus, Anmerkung zu BGH, Urteil v. 15.2.1989 – 2 StR 402/88, NStZ, S. 376-379

Rüping, Heinrich, Der Grundsatz des rechtlichen Gehörs und seine Bedeutung im Strafverfahren, in: Strafrechtliche Abhandlungen - Neue Folge , Band 26, Berlin 1976

Sally, Maas, Der Grundsatz der Unmittelbarkeit in der Reichsstrafprozessordnung, in: Strafrechtliche Abhandlungen , Heft 77, Breslau 1907

Schack, Heimo, Internationales Zivilverfahrensrecht, 3. Auflage, München 2002

Schellhammer, Kurt, Zivilprozess: Gesetz, Praxis, Fälle, 8. Auflage, Heidelberg 1999

Schilken, Eberhard, Gerichtsverfassungsrecht, 2. Auflage, Köln 1994

Schlosser, Peter F. , EMRK und Waffengleichheit im Zivilprozeß, NJW 1995, 1404 -1406

Schlothauer, Reinhold, Video-Vernehmung und Zeugenschutz, StV 1999, S. 47 - 51

Schmidt-Bleibtreu, Bruno/ Klein, Franz, Kommentar zum Grundgesetz, 9. Auflage, Neuwied, Kriftel 1999 (zit.: Schmidt-Bleibtreu/Klein/*Bearbeiter*)

Schmidt-Lorenz, Tilman, Richterliches Ermessen im Zivilprozess, Inaugural-Dissertation, Höxter 1983

Schmidt-Troje, Jürgen, Videokonferenz im Finanzgericht, BB 2002, Heft 24, I

Schneider, Egon, Zur Erstattungsfähigkeit der Kosten für die Beschaffung einer Sicherheitsleistung, MDR 1974, S. 885 – 888

ders., Beweis und Beweiswürdigung, 5. Auflage , München 1994

Schricker, Gerhard (Hrsg.), Urheberrecht, 2. Auflage, München 1999 (zit.: Schricker-Bearbeiter)

Schultzky, Hendrik, Videokonferenzen im Zivilprozess, NJW 2003, S. 313- 318

Seibel, Wolfgang, Videokonferenz und Datenschutz, AO-StB 2001, S. 184-186

ders., Die Videokonferenz im FG- Verfahren, AO-StB 2001, S. 147- 151

Seibert, Claus, Der verhandlungsunfähige oder unaufmerksame Richter im Strafverfahren, NJW 1963, S. 1044-1046

Seitz, Helmut, Das Zeugenschutzgesetz- ZSchG, JR 1998, S. 309- 313

Sieber, Ulrich, Verantwortlichkeit im Internet, München 1999

Simitis, Spiros, Die EU-Datenschutzrichtlinie – Stillstand oder Anreiz, NJW 1997, S. 281 – 288

Stadler, Astrid, Schriftliche Zeugenaussage und pre-trial discovery im deutschen Zivilprozeß, ZZP 110. Band (1997) S. 137- 165

Stein, Friedrich/ Jonas, Martin, Kommentar zur Zivilprozeßordnung, Band 1, §§ 1 – 90, 21. Auflage, Tübingen 1993, (zit.: Stein/Jonas/*Bearbeiter*); Band 2, §§ 91 – 252, 21. Auflage, Tübingen 1994 (zit.: Stein/Jonas/*Bearbeiter*); Band 3, §§ 253 - 299a, 21. Auflage, Tübingen 1997, (zit.: Stein/Jonas/*Bearbeiter*); Band 4, Teilband 2, §§ 348 - 510b, 21. Auflage, Tübingen 1999 (zit.: Stein/Jonas/*Bearbeiter*)

Stürner, Rolf, Anmerkung zu BGH, Urteil v. 9.4.1986-IV b ZR 27/85, JZ 1987, S. 44 – 46

Systematischer Kommentar zum Strafgesetzbuch, 2. Besonderer Teil , Ordner 1 §§ 80 – 222, Bearbeiter: Horn, Eckhard, Rudofphi, Hans-Joachim, Samson, Erich, Neuwied 1993 (Stand: Juli 2002), (zit.: SK-StGB-*Bearbeiter*)

Systematischer Kommentar zur Strafprozessordnung und zum Gerichtsverfassungsgesetz, Ordner 3, §§ 220-295, Loseblatt, Stand: Mai 1999, Neuwied, Kriftel, Berlin 1986 (zit.: SK-StPO-*Bearbeiter*)

Thomas, Heinz/ Putzo, Hans, Zivilprozessordnung, 24. Auflage, München 2002 (zit.:Thomas/Putzo/*Bearbeiter*)

Trilsch, Constanze, Die Pflicht zur Vorlage von Urkunden im deutschen und englischen Zivilprozessrecht, Inaugural-Dissertation , Hamburg 1994

Trute, Hans-Heinrich/ Spoerr, Wolfgang/ Bosch, Wolfgang Telekommunikationsgesetz mit FTEG, 1. Auflage, Berlin, New York 2001

Undeutsch, Ulrich, Beurteilung der Glaubhaftigkeit von Zeugenaussagen, Im Handbuch der Psychologie: Forensische Psychologie Bd. 11, S. 26- 181, Göttingen 1967

Unger, Klaus, Videovernehmung per Bildschirm-Telefon?, NJW 1984, S. 415-417

Vassilaki, Irini E. , Anmerkung zu BGH, Urteil v. 15.9.1999 – 1StR 286/99, JZ 2000, S. 474 – 476

Wagner, Gerhard, Datenschutz im Zivilprozeß, ZZP Band 108 (1995), S. 193-218

Wais, Edgar, Die Verwertbarkeit fehlerhaft erzielter Beweisergebnisse und rechtswidrig erlangter Beweismittel im Zivilprozeß, Inaugural-Dissertation, Tübingen 1966

Waldner, Wolfram, Der Anspruch auf rechtliches Gehör, 2. Auflage, Köln 2000

Walter J. Habscheid, Das Recht auf Beweis, in ZZP 96. Band (1983), S. 306-334

Warda, Günter, Dogmatische Grundlagen des richterlichen Ermessens im Strafrecht, Köln 1962

Wenzel, Karl Egbert, Das Recht der Wort- und Bildberichterstattung, 4. Auflage, Köln 1994

Werner, Olaf , Verwertung rechtswidrig erlangter Beweismittel?, NJW 1988, S. 993-1002

Westerwelle, Petra, Mündlichkeitsgrundsatz in der deutschen ZPO unter Berücksichtigung der § 128 und 495a, Inaugural-Dissertation, Bielefeld 1998

Weth, Stephan, Der Grundsatz der Unmittelbarkeit der Beweisaufnahme, JuS 1991, S. 34-36

Wieczorek, Bernard/ Schütze, Rolf A., Zivilprozeßordnung und Nebengesetze, Band 5: §§ 916-1048 ZPO, EGZPO, GVG, EGGVG , 3. Auflage, Berlin 1995

Zoller, Edgar, Die Mikro-, Foto- und Telekopie im Zivilprozeß, NJW 1993, S. 429 - 435

Zöller, Richard (Begr.), Zivilprozessordnung, 23. Auflage, Köln 2002 (zit.: Zöller/*Bearbeiter*)

Abkürzungsverzeichnis für technische Fachausdrücke:

ATM	Asynchronous Transfer Modus
DSL	Digital Subscriber Line
IP	Internet Protokoll
ITU-T	International Telecommunication Union – Sector Telecommunikation
ISDN	Integrated Services Digital Network
LAN	Local Area Network
MCU	Multipoint Control Unit
PAL	Phase Alternation Line
PMX	Primärmultiplex- (Anschluss)
PSTN	Public Switched Telephone Network
QoS	Quality of Service
RSVP	Resource Reservation Protokolls
TCP	Transmission Control Protocol
UMTS	Universal Mobile Telecommunications System
WAN	Wide Area Network

Schriften zum Wirtschaftsrecht, Steuerrecht und Zivilprozeßrecht

Herausgegeben von Jürgen Costede

Band 1 Reiner Fu: Die stille Gesellschaft im internationalen Steuerrecht aus deutscher Sicht. 1997.

Band 2 Kirsten Forsblad: Restschuldbefreiung und Verbraucherinsolvenz im künftigen deutschen Insolvenzrecht. 1997.

Band 3 Vassilios Tountopoulos: Die Reichweite der registerrechtlichen Gründungsprüfung einer AG. Eine Untersuchung unter rechtsvergleichendem Aspekt. 1998.

Band 4 Franc Pfahl: Die Maßgeblichkeit der Handelsbilanz, ein dem Steuerbilanzrecht vorgegebenes Grundprinzip? Von der Notwendigkeit einer steuerrechtlichen Begründung der durch § 5 Abs. 1 EStG in das Steuerrecht übernommenen handelsrechtlichen Vorschriften der Gewinnermittlung. 1999.

Band 5 Michael Schröder: Die Wertpapierhandelsaufsicht nach dem Zweiten Finanzmarktförderungsgesetz. 1998.

Band 6 Daniela Hasche: Die Sachgründung der GmbH. 1999.

Band 7 Oliver Wendt: Die rechtliche Problematik von Strahlenschäden. Rechtliche und rechtstatsächliche Aspekte der Haftung für Strahlenschäden unter Einbeziehung der Vorfälle in der strahlentherapeutischen Abteilung des Universitäts-Krankenhauses Eppendorf. 2000.

Band 8 Susanne Matussek: Zum Werbungskostenbegriff im Einkommensteuerrecht. 2000.

Band 9 Klaas Ziervogel: Rufausbeutung im Rahmen vergleichender Werbung. Veränderungen im Zuge der gesetzlichen Regelung vergleichender Werbung. 2002.

Band 10 Sven Wortberg: Lösungsklauseln und Insolvenz. 2003.

Band 11 Eva Ullrich: Die Zurechnung von Buchgutschriften. Zufluß und Leistungsfähigkeit im Einkommensteuerrecht. 2004.

Band 12 Carmen Werner: Einkommensteuerrechtliche Zurechnungen bei mittelbaren Beteiligungen an Personengesellschaften. 2003.

Band 13 Ulf Andreas Nissen: Die Online-Videokonferenz im Zivilprozess. 2004.

www.peterlang.de

www.ingramcontent.com/pod-product-compliance
Ingram Content Group UK Ltd.
Pitfield, Milton Keynes, MK11 3LW, UK
UKHW021935290926
8980IPUK00016B/1638

9 783631 522479